Fast jede Frau gerät in ihrem Leben mindestens einmal in eine Situation, in der sie von einem Mann belästigt, bedroht oder tätlich angegriffen wird.
44 ganz normale Durchschnittsfrauen – alte und junge, unsportliche und durchtrainierte, gesunde und behinderte – erzählen von solchen Situationen und wie sie sich erfolgreich verteidigt haben. Die wenigsten von ihnen hatten zuvor einen Selbstverteidigungskurs besucht und entsprechende Abwehrtechniken einstudiert. So sind auch die Mittel, zu denen sie griffen, um sich zur Wehr zu setzen und ihr Leben zu retten, so unterschiedlich wie die Frauen selbst. Es sind Frauen, die sich nicht länger als Opfer von Männergewalt begreifen, Frauen, die ihre Intuition und Kraft, ihren Mut und Verstand eingesetzt haben, um zu überleben.
Mit diesen spannend erzählten und zugleich lehrreichen Erfolgsgeschichten, die Entschlossenheit und Mut der Frauen widerspiegeln und dokumentieren, zeigt das Buch eine Bandbreite von individuellen Handlungsmöglichkeiten auf und bietet darüber hinaus mit einem Beitrag der engagierten Selbstverteidigungstrainerin Sunny Graff ein fundiertes Vademekum zum Erlernen wirksamer Verteidigungstechniken.

Denise Caignon, Schriftstellerin, und **Gail Groves**, Sozialarbeiterin, befassen sich seit mehr als zehn Jahren mit dem Thema »Gewalt gegen Frauen«. Beide haben langjährige Erfahrungen als Selbstverteidigungslehrerinnen.

Schlagfertige Frauen

Erfolgreich wider die alltägliche Gewalt

Herausgegeben von Denise Caignon und Gail Groves
Mit einem Beitrag von Sunny Graff
Aus dem amerikanischen Englisch von Gabriela Mischkowski

Fischer Taschenbuch Verlag

Die Frau in der Gesellschaft
Herausgegeben von Ingeborg Mues

Veröffentlicht im Fischer Taschenbuch Verlag GmbH,
Frankfurt am Main, Mai 1998

Lizenzausgabe mit freundlicher Genehmigung des
Orlanda Frauenverlages GmbH, Berlin
Die amerikanische Originalausgabe erschien 1987
unter dem Titel ›Her Wits About Her.
Self-Defense Success Stories by Women‹
bei Harper & Row, New York

Gesamtherstellung: Clausen & Bosse, Leck
Printed in Germany
ISBN 3-596-13876-0

Inhalt

Für alle Frauen, die glauben, sie hätten sich nicht gewehrt, die aber überlebt haben und nun ihre Geschichte erzählen können.

Danksagung

Dieses Buch ist die Frucht des vielfältigen Engagements zahlloser Frauen und Organisationen in der Anfang der siebziger Jahre entstandenen feministischen Bewegung gegen Vergewaltigung. Ohne unsere Mitwirkung an dieser Grundströmung gesellschaftlicher Veränderung wäre uns die Möglichkeit eines solchen Buches vermutlich noch nicht einmal in den Sinn gekommen. Diese machtvolle Bewegung ist in den letzten Jahren durch das Engagement für Frauenhäuser, Initiativen zur Verhinderung sexuellen Mißbrauchs von Kindern und Selbstverteidigungsprojekte noch breiter und reichhaltiger geworden. *Schlagfertige Frauen* stellt das erfolgreiche Produkt der Arbeit vieler Menschen dar.

Wir möchten allen engagierten und hingebungsvollen Menschen danken, die uns halfen, unsere Vorstellung von erfolgreicher Selbstverteidigung zu entwickeln. Unser besonderer Dank gilt den »Santa Cruz Women Against Rape«, den »Men Against Rape«, den »Women's Crisis Support and Shelter Services«, dem jährlichen »California Women's Martial Arts Camp«, der »Santa Cruz Commission for Prevention of Violence Against Women«, der »California Statewide Coalition of Rape Crisis Centers«, dem »Mid-Peninsula Self-Defense Collective of Palo Alto« und all den vielen LehrerInnen in Kampfsport und Selbstverteidigung, einschließlich Sensei Keiko Fukuda für ihre Pionierarbeit im Frauenjudo, Kathy (Kaleghl) Quinn, Linda Hultgren, Lolma Olsen und Katherine Eldridge. Unsere Arbeit in der »Santa Cruz Women's Self-Defense Teaching Cooperative« überzeugte uns von der Existenz der Erfolgsgeschichten. Wir haben von den Schülerinnen unserer Kurse ebensoviel gelernt wie sie von uns. Wir danken all unseren Schülerinnen und KollegInnen – Rachel Harwood und Mary Gibino, den beiden anderen Mitbegründerinnen der Kooperative, wie auch Hecate Rosewood, Calle Haber, Bobbi Reyes, De Clarke und Sigrid Hvolboll.

Alle Berichte, die uns für das Erfolgsgeschichtenprojekt zugeschickt wurden, waren einzigartig und phantastisch. Aus Platzgründen konnten wir nicht alle aufnehmen, aber jede einzelne machte uns Mut und spornte uns weiter an. Wir danken allen, die Zeit und emotionale Kraft aufbrachten, ihre Geschichte aufzuschreiben oder ein Interview zu geben. Wir möchten auch allen danken, die uns aufmunternde Worte schrieben oder ihre Hilfe anboten.

Dieses Buch wurde durch die engagierte redaktionelle Mitarbeit von Terri Frazier und Jennifer Meyer bereichert. Vor allem Terri verbrachte viele Stunden damit, Feinheiten zuzuspitzen und Unwesentliches zu streichen. Unsere Verlagslektorin von Harper & Row, Janet Goldstein, half mit ihrer klaren Sichtweise, als wir bereits den Blick über den Tellerrand verloren hatten. Bettina Aptheker steuerte ihre unschätzbaren Kenntnisse über Rassismus im Zusammenhang mit Selbstverteidigung bei. Emily Doskow und Kathleen Sodja übernahmen mit flinkem Verstand und flinken Fingern die gewaltige Arbeit der Bänderabschrift. Kathleen und Terri haben manch mitternächtliche Stunde mit uns verbracht und korrigierten und tippten sich ihren Weg durch die endlosen Fassungen des Manuskriptes.

Wir danken den drei Stiftungen – Abelard, Vanguard und Haigh-Scatena – für das Startkapital, mit dem wir das Erfolgsgeschichtenprojekt beginnen konnten.

Schließlich möchten wir all unseren FreundInnen und KollegInnen danken, die uns beständig ermutigten und unsere Begeisterung teilten. Gail möchte vor allem Dinah Phillips danken – für alles. Denise dankt Jane Brecha, Ann Creely und Janet Ross Danforth für ihre ungebrochene Freundschaft und Unterstützung über all die Jahre und Entfernungen hinweg. Und wir danken den Frauen der Zeitschrift *Matrix*, die uns halfen, von unseren Fähigkeiten besseren Gebrauch zu machen und als Schreibende und Herausgeberinnen Selbstvertrauen zu entwickeln.

Dann drehte er sich um und rannte davon
Gail Groves

Ich habe sechs Jahre lang beim Frauennotruf in Santa Cruz mitgearbeitet, einer kleinen südkalifornischen Küstenstadt, in der ein politisch engagiertes Klima herrscht. Die »Frauen gegen Vergewaltigung« in Santa Cruz, die die Notruf- und Beratungsstelle organisieren, treten dafür ein, einen Vergewaltiger öffentlich mit seinen Taten zu konfrontieren, um das männliche Verhalten der gesellschaftlichen Kontrolle zu unterwerfen. Die Gruppe ist stolz auf ihre eher politische als dienstleistungsmäßige Orientierung. Die Anrufe, die wir wegen Vergewaltigung erhielten, unterschieden sich meines Wissens nicht von denen im übrigen Kalifornien oder den USA insgesamt. Innerhalb eines Jahres erreichten uns sechshundert Anrufe, die örtliche Polizei dagegen verzeichnete nur siebzehn.

An diesen Anrufen überraschte mich mit am meisten, daß so viele Frauen eine Vergewaltigung hatten verhindern können. Im Laufe der Jahre entstand so ein Bild von Frauen, die sich erfolgreich widersetzten, die auf mögliche Angriffe vorbereitet waren und auf unterschiedlichste Weise entkamen. Bei unseren Besprechungen erzählten wir uns gegenseitig Erfolgsgeschichten, nicht zuletzt, um uns für eine weitere lange Nacht am Telefon zu wappnen.

Ich arbeitete gerade sechs Monate beim Notruf, als eines Tages eine Frau bei einer unserer Besprechungen erzählte, wie sie damals auf der High-School von ihrem Freund zum Sex gedrängt wurde. Plötzlich fiel mir wieder ein, wie ich selbst einmal vergewaltigt worden war und einen zweiten Versuch hatte abwehren können, als ich noch keine zwanzig war – beide Male von Bekannten bei einem »geselligen Beisammensein«. Ich hatte das vollständig aus meinem Gedächtnis gestrichen. Vielleicht fallen auch euch, wenn ihr dieses Buch lest, wieder Dinge ein, die ihr ebenfalls lieber vergessen hättet – aber vielleicht erinnert ihr euch ja auch daran, wie ihr davongekommen seid.

Ich war überrascht, als es an der Wohnungstür klopfte. Es war spät, und ich war allein in Cherris Wohnung. Das Klopfen unterbrach die Klänge von Jefferson Airplane und meine friedlichen Gedanken. Die Nacht war neblig, und mein Freund war bereits mit dem Bus zurück zum Haus seiner Mutter am anderen Ende von San Francisco gefahren.

Vor der verglasten Tür stand ein großer Mann Mitte Dreißig mit Bart und buschigem, dunklem Haar.

»Wer sind Sie?« fragte ich.

»Ich bin ein Freund von Cherri«, sagte er lächelnd und zeigte seine großen, regelmäßigen Zähne. Cherri Black, meine Freundin, war zu diesem Zeitpunkt zusammen mit ihrem Freund auf der anderen Seite der Bucht. Ich hatte kein gutes Gefühl; widersprüchliche Verhaltensregeln schwirrten mir durch den Kopf. Ich wußte, ich sollte den Mann nicht hereinlassen.

»Wie heißen Sie?« fragte ich.

»Ich bin T. J. Broderick. Hier, siehst du?« Auf sein teures, kariertes Kordhemd waren seine Initialen gestickt: T. J. – ein exaltierter, egozentrischer Mann; er war davon überzeugt, ich würde ihn hineinlassen.

»Warum läßt du mich nicht rein, dann können wir uns ein paar Minuten unterhalten?« sagte er.

»Cherri ist gerade nicht da«, sagte ich argwöhnisch. Und sie wird auch kaum vor 23 Uhr zurück sein, dachte ich. Aber ich war dazu erzogen worden, höflich zu sein, und er konnte so einschmeichelnd reden, wirklich nett. Warum sollte ich ihn eigentlich nicht hereinlassen? Ich war eine verängstigte Siebzehnjährige, die noch nie mit einem Mann geschlafen hatte. Na wenn schon. Er wollte sich doch nur unterhalten. Schließlich erlag ich seinen Überredungskünsten und ließ ihn herein.

Wir gingen ins Wohnzimmer. Mein Körper versteifte sich. Ich wußte, es war falsch, aber meine Erziehung hatte mich nicht darauf vorbereitet, freundliche Annäherungen zurückzuweisen. Wir redeten miteinander, oder vielmehr, ich hörte ihm zu und nickte.

»Ich schreibe Drehbücher fürs Fernsehen. Cherri kennt mich seit Jahren. Komisch, daß sie dir nie von mir erzählt hat – ich schau oft bei ihr vorbei. Wie heißt du?«

»Gail«, sagte ich wie betäubt. Der Mann suchte mein Vertrauen. Was sollte ich tun? Ich kam mir klein vor neben seinem riesigen Männerkörper. Er redete und redete. Ich fühlte mich unwohl, nahm sexuelle Untertöne wahr und hatte Angst, vergewaltigt zu werden.
»Komm, setz dich neben mich.« Er machte es sich auf Cherris Bettcouch bequem und lehnte sich gegen die pseudoviktorianisch tapezierte Wand.
»Nein, lieber nicht«, sagte ich und ließ mich am anderen Ende des Zimmers nieder. Aber bislang hatte er mir nichts getan. Er hatte mich lediglich mit seinem Gerede gelähmt.
»Was ist los? Ich tu dir doch nichts. Ich will mich bloß unterhalten. Komm doch rüber.« Er sprach aus, was ich dachte. Ich stand auf, ging hölzern zu ihm hinüber und setzte mich ans andere Ende der Couch. Ich ließ zu, daß er mich an sich zog. Er versuchte, mich zu küssen. Ich wehrte ihn ab. Mein ganzer Körper war starr und abweisend.
Wieder und wieder dachte ich: Du kannst es machen, aber ich werde nichts fühlen. Du kannst mich anfassen, aber du kommst nicht wirklich an mich ran. Diese starre Gefühllosigkeit war meine einzige Verteidigung.
Er streichelte meinen Rücken und redete weiter.
»Na also, ist doch nicht so schlimm. Ich werde dir nicht weh tun. Ein hübsches, kleines Mädchen wie du sollte einen Freund haben.« Ich wollte ihm nicht sagen, wie alt ich war, und überlegte, ob ich ihm sagen sollte, mein Freund käme bald zurück, aber ich tat es nicht. Er sollte nicht glauben, ich hätte schon mal mit einem Mann geschlafen.
Er fuhr fort, meinen Rücken zu streicheln. Ich ließ meine Gedanken abschweifen, versuchte mich abzuschotten und kämpfte darum, nicht weich zu werden. Dann, einen entscheidenden Moment lang, entspannte ich mich. Mein Entsetzen darüber brachte mich wieder zur Besinnung, und ich fing endlich an zu handeln.
»Ich will, daß Sie gehen«, sagte ich versuchsweise. »Ich will das nicht.« Wir redeten noch eine Weile. Der Widerstand hatte mich erschöpft, und ich fühlte mich zittrig. Endlich ließ er von mir ab. Ich stand auf und entfernte mich von ihm, und da er allein auf seine Überredungskunst baute, konnte er mich nicht zwingen, zurückzu-

kehren. Angesichts meines eindeutigen, wenn auch passiven Widerstandes ging er schließlich – Stunden nachdem ich die Tür geöffnet hatte.
»Grüß Cherri herzlich von mir«, verabschiedete er sich liebenswürdig, als ich rasch die Tür hinter ihm schloß. Er hätte mich vergewaltigen können. Zu diesem Zeitpunkt hatte ich nicht die geringste Ahnung, warum er es nicht getan hatte. Ich sah zum Fenster hinaus, sah ihn fortgehen und begann am ganzen Leib zu zittern. Ich war noch immer wie betäubt. Ich rief bei meinem Freund an. Seine Mutter war am Telefon.
»Kann ich Tim sprechen?« fragte ich.
»Er ist schon im Bett.« Seine Mutter schlief nie. Sie war eine argwöhnische, prüde Frau, die Tim allein großgezogen hatte, nachdem sein Vater sie verlassen hatte.
»Hören Sie, Mrs. Drummond, ich wäre eben beinahe vergewaltigt worden. Ich möchte Ihren Sohn sprechen«, keuchte ich atemlos.
Er kam zu mir. Ich erzählte ihm, was passiert war, weinte und machte Tee. Es war vorbei.
Aber diesen einen »schuldhaften« Moment, in dem ich mich entspannt hatte, habe ich mir nie verziehen; einen Moment lang hatte ich nachgegeben und mich selbst verraten, dachte ich. Doch heute sehe ich, daß ich damals eine Vergewaltigung erfolgreich abgewehrt hatte. Acht Jahre später nahm ich an einem achtwöchigen Selbstverteidigungskurs teil, um endlich etwas von der Angst loszuwerden, die mich immer befiel, wenn ich allein unterwegs war, und die mich dazu nötigte, stets in alle Schränke zu gucken, wenn ich meine Wohnung betrat. Damals waren das meine privaten Alpträume. Jetzt betrachte ich sie als Teil des Terrors, wie er dir alltäglich begegnet, wenn du als Frau geboren bist. Ich fing an, Grenzen in Frage zu stellen, die ich vorher akzeptiert hatte.
Selbstverteidigung faszinierte mich. Nachdem ich jahrelang in einem Käfig gelebt hatte, besaß ich jetzt einen Schlüssel: Fähigkeiten und Haltungen, die meine Einstellung zum Leben ändern konnten. Dank meiner Lehrerin Kathy Quinn erkannte ich, daß ich Macht besaß und lernen konnte, Verstand und Körper zu gebrauchen, um eine drohende Gefahr zu spüren und abzuwenden. Ich *konnte* mich wirksam wehren, jedes Mittel war recht.

Ich begab mich in ihre Lehre, und innerhalb eines Jahres lernte ich Joshi-(Frauen-)Judo und leitete selbst eintägige Selbstverteidigungskurse für Frauen und Mädchen.
Zum Teil war es die Angst, die mich dazu antrieb, Selbstverteidigung zu lehren. Ich hatte Angst, von der Bushaltestelle nach Hause zu gehen. Ich hatte Angst, jemand könnte durch mein Schlafzimmerfenster einbrechen. Ich war wütend über die Beschränkungen, die mir und anderen Frauen auferlegt wurden.
Als ich mich sicherer fühlte, fing ich an zu experimentieren. Anstatt auf dem Nachhauseweg atemlos und wie mit Scheuklappen die lange Straße am Meer entlangzuhasten, blieb ich stehen. Ich blieb ganz ruhig am Straßenrand oder manchmal auch mitten auf der Straße stehen und horchte in die Dunkelheit hinein. Ich sah mich um, um zu sehen, wie weit jemand entfernt war, sobald ich seine Anwesenheit spürte. Als erstes lernte ich, daß ich keine Angst vor der Dunkelheit hatte. War ich allein im Dunkeln, fühlte ich mich wohl. Ich hatte Angst vor Menschen im Dunkeln.
Meine Grenze lag bei ungefähr zwanzig Metern. Wenn andere Menschen in der Nähe waren und ich lauschend nach ihnen Ausschau hielt, wußte ich immer noch, wo sie sich befanden, auch wenn sie sich kaum bewegten. Machten sie irgendein Geräusch, konnte ich sie sofort ausmachen. Das war eine Offenbarung. Schließlich hatte auch ich all die Filme gesehen, in denen eine Frau die Straße entlanggeht, während der Vergewaltiger in den (raschelnden!) Büschen lauert, plötzlich herausspringt, und ruckzuck ist alles vorbei und die Frau vergewaltigt. Je mehr ich mich mit Vergewaltigungen befaßte, desto mehr kam ich zu dem Schluß, daß dieses Dreißigsekundenmärchen aus den Zwängen halbstündiger Fernsehproduktionen und zweistündiger Kinofilme resultierte. Im wirklichen Leben dauert eine Vergewaltigung meist länger. Im wirklichen Leben ist jemand, der nah genug herankommt, um dich zu vergewaltigen, zunächst einmal weit weg. Dann schleicht oder rennt er die letzten zwanzig Meter mit vielfachen Vorwarnungen. Oder der Mann ist ein Bekannter, und du läßt ihn nah herankommen, selbst wenn dir dabei nicht wohl ist. Ich habe es mir zur Regel gemacht, dieses ungute Gefühl ernst zu nehmen, anstatt es zu ignorieren. Jetzt konnte ich meine nächtlichen Spaziergänge viel mehr genießen.

Beim Selbstverteidigungstraining spielt Angst eine besondere Rolle. Das gemeinsame Nachspielen von Situationen, vor denen die Teilnehmerinnen Angst haben, gehört zu den wirksamsten Unterrichtsmitteln. Die Frauen sagen der »Angreiferin«, was sie tun soll, und wägen dann ihre Verteidigungsmöglichkeiten ab. Für mich ist Angst heute ein Werkzeug – mit ihrer Hilfe erkenne ich, in welchen Lebensbereichen ich mehr Fähigkeiten brauche, um mit einer schwierigen Situation fertig zu werden.

Auch Träume sind Mittel, mit konkreten Ängsten umzugehen und sich realistisch verteidigen zu lernen. Ich hatte früher immer furchtbare Angst, jemand könnte durch mein Schlafzimmerfenster einsteigen. Zu Beginn meines zweiten Jahres als Trainerin träumte ich neunmal hintereinander davon. Im ersten Traum war ich wie gelähmt; der Angreifer verschwand dann irgendwie durch Zauberei. Im zweiten Traum kämpfte ich und stieß ihn zur Tür hinaus. Im dritten Traum griff ich nach einem Blumentopf und schlug ihn damit nieder. Im wirklichen Leben begann ich, mich in meinem Zimmer nach brauchbaren Waffen umzusehen. Ich übte, jemanden von mir herunterzustoßen, während ich unter der Bettdecke lag, und ich lernte, wie man in dieser Lage ein Messer abwehrt. Nachdem so jede geträumte Verteidigung von Mal zu Mal wirksamer und realistischer wurde, brachte ich den Mann im neunten Traum schließlich um. Das war das Ende der Träume und das Zeichen für eine gewisse Auflösung dieser besonderen Angst.

Im Unterschied zu den Szenen im Fernsehen oder Kino gibt es im realen Leben immer verschiedene Möglichkeiten, sich zu verteidigen – du kannst den Angreifer verletzen, ihn mittels Verhandlungen verbal schlagen oder sonstige wirksame Strategien anwenden. Selbstverteidigung heißt, nach Auswegen suchen, darauf vertrauen, daß sich irgendwo einer auftut, dann irgend etwas ausprobieren und niemals aufgeben.

Je länger ich unterrichtete, desto mehr Selbstverteidigungsgeschichten hörte ich. Anfangs stellte ich fest, daß die Frauen in den Kursen und Workshops mich benutzten, um all die Horrorgeschichten loszuwerden, die sie je gehört hatten. Nach manch einem Workshop mußte ich mich erst einmal ordentlich ausheulen; ich war erschüttert von der widerwärtigen, brutalen Gewalt gegen Frauen, von der mir immer wieder erzählt wurde. Wahrscheinlich dachten meine Schülerinnen, es sei vollkommen in Ordnung, mit mir als ihrer Trainerin über all diese furchtbaren Dinge, die ihnen angst machten, zu sprechen, mir all die Geschichten, die sie im Fernsehen gehört hatten, zu berichten. Sie dachten, ich könne damit umgehen. Aber ich konnte das immer weniger. Die Geschichten brachten mich aus der Fassung und drückten auf die positive Stimmung eines Workshops, der Kraft geben sollte. Ich mußte mich vor diesen Geschichten schützen, um die mit ihnen verbundene Qual von mir fernzuhalten. Mein Einfühlungsvermögen arbeitete gegen mich.

Um das Positive wieder in den Mittelpunkt zu stellen, fing ich an, Erfolgsgeschichten zu sammeln. Es gibt keine Selbstverteidigungstrainerin, die keine kennt. Die Geschichten enthielten manchmal ganz einfache und manchmal sehr ausgeklügelte Auswege: Die Frau, die sich bei achtzig Stundenkilometern aus dem Auto fallen ließ, um einer Entführung zu entgehen. Die Frau, die, als sie hörte, wie sich zwei Männer hinter ihr darüber unterhielten, was sie mit ihr tun würden, anfing, in die Luft zu boxen und sie damit in die Flucht schlug. Der Mann, der erschrocken seinen Kopf zurückzog, als ich einen Schlüsselbund in sein Gesicht stieß, um ihn mir vom Leib zu halten. Die Frau, die ihren Angreifer mit einer Hand und einem Knie in Schach hielt, ohne dabei die Plätzchen in der anderen Hand zu zerbrechen, die sie für ihre Kinder gekauft hatte. Die Frau an der Bushaltestelle, die dem Mann, der zu ihr sagte, er werde sie vergewaltigen, mit einem »Nein, das wirst du nicht!« antwortete; er wandte sich mit einem genuschelten »Dann eben nicht« ab.

Diese Art von Geschichten hatte ich in den Abendnachrichten nie gehört. Die Verbrechensspalten der Regionalzeitungen quollen über mit Geschichten von brutal vergewaltigten Frauen. Regionale und nationale Nachrichtensendungen waren kaum auszuhalten mit ihren Geschichten über all die Gewalt, die Frauen angetan wurde. Die Stadt Santa Cruz wurde nach der Reihe von Sexualmorden, die Edmund Kemper 1971/72 begangen hatte, von den Medien als »Mordmetropole der Welt« bezeichnet.

In den Jahren, in denen ich beim Notruf arbeitete, sah ich kein Fernsehen mehr und bekam kaum etwas über die Ereignisse in der Welt mit. Wenn du Nacht für Nacht die echten Geschichten am Te-

lefon hörst, dann werden die Sensationsgeschichten zum Overkill.
Wenn die Medien über Selbstverteidigung berichten, dann höchstens über besonders spektakuläre Fälle wie zum Beispiel über die Frau in Berkeley, Kalifornien, die ein Bajonett aus ihrem Schrank holte und den Angreifer damit erstach. Aber solche Geschichten tragen nicht dazu bei, die Ängste der durchschnittlichen Frau auf der Straße zu mindern.
Kaum jemand glaubte, Frauen könnten sich selbst schützen und einen Angreifer abwehren. Statt dessen glaubten die meisten, Frauen würden lügen, wenn sie behaupteten, sie seien vergewaltigt worden, alle Männer seien stärker als Frauen und keine Frau könne je entkommen. Durch meine Beschäftigung mit Selbstverteidigung und die Arbeit beim Notruf kam ich nach und nach zu der Überzeugung, daß diese Vorstellungen schlichtweg falsch sind. Es gab Frauen, die der Vergewaltigung entkommen konnten. Es gab Frauen, die sich wehrten – und siegten. Ja, die meisten Frauen, mit denen ich am Telefon sprach, hatten irgend etwas getan, um die Vergewaltigung zu verhindern oder die Situation zu entschärfen. Die Angst hatte sie nicht gelähmt. Sie hatten gehandelt.
Die meisten angegriffenen Frauen erinnerten sich daran, eine Vorahnung gehabt zu haben, eine Eingebung, eine nonverbale Wahrnehmung, bevor etwas Physisches passierte – das Gefühl, da stimmt was nicht. Je eher Frauen aufgrund dieser Intuition handeln, desto eher kommen sie heil aus der Situation heraus. 90% einer effektiven Verteidigung bestehen aus der Erkenntnis: Ja, dieser Mensch greift mich an. Dieses Gefühl ist besonders wichtig gegenüber Menschen, denen wir eigentlich meinen vertrauen zu dürfen, die dieses Vertrauen aber ausnutzen. In über 75% der Fälle kommt der Angriff von einem Mann, den die Frau kennt und mit dem sie sich zumindest duzt. Vergewaltigung durch Bekannte und Vergewaltigung in der Ehe sind nichts Außergewöhnliches.
Dr. Pauline Bart, eine bekannte Soziologin an der Universität von Illinois, begann 1980, die Ergebnisse ihrer Untersuchung über verhinderte Vergewaltigungen zu veröffentlichen. Sie stellte fest, daß Frauen, die sich wehrten, öfter entkamen als Frauen, die sich passiv verhielten. Zum ersten Mal widersprach eine renommierte Wissen-

schaftlerin dem Rat der Polizei: »Nicht wehren, sonst werden Sie verletzt.« Wie viele Frauen haben diesen Rat befolgt, um dann vor Gericht zu erfahren, daß es keine Vergewaltigung war, da sie sich ja nicht gewehrt hatten!

Die Ergebnisse von Dr. Bart waren ungeheuer aufschlußreich. Sie fand heraus, daß die Frauen um so besser davonkamen, je mehr Taktiken sie anwandten, einschließlich Schreien, Weglaufen, Diskussionen mit dem Angreifer, Bitten oder körperliche Abwehr – treten, schlagen, beißen, den Körper als Waffe benutzen. Verbale Abwehrversuche waren nicht sonderlich wirkungsvoll, wenn sie nicht zusammen mit anderen Taktiken angewandt wurden. Bitten und passives Verhalten schien die Gefahr einer Vergewaltigung sogar noch zu *erhöhen.*

Die von uns gesammelten Geschichten bestätigten die Ergebnisse von Dr. Bart. Die Frauen bewiesen, selbst wenn sie entsetzliche Angst ausstanden, Geistesgegenwart und unglaubliche Nervenstärke, um einen Ausweg aus einer lebensbedrohenden Situation zu finden. Selbst bei einigen der brutalsten Angriffe, von denen wir je hörten, hatten die Frauen eine Taktik nach der anderen ausprobiert, bis endlich eine funktionierte. Sie gebrauchten ihren Verstand, um mit dem Angreifer zu verhandeln oder ihn zu überlisten. Manchmal setzten sie eine Entscheidung blitzschnell um, wehrten sich körperlich, rannten, argumentierten und schrien mit aller Kraft, bis ihr Angreifer aufgab. Sie bestätigten die Regel: Dein Wille zur Verteidigung ist stärker als der Wille des Angreifers, dich zu verletzen. Die Ergebnisse von Dr. Bart wurden 1985 in dem empfehlenswerten Buch *Stopping Rape: Successful Survival Strategies* veröffentlicht.

Frauen, die sich wehren – das »Projekt Erfolgsgeschichten« ist das Ergebnis meiner Arbeit mit Denise Caignon: Wir haben zusammen Judo gelernt, dann als Gründungsmitglieder der »Santa Cruz Women's Self-Defense Teaching Cooperative« gemeinsam Selbstverteidigungskurse geleitet und nun dieses Buch herausgegeben. Wir kamen mehr und mehr zu der Überzeugung, daß sich viele Frauen erfolgreich verteidigen. Darüber hinaus glauben wir, daß Frauen Erfolgsberichte und ihr Wissen um die erfolgreichen Strategien anderer Frauen für sich verwerten, um neue Verteidigungsstrategien für unbekannte Situationen zu entwickeln. Dieses Projekt entsprang unserem gemeinsamen Wunsch, die Geschichten, von denen wir wußten, daß es sie gab, an so viele Frauen wie möglich weiterzugeben.

Die zehn einfachen Schritte zur perfekten Selbstverteidigung gibt es nicht. Gute Selbstverteidigung ist alles, was erfolgreich ist. Die Arten der Verteidigung sind so unterschiedlich wie die Frauen selbst. Jede Frau benutzt ihre Intuition, nicht nur um die Gefährlichkeit einer Situation einzuschätzen, sondern auch um ihre eigene Reaktion, die ihrer Wahrnehmung und ihren Fähigkeiten entspricht, vorzubereiten. Niemand kann dir beibringen, wie du dich genau in allen möglichen Situationen verhalten mußt. Aber in einem Selbstverteidigungskurs kannst du dir Fähigkeiten und Haltungen aneignen, die du dann, wenn es nötig ist, in angemessener Weise kombinieren kannst. Es geht darum, Frauen mehr Kontroll- und Verhaltensmöglichkeiten zu vermitteln. Dazu gehört auch, ungeeignete Reaktionen zu verlernen, Reaktionen, wie sie von Schauspielerinnen im Fernsehen oder im Kino vorgeführt werden – wie Ausbrechen in Panik, hilfloses Kreischen mit zurückgeworfenem Kopf oder Herumhämmern auf der Brust des Angreifers, die nun mal sein robustester Körperteil ist.

Manchmal funktionieren die überraschendsten Strategien. Eine Frau, die vermutete, ihr Angreifer sei katholisch, drohte ihm, das Jesuskind würde ihn für das, was er ihr antun wollte, hassen, und die Mutter Gottes würde ihn verdammen. Er brach in Tränen aus und brachte sie nach Hause.

Eine Frau auf einer Party sagte, ja, sie sei einverstanden, wolle aber erst ihre Jacke und ihre Handtasche im Haus ablegen, danach könnten sie sich ein gemütliches Plätzchen suchen. Drinnen schrie sie dann erfolgreich um Hilfe.

Zwei junge Mädchen wurden von zwei Männern in einem Auto verfolgt. Als einer von ihnen ausstieg, um sie in den Wagen zu lokken, verprügelten sie ihn. Der andere Angreifer sprang hinaus, um seinem Kumpel bei der Flucht zu helfen. Die Eltern der beiden Mädchen gaben Karateunterricht und hatten ihnen einige gute Schläge und Tritte beigebracht.

Eine Frau, die auf dem Rücksitz eines Wagens zwischen zwei Männern eingezwängt saß, griff nach dem Messer, das einer der Angreifer hielt, und zerbrach es über ihrem Knie. Sie verletzte sich dabei stark an der Hand, aber die Angreifer schienen sie für verrückt zu halten und ließen sie aussteigen.

Die entkommenen Frauen sind so verschieden wie ihre Geschichten. Schwarze Frauen, Frauen lateinamerikanischer oder asiatischer Herkunft, weiße Frauen, dicke Frauen, junge Mädchen, Frauen im Rollstuhl, Frauen, die am Stock gehen, taube Frauen, verheiratete Frauen, Mütter, Lesben, alte Frauen. Mir fällt die 86jährige Frau ein, die mir erzählte, wie sie den Mann an den Hoden packte und zog, nachdem er seine Hose heruntergelassen hatte, um sie zu vergewaltigen. Er lief weinend davon.

Viele Angreifer lassen sich gleich zu Beginn verbal entmutigen. Viele von ihnen fangen mit verbalen Aggressionen an, mit persönlichen Fragen oder mit Obszönitäten. Wirkt die Frau eingeschüchtert oder geht sie darauf ein, dann kann es zu körperlichen Aggressionen kommen. Der Angriff auf verbaler Ebene ist, ähnlich wie das Hänseln, eine Art Test, der auf die schwachen Punkte im Selbstbewußtsein der Frau zielt.

Wenn sich ein Angreifer eine Frau ausguckt, dann sucht er nicht nach einer gleichwertigen Kampfpartnerin. Er denkt nicht, wenn ich sie angreife, dann wird sie mir weh tun, sondern er betrachtet die Frau oder das Mädchen vielmehr als leichtes Opfer, schwach und hilflos. Aus Gefängnisinterviews mit Vergewaltigern läßt sich schließen, daß sie nach Frauen Ausschau halten, die wenig Selbstbewußtsein zeigen, Augenkontakt möglichst vermeiden und relativ kleine Schritte machen. Sie suchen sich oft Frauen aus, die körperlich irgendwie unsicher sind und eher passiv als selbstbewußt reagieren.

Die meisten von uns Frauen haben gelernt, höflich zu sein und jeden anzulächeln, damit die Leute uns mögen. Mädchen lernen, gesehen, aber nicht gehört zu werden und Erwachsenen wahrheitsgemäß zu antworten, selbst Fremden. Vielen von uns wurde beigebracht, nicht mit Fremden zu reden, aber es wurde uns nicht beigebracht, was wir tun können, wenn wir mit Bekannten nicht reden wollen oder wenn uns ein Fremder anspricht und versucht, uns anzufassen.

Aufgrund dieser passiven Verhaltensmuster können Frauen und Mädchen sich nicht so gut wehren. Und da dieses Verhalten über die

Jahre hinweg bestätigt und damit zementiert wird, ist es nur schwer zu verlernen.

Jahrelang wurden Frauen als schwache, hilflose *Opfer* betrachtet. Immer wenn in den Frauengruppen gegen Vergewaltigung dieses Wort fiel, zuckte ich innerlich zusammen. In den letzten Jahren haben viele Frauengruppen die Verwendung dieses Wortes zur Bezeichnung einer vergewaltigten Frau zunehmend in Frage gestellt. Ich habe mein Vokabular geändert. Eine Frau, die angegriffen wurde, ist für mich eine *Überlebende*, egal, ob sie vergewaltigt wurde oder nicht.

Vielleicht wird ja in dem Maße, wie mehr und mehr Männer ihrerseits von den angegriffenen Frauen verletzt werden, die Wahrheit über die Stärke der Frauen, ihre Entschlossenheit und ihren Willen zu überleben sichtbar werden und sich verbreiten. Vielleicht werden sich Frauen und Mädchen nach dem Lesen dieser Erfolgsgeschichten ermutigt und bestärkt fühlen, sich im Falle eines Angriffs zu wehren. Das Interesse ist mit Sicherheit da: Über zweihundert Frauen aus den gesamten Vereinigten Staaten haben auf unseren Aufruf reagiert und ihre Geschichte aufgeschrieben.

Obschon die Berichte subjektiver und persönlicher Natur sind, wird doch klar, daß Frauen erfolgreich auf das Verhalten ihrer Angreifer Einfluß nehmen können. Die meisten der uns bekannten Geschichten enden mit dem höchst befriedigenden Satz: »Dann drehte er sich um und rannte davon.«

Einige Bemerkungen über Rassismus

In der gesamten Geschichte der USA wurden Männer afro- und lateinamerikanischer Herkunft in unverhältnismäßig hoher Zahl – bezogen auf ihren Anteil an der Gesamtbevölkerung – wegen Vergewaltigung angeklagt und verurteilt. Dies läßt sich historisch zurückverfolgen bis zur Verknüpfung von Vergewaltigung mit Lynchjustiz und dem rassistischen Mythos, nach dem weiße Frauen oft von schwarzen Männern vergewaltigt werden.

> Entgegen der verbreiteten Meinung, daß Lynchjustiz und Vergewaltigung in engem Zusammenhang stehen, wurden nur 32% der *bekannten* Lynchopfer zwischen 1882 und 1946 von den Mobs der Vergewaltigung oder versuchten Vergewaltigung beschuldigt. Eine Untersuchung nach der anderen hat gezeigt, daß die überwiegende Mehrheit von Vergewaltigungen rassemäßig intragruppal sind [innerhalb einer »Rasse«]. Im Hinblick auf intergruppale Vergewaltigungen [verschiedene »Rassen«] waren die Opfer in überwältigender Zahl schwarze Frauen.*

Innerhalb desselben Zeitraumes wurden kaum weiße Männer gelyncht; sie hatten das Recht und wurden sogar ermutigt, schwarze Sklavinnen zu erniedrigen und zu vergewaltigen.

Das klassische Bild eines Vergewaltigers, so wie es der Fernseh- oder Kinofilm zeichnet, ist jedoch das Bild eines irren schwarzen Mannes, der auf brutale Weise ein jungfräuliches, lilienweißes Mädchen vergewaltigt.

Tatsächlich jedoch finden laut der »Los Angeles Commission on Assaults Against Women« über 98% aller Vergewaltigungen zwischen Menschen gleicher Hautfarbe statt, und zwar überwiegend zwischen

* Bettina Aptheker: *Women's Legacy. Essays on Race, Sex, and Class in American History.* University of Massachusetts Press, 1987.

Menschen vergleichbarer sozialer Herkunft. Und über 75% aller Vergewaltigungen ereignen sich im Bekanntenkreis.
Infolge des Rassismus innerhalb der Strafgerichtsbarkeit kommen überwiegend Schwarze und Männer lateinamerikanischer Herkunft wegen Vergewaltigung ins Gefängnis. Die Öffentlichkeit scheint an das Klischee des dunkelhäutigen Vergewaltigers zu glauben und weist die Zeugenaussage einer Frau gegen ihren weißen Arzt oder Vater oder Chef zurück. Dies dient dem Schutz des weißen Mannes mit Rang und Namen vor einer Anklage und Verurteilung wegen Vergewaltigung.
Wir haben in diesem Sammelband versucht, rassistische Vorurteile dadurch auszuschließen, daß wir irrelevante Hinweise auf die ethnische Zugehörigkeit des Angreifers aus den Geschichten gestrichen haben. Da proportional die meisten Vergewaltiger weiß sind, solltest du also, wenn du die Geschichten liest, nicht einfach davon ausgehen, der Angreifer sei schwarz oder farbig.
Auf der anderen Seite gibt es das entsprechend umgekehrte, ebenfalls rassistische Vorurteil über die kämpfende Frau: die Annahme, sie sei weiß, fit, jung und erstklassig in Selbstverteidigung. Die Frauen, die ihre Geschichten für dieses Buch geschrieben haben, sind verschiedenster ethnischer und sozialer Herkunft. Sie unterscheiden sich im Hinblick auf Ausbildung und Beruf, Alter, sexuelle Orientierung und ihre Erfahrungen in Selbstverteidigung.
Wenn du dir ein Bild von den Frauen machen willst, über die du hier lesen wirst, dann stell dir jemanden wie dich selbst vor, eine Frau, die ihren Verstand benutzt und so gut es geht auf sich selbst aufpaßt. Und wenn du weiß bist, vergiß nicht, daß die Frauen in diesem Buch verschiedene Hautfarben haben.

Frauen, die sich erfolgreich wehren

Denise Caignon

Als ich vier, fünf Jahre alt war, wachte ich oft in einem Knäuel aus Bettlaken und Bettdecke auf – auf dem Fußboden, dröhnenden Herzschlag im Kopf, um mich herum der Geruch meiner eigenen tierischen Angst. Es war stets der gleiche verwirrende Alptraum: Eine Schattengestalt – die undeutliche Silhouette eines Mannes – schleicht sich in unser Haus und geht in die Waschküche, wo er die sauberen Kleidungsstücke aus dem Trockner stiehlt. Dann schlüpft er in mein Zimmer und versucht, auch mich in den Wäschesack zu stopfen. Eine Art umgekehrter Nikolaus. Bei meinem Versuch, loszukommen, drehe und winde ich mich auf dem Fußboden. Ich war überzeugt, daß der Traum Wirklichkeit war. Irgend etwas von ihm blieb im leeren Zimmer zurück, auch nachdem ich meine Augen wieder geöffnet hatte.

Später, als meine Lebenserfahrungen reichhaltiger wurden und meine Ängste verschlungener gewebt waren, änderten sich die Alpträume: Männerbanden jagen mich und drohen, mich umzubringen oder Schlimmeres zu tun. Ich flüchte vor ihren gemeinen Blicken und haste – allein – auf den ausgetretenen Pfaden durch das Labyrinth, überquere die unterirdischen Flüsse, die verseucht sind von den Ängsten der Frauen. Dabei merke ich – im Traum – nicht, daß ich gar nicht allein bin, sondern Seite an Seite mit all den anderen träumenden Frauen laufe, die diese Angst und ihre Reaktion darauf erkunden, während ihre Körper schlafen. Wie viele Frauen auf der ganzen Welt erwachen an jedem x-beliebigen Morgen zur gleichen Zeit und atmen erleichtert auf, weil sie in die reale Welt entkommen sind – in eben die Welt, die den Traum hervorrief?

Dieses Buch wurde von Frauen geschrieben, die dem Alptraum die Stirn geboten, die sich zur Wehr gesetzt haben. Sie erzählen, wie sie mit den ihnen zur Verfügung stehenden Mitteln gekämpft haben:

mit ihren Händen, ihren Füßen, ihren Augen, ihrer Stimme, ihrem Verstand, mit ihrer Geistesgegenwart, vor allem aber mit ihrem Willen zum Überleben.

Jeder Teil von mir, der weiblich ist,
wird geschlagen, gestoßen, betatscht,
beschimpft, vergewaltigt, gehaßt.
Ich bin verloren in unerträglicher Einsamkeit.
Panik hält meinen Geist gefangen und
füllt mich mit Lähmung
bis der primitivste Teil meines Gehirns,
Überleben,
nacktes Überleben, nach Leben schreit.
(Janice Angevine, aus: »Newark, 17. August 1981«)

Ich denke, wir alle werden mit diesem Willen zum Überleben geboren. Aber vielen von uns, vor allem Frauen, wird systematisch beigebracht, das, was wir an Möglichkeiten besitzen, aufzugeben oder zu ignorieren. Wir lernen, unsere Augen sittsam niederzuschlagen, unsere Stimme zu senken und mit unseren Händen nutzlos herumzufuchteln, kurz – unsere Waffen nicht zu gebrauchen.
Ich höre immer noch die Verbotslitanei meiner Mutter: Öffne keinem Fremden die Tür! Steig zu keinem Fremden ins Auto! Nimm von niemandem, den du nicht kennst, Süßigkeiten an! Da ich jung war und in allem und jedem auf Erwachsene angewiesen, war dieses Gespür für das Böse, das meine Mutter mir wohlwissend einflößen mußte, für mich ein quälender Widerspruch. Ohne darüber nachzudenken, begreifen wir langsam, daß andere Menschen etwas Bedrohliches an sich haben, die gleichen Menschen, denen zu vertrauen uns beigebracht wird.
Es gab keinen besonderen Vorfall, der mich bewog, mit dem Selbstverteidigungstraining anzufangen. Aber als ich Mitte der siebziger Jahre aus dem provinziellen Kentucky nach Kalifornien zog, da wußte ich, ich brauchte etwas, das mir in meiner neuen Umgebung Sicherheit gab. Außerdem wurde mir wie jedem Neuling in Santa Cruz mitgeteilt, daß die Stadt vor kurzem von einer Welle von Vergewaltigungen und Morden überrollt worden war.
Dieser erste Kurs ließ zwei prinzipielle Überlegungen in mir Wurzeln

schlagen, Überlegungen, die später zu Leitgedanken meiner eigenen Arbeit mit Überlebenden von Gewaltverbrechen werden sollten. Die erste betrifft die Grundlage jeglicher Selbstverteidigung – den Willen. Wille ist letztlich nichts anderes, als eine von Kopf und Körper vereint getroffene Entscheidung. Zur Verdeutlichung dieses Entscheidungsvorgangs haben wir eine Übung, genannt »Der unbeugsame Arm«, gemacht. Zunächst streckte eine Frau ihren Arm aus, wobei ihr gesagt wurde, sie solle alles tun, was sie könne, um ihn gerade und durchgedrückt zu halten. Ihre Übungspartnerin sollte dann versuchen, den Arm zu beugen. Es war nicht weiter schwer, den durchgedrückten Arm, der durch die totale Anspannung der Muskeln steif, ja sogar geschwächt war, zu krümmen. Nach diesem Teil der Übung hielt die Frau den Arm nicht länger durchgedrückt, sondern im Ellenbogen leicht angewinkelt, gerade soviel, um ihn elastisch zu machen. Gleichzeitig sollte sie ein klares, plastisches Bild vom Kopf aus durch ihren Arm hindurch- und darüber hinausschicken – so weit, wie ihre Vorstellung reichte. Das Bild selbst war nicht wichtig; wichtig war, daß Kopf und Körper zu einer einzigen Intention verschmolzen: ruhige, elastische Kraft statt starrer Widerstand.

Manche Arme in diesem Kurs waren wie dicke Feuerwehrschläuche, aus denen sich ein Strom flüssigen Stahls ergoß. Andere waren schwere, grüne Eichenäste voller Lebenssaft. Wenn ich mein Denken, mein ganzes Ich auf das letztere Bild konzentrierte, dann wuchsen aus meinen Füßen Wurzeln, die sich durch den abgenutzten Fußboden hindurch bis tief in die Erde unterhalb des Gebäudes gruben. Ich hatte mich nie zuvor besser vorbereitet gefühlt.

Diese Übung sollte zeigen, daß ein mit elastischer Widerstandskraft gestärkter Arm durch keine brutale Gewalt gekrümmt werden kann. Unsere Übungspartnerinnen kämpften und preßten, standen auf Stühlen und drückten von oben – die Arme blieben unbeugsam.

Später, als ich Judo lernte, sah ich, wie diese Art ruhiger Entschlossenheit erfolgreiches Kämpfen ermöglichte. Nur wenn ich statisch dachte – aus Angst, tolpatschig zu sein, es falsch zu machen –, nur dann fiel ich unglücklich oder riß meine Partnerin mit einem nachlässigen Hüftwurf um. Allein mein steifer Widerstand vereitelte das glatte, leichte, rollende Tanzen, das Judo sein kann.

Die zweite Erkenntnis, die ich in diesem ersten Kurs gewann, war die, daß der Körper aus tödlichen Waffen und verletzbaren Zielen besteht. Wenn Polizei oder andere »Autoritäten« Frauen davor warnen, Widerstand zu leisten, dann ist dabei oft von der im Vergleich zum Mann mangelnden Körperkraft der Frau die Rede. In bezug auf die reine Muskelkraft sind Männer oft stärker als Frauen. Aber jeder männliche Körper hat verletzliche Stellen, und jeder weibliche Körper hat mächtige Waffen, die auf diese Ziele gerichtet werden können.

So wird Frauen zum Beispiel kaum gesagt, daß sie besonders kräftige Beine besitzen oder daß es nur vierzehn Pfund Tretkraft bedarf, um eine Kniescheibe zu zertrümmern. Ein Ellbogen in den Solarplexus, ein Fuß, der den Spann zerschmettert, ein Knie ins Gesicht oder Geschlechtsteil, ein Schrei aufs Trommelfell – nichts davon übersteigt die Möglichkeiten von Frauen. Es gibt so viele Kombinationsmöglichkeiten von Techniken, von denen einige tödlicher sind als andere, die aber alle mindestens bewirken, Zeit zu gewinnen, einen Griff zu lockern oder den Weg für eine andere Taktik vorzubereiten.

Aber nicht jeder Angriff bedarf einer physischen Reaktion; viele lassen sich gewaltlos abwehren. Du wirst sehen, vor allem im Kapitel »Die Macht der Stimme«, daß in vielen Erfolgsgeschichten von einem Angriff berichtet wird, der durch verbale Reaktion abgeblockt wurde.

Das Projekt »Erfolgsgeschichten« – wie wir es in den Jahren des Geschichtensammelns nannten – schien mir nach meiner Arbeit mit geschlagenen Frauen und vergewaltigten Überlebenden sowie in Selbstverteidigungskursen der nächste logische Schritt zu sein. Gail und ich wußten, daß es diese Geschichten gab – wir hatten sie in unseren Kursen und von unseren Freundinnen gehört. Die Frauen hungern nach Berichten über erfolgreiche Selbstverteidigung. Wenn ich einer Frau gegenüber erwähnte, daß ich Geschichten von Frauen sammelte, die sich wehrten, erhielt ich gewöhnlich ein erfreutes Lächeln: »Ach, da hab ich eine!« oder »Ich habe eine Freundin, die ...«. Als hätten sie nur auf die Chance gewartet, ihre Geschichten erzählen zu können.

Das Projekt »Erfolgsgeschichten« stillte auch meinen eigenen Hunger. In harten Zeiten bot mir das Buch mehr als einmal emotionalen Halt. Und wenn mich die Angst beschlich – wie das unweigerlich bei den meisten Frauen immer wieder der Fall ist –, erinnerte ich mich an die

Erfolgsgeschichten. Das bloße Wissen, daß andere couragierte Frauen sich verteidigt hatten, half mir, nachts freier durch die Straßen zu gehen oder mir selbst zu vertrauen, wenn ich mich unsicher fühlte.

In dieser Gesellschaft Frau oder Mädchen zu sein, bedeutet zu wissen, was es heißt, verfolgt zu werden, und nicht nur das Verhalten der Verfolgten, sondern auch das der Verfolger kennenzulernen. Eben diese Kenntnis über den Angreifer hat so vielen Frauen in diesen Geschichten geholfen, sich zu verteidigen. Ein Angreifer ist oft ein unsicherer, verzweifelter Mensch, der sich seiner selbst und seiner Motive ungewiß ist. Daraus eröffnen sich Chancen, die einer Frau die Möglichkeit zu einer Bemerkung oder Geste geben – oder zu einem Faustschlag oder Fußtritt, wenn es denn sein muß. Gerade weil Frauen die Mythen über sich, an die die Männer so hartnäckig glauben, gut kennen, können sie diese oftmals gegen den Angreifer selbst wenden. »In Wahrheit genießen Frauen eine Vergewaltigung« ist ein solcher Mythos, den Jane Polansky zu ihrem Vorteil nutzte: Als sie dem Mann, der sie auf dem Vordersitz ihres Wagens festnagelte, anbot, ihm dabei zu helfen, ihren Slip auszuziehen, entspannte er sich einen Moment lang und gab ihr damit die nötigen Sekunden Zeit, um sich loszureißen.

Diese kostbaren Sekunden ... die Frauen in diesem Buch beweisen immer wieder ein ausgeprägtes Gefühl für richtiges Timing. Manchmal warten sie einfach ab, um dann, wenn der Zeitpunkt richtig ist, plötzlich zu handeln. Ein anderes Mal schlagen sie zu ihrer eigenen Überraschung sofort und ohne das geringste Zögern zu. Alle diese Frauen denken klar und können sich manchmal später noch an das kleinste Detail erinnern. Die Fähigkeit, sich ihre Geistesgegenwart zu erhalten, macht aus all diesen Frauen Künstlerinnen der Selbstverteidigung höchsten Grades. Sie sind keineswegs alle furchtlos und voller Selbstvertrauen. Viele von ihnen hatten furchtbare Angst. Aber allen gemeinsam ist ihr Wille zu leben, das Geschehene zu überleben. Denn wenn ein Angreifer versucht, einer Frau Gewalt anzutun, dann fordert er ihren fundamentalsten Instinkt heraus – den Lebenswillen.

Eine der Grundprämissen unseres Projektes ist, daß jede Frau, die mit dem Leben davonkommt, eine Erfolgsgeschichte zu erzählen hat. Oft genug messen Frauen dem, was sie für ihr Überleben taten, keinen Wert bei. Einige erzählen außer ihren engsten Freundinnen niemandem davon, andere merken nicht einmal, daß sie sich gewehrt haben. »Eigentlich habe ich gar nichts getan«, wandten Frauen in unseren Selbstverteidigungskursen ein – nachdem sie erzählt hatten, wie sie getreten, argumentiert, geschrien oder sich ihren Weg in die Freiheit erlaufen hatten.

Das ist einer der Hauptgründe, warum wir uns zu diesem Buch entschlossen – um Frauen zu helfen, ihre Gewalterfahrungen neu zu bewerten und auf das, was sie getan haben, stolz zu sein, anstatt sich für das, was sie nicht getan haben, schuldig zu fühlen.

Jeder Angriff ist eine ernstzunehmende Sache, aber manchmal ist Sinn für Humor die beste Waffe. Da gibt es die berühmte Geschichte von einer Frau, die in einer überfüllten U-Bahn betatscht wurde. Sie ergriff die Hand, hob sie hoch über ihren Kopf und fragte laut: »Wem gehört die? Ich habe sie auf meinem Hintern gefunden.« Der Mann tat sein Bestes, um in der Menge unterzutauchen.

Aber nicht alles, was eine Frau unternimmt, muß zwangsläufig funktionieren. Selbstverteidigung ist kein Garantieschein; sie ist eine fließende, sich stets wandelnde Art und Weise, die Welt und unseren rechtmäßigen Platz darin zu betrachten. Es ist wie beim Schachspiel – dein Gegenüber macht einen Zug, manchmal einen vorhersehbaren, manchmal einen vollkommen unerwarteten, und du mußt deine Strategie auf die veränderte Situation einstellen. Die meisten Frauen in diesem Buch haben mehr als eine Taktik angewandt, um sich von ihrem Angreifer zu befreien.

Aber Frauen, die sich wehren, sind keine Schach-Großmeister; sie sind Hausfrauen, Mütter, Arbeiterinnen, Rentnerinnen, behinderte Frauen, junge Mädchen – jede Art von Frau, die du dir vorstellen kannst. Selbst in feministischen Kreisen kursiert der Mythos, du müßtest jung, stark und in einer Kampfsportart ausgebildet sein, um dich erfolgreich wehren zu können. Aber nur wenige der hier vorgestellten Frauen sind erfahrene Kampfsportaktivistinnen; die meisten haben weder eine Kampfsportart noch Selbstverteidigungstechniken gelernt, sie sind einfach Menschen, die ihrem normalen Leben nachgingen, als sie plötzlich angegriffen wurden. Dann aber kämpften sie, als hätten sie die ganze Zeit über gewußt, was zu tun sei.

Ich beabsichtige hier nicht, Frauen von Selbstverteidigungs- oder

Kampfsportkursen abzuhalten. Ich habe beides gelernt und weiß daher, welche Kraft und welches Selbstvertrauen sie vermitteln können. Ich möchte nur betonen, daß die Fähigkeiten zur Selbstverteidigung angeboren sind, und diese Geschichten von meist nicht speziell ausgebildeten Frauen jeglichen Alters und körperlichen Geschicks sind ein Beweis für dieses angeborene Wissen. Selbstverteidigungs- oder Kampfsportkurse dienen lediglich dazu, diese Instinkte zu entwickeln und sich durch Übung zu sensibilisieren.

Wenn du die Geschichten liest, vergiß nicht, daß die Frauen, die sie erzählen, keine »Expertinnen« sind, sondern gewöhnliche Menschen, die auf unseren landesweiten Aufruf reagiert haben. Sie haben zufällig eine Zeitschrift zur Hand genommen oder zur rechten Zeit das Radio eingeschaltet. Es handelt sich hier um Geschichten, die ihr euch am Küchentisch erzählt, die Nachbarinnen sich über den Gartenzaun erzählen.

In den Erfolgsgeschichten verteidigen sich Frauen auf dem Land und in der Stadt, auf der Straße und in ihrer Wohnung. Du wirst von Frauen lesen, die sich auf eine Weise gewehrt haben, an die du wahrscheinlich nie gedacht hattest, und an Orten, die dir extrem gefährlich erscheinen. Angriff und Verteidigung finden in großstädtischen Orten wie Fahrstühlen, U-Bahn-Gängen und Tiefgaragen statt, beim Trampen, in Autos und auf Campingplätzen. Die Frauen wehren sowohl Fremde als auch Bekannte und Familienmitglieder ab. Wenn du schon einmal angegriffen worden bist, findest du vielleicht eine Geschichte, die deiner eigenen Erfahrung entspricht.

Die Probleme sind, je nachdem wo du lebst, verschieden. Auch kulturelle Unterschiede beeinflussen die Einstellung von Frauen zur Selbstverteidigung. Interessant fanden wir, daß verschiedene Geschichten über verbale – und oftmals humorvolle – Abwehr von schwarzen Frauen stammten. Vielleicht ist die schwarze Kultur ja allgemein weniger durch die Tabuisierung des freien (und lauten) Heraussprechens eingeengt als die US-amerikanische angelsächsische Gesellschaft. Vielleicht ist der Sinn für Humor auch eine der vielen Waffen der Schwarzen, um ihre Kultur gegen Rassismus zu verteidigen.

Als ich vor einigen Jahren durch Asien reiste, habe ich einen kurzen Selbstverteidigungskurs in Neu-Delhi abgehalten. Einige Erfahrungen und Haltungen im Hinblick auf Selbstverteidigung unterschieden sich vollkommen von dem, was ich aus meinem eigenen Land kannte. In Indien und Asien allgemein sind die Bindungen der Frauen untereinander sehr stark, so daß sich die Frauen in den Rollenspielen leichttaten, wirksame *Gruppen*abwehr gegen Angreifer vorzuführen. Es gibt auch Generationsunterschiede und unterschiedliche körperliche Möglichkeiten. Frauen, die mit einer körperlichen Behinderung leben, zeigen, wie sie sich dennoch körperlich wehren können. In allen Geschichten hängt die Art, wie Frauen sich zur Wehr setzen, mit ihrer Erziehung, ihrer ethnischen Herkunft und ihrer spezifischen Lebenserfahrung zusammen.

Jedem der sieben folgenden Kapitel geht eine ausführliche Einleitung voraus, die sich mit dem jeweils genauer beleuchteten Selbstverteidigungsaspekt befaßt. Die Geschichten in Kapitel I, »Verlust der Unschuld«, wurden von Frauen geschrieben, die in ihrer Kindheit angegriffen wurden. Kapitel II, »Die Macht der Stimme«, enthält Geschichten, in denen Frauen sich mit verbalen Techniken gewehrt haben – mit Worten, Schreien usw. In Kapitel III, »Intuition und Willenskraft«, gebrauchen die Frauen diese zwei fundamentalen Fähigkeiten, um sich aus gefährlichen Situationen herauszumanövrieren. Die Frauen in Kapitel IV, »Phantasievolle Waffen«, benutzen Gegenstände – vom Gewehr bis hin zum Blumentopf – für ihre Selbstverteidigung. In Kapitel V, »Lebensgefährliche Angriffe«, werden einige der bedrohlichsten Situationen beschrieben. Diese Geschichten sind – obschon erhellend – nicht so einfach zu lesen, deshalb solltest du vielleicht lieber nicht gerade mit diesem Kapitel anfangen. In Kapitel VI, »Teamwork«, erzählen Frauen auf ermutigende Weise, wie sie zu ihrer Selbstverteidigung mit anderen zusammenarbeiteten – sowohl während des Angriffs als auch danach. Kapitel VII, »Überlebensstrategien und Tips zur Selbstverteidigung«, enthält eine Fülle von Selbstverteidigungstaktiken und -erfahrungen, angefangen bei einfachen Tips bis hin zu einer Philosophie der Selbstverteidigung für eine gesamte Kultur.

Dieses Buch ist zum Schmökern gedacht. Sein Thema ist zwar ernster Natur, aber es bleibt ein Geschichtenbuch. Wie bei allen guten Geschichten hoffen wir, daß du sie laut liest, mit Freundinnen diskutierst, in der Schule einbringst, Spaß daran hast. Die Erfolgsgeschichten sollen dich anregen und dir Kraft vermitteln.

Newark, 17. August 1981

Janice Angevine

Jan schrieb die erste Fassung dieses Gedichts in den zehn Tagen unmittelbar nach der versuchten Vergewaltigung. Es wurde zuerst im Herbst 1982 im *Radical Reviewer* in Vancouver, British Columbia, veröffentlicht. Jan ist heute 41; sie ist Schriftstellerin, Künstlerin, Geschäftsfrau und alleinerziehende Mutter einer 16jährigen Tochter.

Dieses Gedicht handelt von den verschiedenen Arten des Überlebens. Es handelt vom kollektiven Bewußtsein, aus dem wir Frauen endlos Mut schöpfen können – von der Vergangenheit bis in die Zukunft. Wir sind stärker als all die Jahrhunderte der Brutalität. Heute weiß ich das.

Zerstörung liegt in der Luft über der Stadt,
Staub und Schweiß; voll Gefahr die
Freitagnacht.
Freitag / Zahltag
Freitagnacht / Gewalt –
ich vergesse das immer wieder.
Ich, überzeugte Pazifistin,
schalte Bilder der Gewalt aus.
Ich bin nicht gewalttätig, deshalb
wird niemand mir Gewalt antun.
Ich weiß, das Leben ist komplizierter,
brutale Gewalt hat in diesem Jahr
viele von uns getroffen,
wieder und wieder,
niemand ist sicher.
Ich weiß das.
Ich weiß so viel,

ich kann es kaum ertragen.
Also ist mein Schritt entschlossen, fest.
Ich will nicht nach Angst riechen.
Doch Unheimliches liegt in der Luft heute nacht,
keine Sanftheit in den Straßen,
und die Hoffnung liegt geschunden und schlafend
in Hauseingängen und Rinnsteinen.
Ich beschwichtige meine Sinne, wappne mich.
Ich betrete das klaffende Maul der Garage,
gehe rasch die Stufen hinunter,
die nach Urin und Fäkalien stinken, hinein
in die zementene Höhle, das tödliche Innere der Tiefgarage.
Angst wallt in meinem Körper auf.
Ich blicke mich um, bereit mich zu schützen,
mich zu wehren. Niemand.
Im Geist übe ich zur Abwehr
den Karatetritt, den Michael mir beigebracht hat.
Im Weitergehen denke ich, schaffe ich das?
»Denk daran, zuerst das Knie hoch und
dann treten.«
Ich höre Michaels Worte, als wir
die Zündkerzen meines Wagens letzten Sommer wechselten.
Mein Wagen, Front zur Wand, wartet,
mich wie ein Panzer aufzunehmen, abzuwehren
die Straße. Nur noch ein paar Schritte.
Ich sehe niemanden außer dem
schwitzenden Mann, der eben an mir vorbei
die Treppe hochstürzte,
muskelbepackt und schmutzig.
Er kommt meinetwegen zurück.
Voller Drogen und Gewalt.
Aber schlimmer, er ist ein Mann. Also ist er
gefüllt mit Bildern, die ihm sagen,
er wird gemessen an dem, was er sich nimmt.
Nimm Geld. Nimm Sex.
Er kommt zurück, um mich zu nehmen.

Er kann nicht rechtmäßig nehmen.
Hautfarbe und Armut
schließen ihn aus vom Töten
auf dem Markt
anderen die Eier zu schleifen
am Verhandlungstisch
Völkermord
zu befehlen
das Land
zu vergewaltigen.
Solch unheilvolle Taten stehen nicht
in seiner Macht,
so nimmt er mich,
nimmt Sex,
die männliche Alternative,
vermarktet wie *junk food*;
praktiziert, wenn beraubt der
Männlichkeit,
unsicher der Stellung,
unzufrieden des Lebens;
eine Frau vergewaltigen, jede Frau.

Ich öffne die Wagentür.
Meine Gedichte, reich an Leben,
ruhen auf dem Vordersitz.
Meine Gedanken schweifen ab, als mein lächelnder Körper
hinter das Steuerrad gleitet; Phyllis, Julia, Lorraine, Marilyn.
Mein Familienkollektiv, verschwörerisch
Gefühle aufs Papier bringend, Zeit stehlend
von unseren vielfachen Verpflichtungen.
Forschungsreisende sind wir, voller Mut.
(Diese Gedanken werden mich stärken.)
Ich höre seine rennenden Schritte zum Wagen.
Ich sehe seinen Schatten durchs Rückfenster.
Ich weiß, was geschehen wird.
Die Tür wird mir aus der Hand gerissen,
als ich versuche, mich abzuschotten vom

Mongolen, Osmanen, Wikinger, Sklavenhalter,
Kreuzritter, G.I., den marodierenden Horden,
Jahrhunderten von brutalen Männern,
männlicher Gewalt,
Vergewaltigern,
voll von Monstern.
Ihre Schöpfung, ihr wahrer Gläubiger,
schwingt seinen Arm, und meine Lippen,
gegen die Zähne geschlagen, platzen auf.
Brutale Farben brechen ins Auto ein.
Ein Höllenfeuer von Schwarz und Blau füllt den Raum.
Ich atme Blut von meinen Lippen.
Chaos. Sein Körper wirft sich mit Macht
auf meinen. Er ist wahnsinnig, halluziniert,
stöhnt. Seine Zunge, geschwollen vor Gewalt,
sucht meinen Mund, der zum Schrei geöffnet ist.
Aufruhr und Horror krümmen meinen Körper,
festgenagelt auf dem Sitz.
Mein Kopf, Tod schreiend,
explodiert vor Entsetzen,
zerbirst in unzählige Stücke.
Sein Knie zwischen meinen Beinen stößt
mit wilder Gewalt zu, meine weichen Genitalien zu zerquetschen,
wieder und wieder.
Ich kippe vornüber, Kopf auf dem Boden.
Er zerrt an meinen Kleidern, schleudert
Schläge gegen meinen Magen. Er ist wütend
über meine Hose, die nicht aufgehen will,
sich ihm nicht ergeben will.
Eine Hand stößt in meine Hose, die andere
greift nach der Tür, schlägt sie zu.
Jeder Teil von mir, der weiblich ist,
wird geschlagen, gestoßen, betatscht, beschimpft, vergewaltigt, gehaßt.
Ich bin verloren in unerträglicher Einsamkeit.
Panik hält meinen Geist gefangen und

füllt mich mit Lähmung,
bis der primitivste Teil meines Gehirns,
Überleben,
nacktes Überleben, nach Leben schreit.

Einen Moment lang herrscht Stille, so tief,
so plötzlich, ein Ring der Stille umgibt mich
wie eine Aura,
während der Angriff weitergeht.
In mir sind die Bilder starker
Frauen, meiner Tochter, meines Heims. In diesem
Moment sehe ich Hunderte von Frauen,
mächtigen, liebenden Frauen,
zu mir laufen in schweigenden Horden,
unermüdliche Geister,
nach mir verlangend,
mich anflehend,
gegen mein Nicht-Sein zu kämpfen, zu leben
für alles, was noch ungelebt, ungesagt.
Sie heben meine Knie, befreien meine Füße,
befreien mich von der Angst,
wie ein Neugeborenes zu strampeln um mein
Recht auf Leben, meine Lebenszeit.
Das Strampeln wird stärker.
Meine Beine sind gefordert.
Sie bergen die Kraft von
Millionen von Frauen, Jahrhunderten von Frauen,
geschändet verbrannt ertränkt
gefoltert vergewaltigt verarmt.
Wir treten um unser Leben
und nageln das Monster fest,
seinen Rücken gegen die Tür.
Einen Moment lang
hört er auf.
Ich höre auf.
Keine Zelle regt sich.
Sein Kopf fällt zurück gegen das Fenster.

Von tief innen, erst stöhnend,
schreit er langsam: »Ich habe Angst!«
Einhakend sage ich: »Lauf,
lauf um dein Leben,
sie kommen, alle, um dich zu holen!«
Ich halte das Bild fest im Kopf:
Die Frauen, die Frauen voll Liebe und Mut.
Ich sehe es.
Ich halte es fest.
Ich flöße es ihm ein
wieder und wieder.
»Lauf, lauf um dein Leben!«
Bis er, endlich, sich abwendet,
die Tür aufreißt
die Scharniere verbiegend
und läuft
zu niemandem
zu nichts
mich zurücklassend,
gezeichnet
für immer,
die blutigen Worte ausstoßend:
»... und euch sollen wir lieben?«

I Verlust der Unschuld

Einleitung

Als kleinen Kindern wird uns beigebracht, daß einigen Erwachsenen – vor allem Fremden – nicht zu trauen ist. Aber zugleich lernen wir, ältere Menschen und Autoritätspersonen zu achten – Lehrer, Polizisten, alle, die älter sind. Diese Erziehung verankert in einem kleinen Mädchen einerseits ein gesundes Maß an Vorsicht. Andererseits aber führt sie zum Argwohn gegenüber anderen Menschen – gegenüber den gleichen Menschen, denen das Mädchen ja, wie es gelehrt wurde, vertrauen soll.

Irgendwann gerät das Mädchen im Laufe ihres Erwachsenwerdens an einen Punkt, wo sie diesen Widerspruch integrieren und lernen muß, damit zu leben. Dieser Punkt kann manchmal ein Moment schmerzvoller Erkenntnis sein, hervorgerufen durch den Verrat eines Erwachsenen, und wird oft als Verlust der Unschuld erlebt beziehungsweise später so gesehen.

Bei vielen Erwachsenen bleibt – oftmals unbewußt – ein schreckliches Gefühl von Schuld und Verantwortung zurück für das, was ihnen in ihrer Kindheit angetan wurde. Die Frauen, von denen die Geschichten in diesem Kapitel stammen, haben den Teufelskreis der Schuld einfach mit ihrer Überzeugung durchbrochen, ein Recht darauf zu haben, ihre Geschichte zu erzählen.

Da so vieles aus unserer Kindheit das Gerüst unserer Gefühls- und Verhaltensweise als Erwachsene bildet, ist es wichtig, über die eigene Kindheit nachzudenken und darüber, was uns über unser Recht, auf uns selbst aufzupassen, gesagt wurde. Einige Ermahnungen sind sinnvoll und notwendig: »Öffne keinem Fremden die Tür!« »Nimm von fremden Männern keine Süßigkeiten an!« »Halt Muttis Hand, wenn wir über die Straße gehen!« Andere lehren uns aber, uns selbst und unseren eigenen Kräften zu mißtrauen. Sie vermitteln uns nicht nur, wie gefährlich die Welt ist, sondern auch, daß wir uns selbst nicht beschützen können. Aber was immer Eltern auch versuchen, sie können ihre Kinder nicht vollständig gegen die Gefahren der Welt abschotten. Kinder gehen allein zur Schule, begegnen Fremden, sehen angsteinflößende Bilder im Fernsehen, mit denen sie, so gut sie können, fertig werden müssen. Nur selten bringen Eltern ihren Kindern bei, was sie tun können, wenn etwas Schlimmes passiert.

Wurde dir gesagt, daß du nur sicher bist, wenn du die Tür hinter dir verriegelst und die Alarmanlage einschaltest? Traute sich deine Mutter zu, auf sich und auf dich aufpassen zu können, oder war es klar, daß nur Papi die Familie vor Gefahr beschützen konnte?

Welche Situationen machen dir vor allem angst? Gibt es Zeiten, in denen du dich deiner Umgebung absolut hilflos ausgeliefert fühlst? Da Kindern generell jegliche Möglichkeit von Macht und Kontrolle über ihr eigenes Leben abgesprochen wird, läßt sich das Gefühl der Hilflosigkeit direkt zu dem zurückverfolgen, was wir als Kinder gelernt haben. Wollen wir Ängste und Beschränkungen überwinden, müssen wir zunächst einmal wissen, woher sie kommen.

Kinder werden weitaus öfter von erwachsenen Bekannten mißhandelt als gewöhnlich angenommen. Viele der Frauen in diesem Kapitel wurden von »Freunden« oder Familienmitgliedern sexuell belästigt oder mißbraucht. Der Angriff durch ein nahes Familienmitglied ist besonders verheerend. Da kleinen Mädchen oft verboten wird, Berührungen von Onkel oder Großvater zurückzuweisen, wissen sie manchmal nicht, was sie tun sollen, wenn so eine Berührung ihnen irgendwie unangenehm vorkommt. Selbst denjenigen von uns, denen beigebracht wurde, sich vor Fremden zu schützen, wurde niemals gesagt, daß auch Menschen, die uns nahestehen, unser Vertrauen mißbrauchen können.

Aktuelle Statistiken weisen aus, daß eins von drei Mädchen und einer von sechs Jungen bis zum 18. Lebensjahr sexuell mißbraucht wurden. ExpertInnen vermuten jedoch zunehmend, daß eine weitaus größere Anzahl von Jungen mißbraucht wird, als die Statistiken behaupten. Das Kind kann nur mit Hilfe seines eigenen Gefühls erkennen, daß etwas nicht stimmt. In der Geschichte »Am schlimmsten ist es, wenn sie es nicht so meinen« hat Jeni Schreiber ihren Großvater sehr gern. Sie weiß sogar, daß er, als er sie unangemessen berührt, es eigentlich »nicht so meint«. Aber sie ist in der Lage – voller Beklommenheit –, mit ihrer Mutter darüber zu sprechen, weil ihr Gefühl ihr sagt, das ist falsch.

Ob Kinder über das, was passiert ist, reden können oder nicht, hängt von der familiären Umgebung ab. Wenn beide Eltern ihre Gefühle sowohl ausdrücken als auch diskutieren können, dann fällt es auch den Kindern leichter, über das, was in ihnen vorgeht, zu sprechen. Über Gefühle sprechen zu können, ist eine Sache des Vertrauens; Menschen, von denen wir glauben, sie würden uns verraten, vertrauen wir uns nicht an. Wenn es dir schwerfällt, über deine Gefühle zu sprechen und sie auszudrücken, dann denke über deine Kindheit nach: Hat die Familie beim Abendessen tatsächlich miteinander geredet oder wurden die wirklichen Themen und Gefühle vermieden? Habt ihr vor einem plärrenden Fernseher gegessen oder wirklich miteinander gesprochen?

Vertraust du deinen eigenen Kindern? Viele Fälle von Kindesmißbrauch werden nicht aufgedeckt, einfach weil die Erwachsenen den Erzählungen der Kinder nicht glauben. Kinder müssen viel Mut aufbringen, um über sexuellen Mißbrauch zu sprechen. Sie müssen das eigene Schuldgefühl bekämpfen und das Gefühl, jemanden, zu dem sie aufsehen, zu verraten. Es gibt einen weitverbreiteten Mythos, der besagt, Kinder würden über so gut wie alles Geschichten erfinden. Aber wenn du glaubst, deine Tochter lügt um des Lügens willen, wirst du ihr kaum glauben, wenn sie eines Tages mit einer so schwerwiegenden Sache zu dir kommt.

Alkohol innerhalb der Familie kann alles noch schlimmer machen. Wenn Eltern zu Hause trinken, um abzuschalten, dann werden ihre Kinder oft die Opfer ihrer explodierenden, aufgestauten Wut und Frustration. Da Alkoholmißbrauch oft zu irrationalem Verhalten führt, kann die erfahrene Mißhandlung für Kinder doppelt irritierend sein: Sie werden nicht nur mißbraucht, sondern erleben darüber hinaus, daß ihre Eltern beängstigend und unberechenbar sind. Manchmal dauert es ein Leben lang, bis der Gefühlsknoten einer in Alkohol ertränkten Kindheit wieder entwirrt ist; in »Irrenhaus« begehrt die zwölfjährige Andrea Sorenson gegen ihren Vater auf und begibt sich damit auf den langen Weg ihrer Heilung.

Es ist wichtig, das Kind in uns und die Überlebensfähigkeiten, die es gelernt hat, ernst zu nehmen. Jede von uns besitzt als Ergebnis ihrer

Erfahrungen ein einzigartiges Repertoire an Hilfsmitteln. Suzette V. Garay (»Taub, aber nicht besiegt«) verfügt als Erwachsene über eine breite Palette von Selbstverteidigungsfähigkeiten. Sie hat ihre Abwehrmittel sowohl in Reaktion auf den Mißbrauch, unter dem sie seit ihrem dritten Lebensjahr litt, entwickelt, als auch in Reaktion auf das zusätzliche Trauma, in einer hörenden Welt taub zu sein. Rachel Harwood entwickelt sich in »Reise zum Selbstvertrauen« von einem schüchternen, linkischen Kind zu einer selbstsicheren Frau, die anderen Selbstverteidigung beibringt. Wenn sie aus der Perspektive der Erwachsenen auf ihre Erfahrungen zurückblickt, sieht sie, was sie damals nicht sehen konnte – wie effektiv ihre Selbstverteidigungsstrategien waren.

Clevere Kinder sind sicherer – vor allem in der Großstadt. »Streetwise« ist eine gute Bezeichnung für Kinder, die ihre Weisheit in den Gassen und Straßen amerikanischer Großstädte erwerben. Hinter Abby Bees distanzierter Erzählweise in »Vier harmlose Jungs« verbirgt sich nur knapp die zornige, empfindsame Frau, die lernt, mit den Gefahren der Straße fertig zu werden. Fügst du zu den Gefahren, denen ein weiblicher Teenager im pulsierenden New York zwangsläufig ausgesetzt ist, die knapp unter der Oberfläche brodelnden rassistisch bedingten Spannungen hinzu, dann weißt du, woher die Gewieftheit kommt. Jo Kenny (»Die Abkürzung«) lernt eine der härtesten Wahrheiten über Angriffssituationen in der Großstadt kennen: Der Grad der Gewalt in unseren Städten ist dermaßen hoch, daß viele Menschen es vorziehen, wegzusehen anstatt zu helfen.

In den Vereinigten Staaten wächst eine Bewegung, die junge Menschen zum Selbstschutz befähigen will. Die Bewegung zur Verhinderung von Kindesmißhandlung stellt einige der wichtigsten Grundsätze in Frage, mit denen wir aufgewachsen sind: daß ein Kind die Autorität eines Erwachsenen nicht in Frage zu stellen hat und daß ein Kind einen Angreifer nicht abwehren kann und dies auch nicht versuchen sollte. Eines der bahnbrechenden Projekte war das »Child Assault Prevention Project (CAPP)« in Columbus, Ohio, das mittlerweile im ganzen Land ähnliche Initiativen ins Leben gerufen hat. CAPP ermuntert Kinder durch Rollenspiele und Diskussionen, auf ihr Gefühl zu achten, wenn ihnen ein Erwachsener – egal

wer – oder ein anderes Kind zu nahe tritt. Im Rahmen dieses Programms lernen die Kinder vom Kindergartenalter an Selbstverteidigungstechniken, wobei die natürliche Lebendigkeit und die scharfe Wahrnehmungsgabe, die die meisten Kinder besitzen, genutzt wird.
So ist zum Beispiel Schreien für die meisten Kinder etwas ganz Natürliches (und häufig Verbotenes). Das CAPP-Programm ermutigt Kinder, auf positive Weise ihre grenzenlose Energie freizusetzen. Lauthals »Nein« zu schreien oder einfach Krach zu machen, gehört zu den besten Mitteln, mit denen ein Kind sich verteidigen und die Aufmerksamkeit potentieller HelferInnen auf sich ziehen kann.
CAPP basiert auf einer grundsätzlichen Überzeugung: Alle Menschen, einschließlich Kinder, haben das Recht auf Selbstbestimmung über ihren Körper. Fühlt sich etwas nicht gut an, dann muß damit aufgehört werden. Das Recht des Kindes, *nein* zu sagen, ist ebenso unveräußerlich wie das Recht auf Wohnung, Nahrung und Liebe, egal ob es sich nun um Onkel Harry, den Mann im Spielzeugladen oder um einen Fremden im Auto handelt.
Das CAPP-Schulungszentrum in Nordkalifornien hat in den letzten Jahren eine Reihe von Erfolgsgeschichten von Kindern zusammengetragen. Sie stammen aus einer Untersuchung über Kinder, die das Schulungsprogramm des CAPP durchlaufen haben. Einige Beispiele:

Aus Alameda County, Kalifornien: Ein zehnjähriges Mädchen namens Ginny wollte gerade die Toilette verlassen, als ein fremder Mann die Tür aufstieß und versuchte, sie zu packen. Sie ließ sofort ihren speziellen Selbstverteidigungsschrei los und trat ihn kräftig gegen das Schienbein. Er war so verblüfft, daß sie genügend Zeit hatte, an ihm vorbei in den Gang zu laufen und um Hilfe zu schreien. Der Mann floh aus der Schule und konnte den ihn verfolgenden LehrerInnen entkommen, aber Ginny war nichts passiert.

Kinder, die gelernt haben, sich selbst zu schützen, können Erwachsenen eine Menge beibringen. Aus Columbus, Ohio: Mrs. Green, eine Grundschullehrerin, war auf dem Weg zu ihrem Auto, als sich von hinten ein Mann an sie heranmachte und versuchte, ihre Handtasche zu stehlen. »Ich fing sofort an zu schreien, wie ich es zusammen mit den Kindern in dem Kurs gelernt hatte. Ich habe gar nicht nachgedacht, der Schrei kam ganz automatisch. Während ich noch um meine Handtasche kämpfte, kamen vier Kinder, die am anderen Ende des Spielplatzes waren, schreiend, wie sie es gelernt hatten, angerannt. Sie können sich die Überraschung des Diebes vorstellen; er sah zu, daß er so schnell wie möglich fortkam.«

Aus Shasta County, Kalifornien: In dem CAPP-Kurs gibt es ein Rollenspiel über »Onkel Harry«, der seine Nichte mittels Bestechung dazu bringt, ihm einen Kuß zu geben, den sie ihm nicht geben will. Nach einem CAPP-Kurs kam ein zwölfjähriges Mädchen zur Krisenberatung und teilte den Frauen dort mit: »Ich bin Onkel Harry.« Sie war sehr aufgeregt und schämte sich, weil sie ihre jüngere Schwester körperlich bedrängt hatte. Die Frauen wußten sofort, daß kein Kind so etwas tut, ohne es irgendwo gelernt zu haben, ohne vorher selbst Opfer gewesen zu sein. Nach einem kurzen Gespräch brach das Mädchen in Tränen aus und erzählte, wie ihr Onkel sie mißbraucht hatte.

Und aus Alameda County, Kalifornien, stammt folgender Brief von einem Kindergartenkind:

> Ich habe heute eine der »Sicher, Stark und Frei«-Regeln benutzt. Der Junge sagte, bist du im Kindergarten oder bist du ein Baby? Ich sagte, ich bin ein Mensch, oder etwa nicht? Er sagte, ja, du bist ein Mensch. Ich sagte, ich habe Rechte, oder nicht? Er sagte, ja. Er sagte, ich will mit dir lieber nichts zu tun haben.
>
> Ich finde euch toll, CAPP.
> Herzliche Grüße, Becky R.
> Kindergarten
> Ein Mensch.

Die Abkürzung

Jo Kenny

Jo Kenny wuchs in Brooklyn, New York, auf. 1974 setzte sie sich in einen Greyhound-Bus, stieg in Santa Cruz, Kalifornien, aus und lebt seitdem dort. Zur Zeit arbeitet sie in einer gemeinnützigen Organisation, die Maßnahmen zur Entwöhnung Tablettenabhängiger sowie eine Jugendberatung durchführt. In ihrer Freizeit engagiert sie sich kommunalpolitisch.

> Ich habe bewußt auf eine Analyse im nachhinein verzichtet. Ich wollte so wahrheitsgetreu wie möglich erzählen, was passiert ist und was für ein Gefühl ich als Kind dabei hatte. Ich habe lange nicht mehr bewußt an diesen Angriff gedacht, und es fiel mir schwer, zuzugeben, daß ich weder mutig noch widerspenstig war, sondern einfach ein verängstigtes junges Mädchen.

Mein Vater sagte, ich solle vor dem Dunkelwerden zu Hause sein. Es war Wochenende, und ich war stinksauer, daß ich nicht länger ausbleiben durfte. Schließlich war ich 14 und mit meinen ein Meter fünfzig und 49 Kilo größer und kräftiger als meine Mutter. Abgesehen davon war ich smart und ging schon zur High-School. Aber in einer Auseinandersetzung hätte ich nur den kürzeren gezogen, deshalb sagte ich okay.

Als die Straßenlaternen angingen, war mir klar, daß es mit meinem Vater Ärger geben würde, und deshalb beschloß ich, auf dem Heimweg eine Abkürzung zu nehmen. Meine Freundinnen brachten mich bis zur Hauptstraße, und von dort aus waren es nur noch fünf Minuten durch die Hinterhöfe und eine schmale Gasse hinauf bis nach Hause.

Ich war schon in der Gasse, als ich hinter mir auf dem Kopfsteinpflaster laufende Schritte hörte. Erst dachte ich, es sei mein Bruder. Ich kannte den Klang seiner Schuhe, und wer sonst sollte mich einholen wollen? Mehr Zeit zum Denken war nicht. Eine Hand preßte sich

auf meinen Mund, und im Licht der Straßenlaterne sah ich, wie ein Brotmesser auf meinen Hals zukam. Ich war wie versteinert. Ich konnte das einfach nicht glauben, was da passierte.
Er zerrte mich zurück zu den einsamen Hinterhöfen und wiederholte dabei ununterbrochen, er wolle nur meinen Namen wissen. Panik überfiel mich, und ich flehte ihn an, mich gehen zu lassen, obwohl ich wußte, daß er meine erstickten Worte nicht verstehen konnte. Ich versuchte zu überlegen, wie ich loskommen könnte, aber es war, als sei mein Gehirn in zwei Hälften gespalten und als stritte ich mich mit mir selbst. Die lauteste Stimme sagte: »Diesmal bist du dran. Wo, bitte, bleibt dein Mumm, den du ja angeblich hast? Er ist nicht viel größer als du und klingt sogar ängstlich. Und abgesehen davon, wie scharf kann so ein blödes Brotmesser schon sein? Tu endlich was!« Die andere Stimme sagte: »Okay, okay. Laß mich in Ruhe und halt die Klappe. Ich kann nicht nachdenken. Ich habe mehr Angst als er. Es ist so einsam hier. Wo sind die bloß alle? Wieso kommt hier niemand vorbei? Scheiße, wir sind gleich auf den Höfen. Ich sollte mir besser was einfallen lassen.«
Meine Füße weigerten sich zu gehen. Ohne nachzudenken warf ich meine Arme herum und rammte ihm meinen Ellbogen in die Rippen. Ich weiß nicht, wie hart ich ihn getroffen habe, aber er lockerte seinen Griff ein wenig. Ich riß mich los und rannte davon. Ungefähr auf halbem Weg bis zum Ende der Gasse sah ich mich um – er war direkt hinter mir und versuchte, mich zu fassen. Ich sprang zur Seite, versteinerte wieder und begann zu schreien. Ich stand einfach da und schrie und schrie. Er drehte sich um und verschwand im Dunkeln. Meine Schreie schienen von den Häuserwänden ab- und auf mich zurückzuprallen, Welle für Welle, lauter und lauter. Schließlich, als ich merkte, daß niemand mir zur Hilfe kam, hörte ich auf.
Stille. Ich war allein. Hatte mich niemand gehört? Unmöglich! Aber wieso war denn keiner gekommen? Ich fragte mich, ob ich mir das alles nur eingebildet hätte. Vielleicht hatte ich einfach nur dagestanden und in meinem Kopf geschrien. So wie in einem Alptraum, wenn du zu schreien versuchst und nichts kommt raus. So mußte es gewesen sein. Ich versuchte ernsthaft, mir das einzureden, aber mein rauher Hals und mein zitternder Körper sagten mir, ja, ich hatte geschrien, und ja, kein Mensch hatte reagiert.

Ich wollte nicht länger darüber nachdenken. Ich wollte nur weg. Es war vorbei, und mir war nichts passiert. Es war idiotisch, da herumzustehen und eine große Affäre daraus zu machen. Schließlich war ich nicht vergewaltigt oder gar erstochen worden, also war doch alles in Ordnung, oder?

Ich trat auf die Straße hinaus. Als ich um die Ecke bog, war das erste, was ich sah, mein Vater, wie er den Mülleimer auskippte. Ich blieb stehen. Das durfte doch nicht wahr sein! Ich wäre beinahe vergewaltigt worden und hatte mir die Lunge aus dem Leib geschrien, und mein eigener Vater hatte nicht reagiert. Vielleicht hatte er ja nichts gehört, dachte ich. Ich war mir nicht sicher. Es schien eine Ewigkeit her zu sein, seit ich die Gasse zuerst betreten hatte, aber der Himmel war noch hell, und ich wußte, es war nur ein paar Minuten später.

Ich war geschockt, aber im gleichen Moment gewann mein normales Verhalten meinen Eltern gegenüber die Oberhand: Wenn er den Schrei nicht gehört hatte oder nicht hatte hören wollen, dann brauchte ich auch nichts von dem, was passiert war, zu erzählen. Die Polizei würde den Kerl sowieso nie kriegen, und der einzige Schutz, den meine Eltern mir geben konnten, würde darin bestehen, mich abends im Haus zu behalten. Und das war das letzte, was ich wollte.

Nachdem ich mich so entschieden hatte, ging ich auf das Haus zu, sagte hallo zu meinem Vater und zog mich sofort in mein Zimmer zurück. Gott sei Dank waren meine Schwestern beide nicht da, denn meine äußere Gelassenheit wäre rasch zu erschüttern gewesen. Ich saß da und starrte vor mich hin. Meine Gedanken wanderten hin und her zwischen »Keine Staatsaktion. Vergiß es« und »Denk nach. Was hat das alles zu bedeuten?«.

Nach ungefähr fünf Minuten kam ein Anruf für mich. Ich wollte nicht hinuntergehen, wo alle herumsaßen. Trotzdem ging ich; meine Mutter hätte gemerkt, daß etwas nicht stimmt, wenn ich nicht ans Telefon gewollt hätte. Glücklicherweise war niemand in der Küche, und so konnte ich wenigstens ungestört sprechen.

Ich war überrascht, als ich Pattys Stimme hörte. Sie war acht Jahre alt und lebte gegenüber. Sie erzählte mir, sie sei gerade von einer Freundin zurückgekommen, deren Haus zur Gasse hinausging. Sie hätten beide aus dem Fenster gesehen und alles beobachtet. Patty hatte gedacht, ich sei vielleicht in Schwierigkeiten, aber Kathleen habe nicht gewollt, daß sie etwas sagt, weil sie ihre Großmutter nicht aufregen wollte. Ich wurde wütend. Erst mein Vater und jetzt Patty. Was war hier eigentlich los? Meine Welt schien aus den Fugen zu geraten. Ich fragte Patty, ob sie wüßte, was das Wort Vergewaltigung bedeutet. Sie wußte es nicht, also sagte ich ihr, sie solle ihre Mutter fragen und dann überlegen, ob es sich gelohnt hätte, Kathleens Großmutter deswegen aufzuregen.

Irgendwie brachte ich den Rest des Abends hinter mich. Ich wartete, bis meine Schwestern eingeschlafen waren, und dann weinte und weinte ich in mein Kissen.

Ich bin nie wieder im Dunkeln über die Hinterhöfe gegangen. Eine Zeitlang bin ich überhaupt nicht allein nach Hause gegangen. Und selbst wenn ich nur ein kurzes Stückchen allein gehen mußte, rannte ich den ganzen Weg. Aber das hielt nicht lange an, und in dem Maße, wie meine Erinnerung an jene Nacht verblaßte, kehrte ein Großteil meines alten Selbstvertrauens zurück. Und dennoch sind viele Jahre vergangen, bevor ich wieder lernte, darauf zu vertrauen, daß mir die Menschen im Notfall zu Hilfe kommen würden.

Vier harmlose Jungs?

Abby Bee

Abby Bee lebt als Dichterin und Photographin in Nordkalifornien. Ihre ersten 21 Jahre verbrachte sie in New York City, wo die folgende Geschichte stattfand. Anschließend zog sie für insgesamt zehn Jahre nach Gainesville, Florida. Ihre erste Gedicht- und Photosammlung wurde 1986 unter dem Titel *Nauseous in Paradise* veröffentlicht.

> Motto meiner persönlichen Selbstverteidigungserfahrung könnte sein: »Verweigere dich als Opfer – jetzt!« Ich war achtzehn, als diese Geschichte passiert ist. Als Teenager in Brooklyn habe ich gelernt: Wenn Frauen sich weigern, in einer bedrohlichen Situation die Rolle des Opfers zu spielen, geht der Reiz des Angriffs verloren.
> Verteidigung besteht zweitens darin, deinen Zorn und deine Empörung richtig auszudrücken. Ich habe aus eigener Erfahrung gelernt, daß sie dich fallenlassen wie eine heiße Kartoffel, sobald du wild wirst.

Ich war gezwungen, es zu tun. Durch dich, als du deine Hand auf meine Schulter legtest – du, ein mir Fremder, und ich, die ich nichts anderes wollte, als nach Hause gehen. Du, ein Junge in einem Haufen Punks auf der Straße, und ich nach einem langen Schultag mit meinen Büchern und einem Kuli in meiner Jackentasche. Die Herbstsonne ging langsam hinter quadratischen Backsteingebäuden unter.

Zuerst versuchte ich, die Typen zu ignorieren: vier weiße Jungs, die sich gegen einen Wagen lehnten und einen Joint rauchten. Ich ignorierte das »He, Baby, willste mal ziehen?« Sie sahen nicht aus wie ein gefährlicher Haufen kaputter Gettotypen, die nur darauf warteten, sich auf ein weißes Mädchen zu stürzen. Kein Problem. Ignorier die Arschlöcher, dann hauen sie ab. Es lohnt sich einfach nicht, sich über

diese Typen aufzuregen. Spar dir deinen Ärger lieber für einen, der ihn wirklich verdient. Einfach ignorieren. Geh ein bißchen schneller. Sieh zu, daß du deinen müden Hintern nach Hause kriegst.
Aber diesmal war es anders. Sie kamen hinter mir her. Herrje! Schon immer haben Männer diesem weiblichen Körper nachgepfiffen und Bemerkungen über ihn gemacht. Jedesmal frage ich mich dann: Ist das eine wirkliche Bedrohung oder nur blöde Anmache?
»Willste nicht bei uns bleiben, Schätzchen?«
»Haut ab.«
»Was'n los, magst du uns nicht, oder was?«
Rechts von mir war die glatte Wand eines Wohnhauses, gleich daneben ein Durchgang zum Hinterhof, links von mir die Straße und zwei Typen, die mich einkreisten und gegen die Hauswand drängten. Zum Überlegen war keine Zeit. Der eine, der mir am nächsten stand, legte seine Hand auf meine Schulter. Gleich würde er mich gegen die Wand drücken.
Damals in der Schule, als einige Mädchen mit unglaublichen Muskeln drohten, mich zu verdreschen, da hatte ich Angst gehabt. Oder als ein drogenvernebelter, wiedergeborener Moslem sagte, er würde mich erschießen, wenn ich nicht aufhören würde, seine Religion zu beleidigen, indem ich einen Fez trüge.
Aber das hier war zu blöde. Es machte mich wütend. Ein Haufen Arschlöcher, die sich im Rudel stark vorkamen und sich gegenseitig ihre Männlichkeit beweisen wollten. Was, zum Teufel, hatte ich hier zu suchen? Meine Brust war angespannt und wie elektrisiert.
»He, Schätzchen!«
Die Hand in meiner Tasche stieß auf den Kugelschreiber. Mit der Spitze nach oben traf ich den Typen mit einem raschen Kinnhaken auf die empfindliche Stelle zwischen Hals und Kinn. Er schrie auf vor Schmerz, und Blut lief seinen Hals hinunter. Sein Blick war glasig, aber er stand noch. Die Jungen waren geschockt. Sie hatten Angst, und die Gruppe begann sich aufzulösen. Nach einem Moment panischen Schreckens und einem Blick auf sein Blut rannte ich los. Einer der Jungen schrie: »Das hättest du nicht tun brauchen! Wir wollten dir doch gar nichts tun!«
Ich rannte und rannte, bis mein Atem zu einem stechenden Schmerz wurde, der meinen ganzen Körper durchzog. Mir war schlecht. Ich

ekelte mich. Warum mußte ich das tun? Mußte ich? Es war furchtbar. Es war entwürdigend, wie ein in die Ecke getriebenes Tier angreifen zu müssen. Ich haßte mich selbst, während ich mich auf einer verkehrsreichen Straße langsam meinem Wohnblock näherte. Vor der Ampel hielten Autos. Wußte einer von denen, die auf Grün warteten, daß ich gerade auf jemanden eingestochen hatte?
Ich sah mich um. Ich war verrückt, total verrückt. Männer hacken auf Jungen herum, die auf Frauen herumhacken, die auf Mädchen herumhacken, die auf Kindern herumhacken, die aufeinander herumhacken. Was wollten sie damit beweisen? Warum konnten sie nicht einfach Menschen sein?
»He, mmmmmmmmmmm, *mamacita!*« Links von mir bremste ein Wagen vor der Ampel. Irgend etwas in meinem Kopf hakte aus, und ich verlor die Nerven. Verdammt noch mal!
Mit erhobener Faust ging ich auf den Wagen mit dem zwinkernden Mann zu.
»Du Dreckskerl, scheißverdammter Schwanzwichser«, schrie ich, hämmerte auf seine Windschutzscheibe ein und trat auf der Beifahrerseite gegen seinen Wagen. Meine Faust war vor seinem Gesicht jenseits der Glasscheibe, und ich schrie mir die Lunge aus dem Hals. Dann sprang die Ampel auf Grün. Der Mann starrte mich ungläubig an. Niemand auf der Straße sah zu mir hin.
Ich weiß nicht mehr, wie ich die Treppe zu meiner Wohnung hinaufgelangt bin. Aber ich muß dort angekommen sein, denn ich erinnere mich daran, wie ich am Küchentisch saß – und weinte.

Taub, aber nicht besiegt

Suzette V. Garay

Suzette Garay ist taub. Dennoch ist sie ungewöhnlich redegewandt. Sie besitzt eine hohe Wahrnehmungsgabe, ist eine exzellente Lippenleserin und trägt ein spezielles Hörgerät zur Modulation ihrer Stimme. Vor kurzem brachte sie sich selbst die Zeichensprache bei. Zur Zeit arbeitet sie an ihrer Autobiographie und studiert Psychologie an der University of California.

> Ich wurde vollständig taub geboren, aber bis zu meinem 13. Lebensjahr hatte es niemand bemerkt, nicht einmal ich selbst. Als ich zweieinhalb Jahre alt war, nahmen mich die Leute vom Sozialamt mit, weil meine Mutter sich nicht genügend um mich kümmerte. Seitdem war ich immer wieder in verschiedenen Heimen oder Pflegefamilien.

Ich war damals 17, im letzten High-School-Jahr, und wartete an der Bushaltestelle, um nach Hause zu fahren. Da ich taub bin, merkte ich nicht, wie sich mir von hinten ein Mann näherte. Ich hatte also keine Chance, mich vorzubereiten, obwohl ich Selbstverteidigung mache. Ich stehe kurz vor dem Schwarzen Gürtel in Karate, weiß also, was ich zu tun habe.

Ich hatte noch nie daran gedacht, daß meine Taubheit mich bei einer Verteidigung behindern könnte. Als der Mann zu mir trat und seine Hand auf meine Schulter legte, dachte ich, es sei vielleicht jemand, der nach der Uhrzeit fragt. Ich werde oft nach der Uhrzeit gefragt; wenn ich die Leute nicht sehe, dann berühren sie mich und fragen: »Wie spät ist es?« Als ich mich umdrehte, erkannte ich den Mann, der mich drei Jahre zuvor vergewaltigt hatte. Das erste, was mir in den Sinn kam, war: »Ich weiß nicht, was ich jetzt tun soll.« Ich bekam wirklich Angst. Mir fiel wieder ein, wie es damals gewesen war. Plötzlich war alles wieder da.

Er sagte: »Hallo. Lange nicht gesehen.« Er war freundlich, denn ich

hatte ihn nicht spüren lassen, daß das, was er mir antat, falsch war. Damals war nicht einmal mir selbst klar gewesen, daß es falsch war. Wie dem auch sei, da ich es ihm nie vorgehalten hatte, gab es für ihn wohl auch keinen Grund, sich unwohl zu fühlen, und er nahm wahrscheinlich an, er könne ein weiteres Mal so davonkommen.
Ich wußte, ich mußte etwas unternehmen, und zwar schnell. Ich wußte, ich konnte nicht schnell genug laufen. Ich wollte nichts tun, um ihn zu beunruhigen oder zu veranlassen, mich festzuhalten, denn seine Hand lag immer noch auf meiner Schulter.
Dann hatte ich eine Idee. Auf der anderen Straßenseite näherte sich ein Mann, und da dachte ich, na gut, du könntest den Mann rufen und um Hilfe bitten, aber ich wollte die Sache ganz cool über die Bühne bringen. Also tat ich so, als sei der Mann auf der anderen Straßenseite mein Vater. »Hallo, Dad. He, Dad, warte mal. He, Dad!« Der Angreifer wurde tatsächlich unsicher, der andere Mann drehte sich um, und ich redete weiter: »He, Dad, ich habe ganz vergessen, dir was zu sagen; ich möchte dir meinen Freund vorstellen.« Der Angreifer ließ meine Schulter los, ich ging schnell über die Straße und sagte: »He, Dad, hab ich vollkommen vergessen.« Ich rede weiter auf diesen vollkommen fremden Mann ein. Er sieht mich total verdutzt an, und ich denke derweil: »Bleib stehen, geh nicht weg, warte bis ich bei dir bin.« Ehe ich mich versah, haute mein Angreifer ab. Als ich den anderen Mann erreicht hatte, sagte ich: »Oh, Entschuldigung, ich dachte, Sie wären mein Vater.«
Diese ganze Geschichte hatte mich sehr aufgeregt, also rannte ich los. Meine Eltern konnte ich nicht anrufen, weil ich taub bin; ich konnte nichts tun, außer den Bus in die entgegengesetzte Richtung zu nehmen. Wenn ich zur Bushaltestelle auf der anderen Seite oder zur nächsten gehe, so dachte ich, wird er sich wieder an mich heranmachen. Also nahm ich den Bus zum anderen Ende der Stadt und fuhr von da aus nach Hause.
Ich glaube, angesichts meiner Taubheit war meine List wirklich gut. Solange sich andere Menschen in der Nähe befinden, kann ich sie wieder anwenden. Der Vorfall machte mir bewußt, daß sich mir jemand von hinten nähern kann, ohne daß ich es bemerke – seitdem achte ich mehr auf das, was hinter mir passiert. Ich bleibe nicht mehr so lange auf einer Stelle stehen, denn ich weiß, wenn ich draußen

auf der Straße allein bin, vor allem nachts, dann habe ich nichts außer meiner Sehkraft, um mich auf einen Angriff vorzubereiten.
Als ich neun Jahre alt war, hatte ich ein paar Karatekenntnisse. Ich habe zwei Jahre lang eine der besten Karateschulen in Chinatown, San Francisco, besucht. Ich mußte meine Kenntnisse bereits in den verschiedensten Situationen anwenden. Dabei ging es nicht nur um physische Abwehr, sondern auch um *geistige*. Manchmal hatte ich Erfolg, manchmal nicht. Ich habe aus allen Situationen gelernt; ich wußte, das nächste Mal könnte so sein wie das letzte Mal. Aber für nichts gibt es eine Garantie. Es ist sinnlos, monatelang eine bestimmte Verteidigung zu üben, denn wenn der Ernstfall da ist, kann alles wieder ganz anders sein.
Auch wenn ich vergewaltigt worden bin – mein Körper ist unversehrt, und ich lebe. Das nenne ich Erfolg.

Irrenhaus

Andrea Sorenson

Andrea Sorenson (Name geändert) arbeitet freiberuflich als Lektorin und Schriftstellerin und lebt in der San Francisco Bay Area. Zur Zeit bereitet sie sich an der Universität auf die Abschlußprüfung für ihren zukünftigen Beruf als Sozialarbeiterin vor. Außerdem versucht sie zusammen mit einer Therapeutin die Probleme aufzuarbeiten, mit denen sie als erwachsenes Kind eines Alkoholikers konfrontiert ist.

Ich hoffe, daß alle, die diese Geschichte lesen – vor allem diejenigen mit einem alkoholsüchtigen Elternteil –, sehen werden, daß es Orte gibt, wo sie Hilfe bekommen oder auch eine erfahrene Therapeutin, die die Probleme im Zusammenhang mit Alkoholmißbrauch kennt. Es ist ungeheuer erleichternd, wenn du feststellst, du bist nicht allein, du bist nicht verrückt, und die Wunden werden heilen.

»Du kommst jetzt sofort herein, Fräulein!« Mein Vater packt mich am Arm und zerrt mich tretend und schlagend ins Haus. Er zieht mich zum Spülbecken und läßt mich los. »Du spülst jetzt ab und gehst dann auf dein Zimmer!« Ich weine lautlos, meine Tränen fallen zusammen mit Spülmittel und schmutzigen Töpfen ins Spülwasser. Wieder einmal hatte ich etwas falsch gemacht. Wieder einmal hatte ich Spaß gehabt. Wieder einmal hatte ich mit den Nachbarjungen gesprochen – etwas, was mein Vater nicht ertragen konnte.

Diese nur allzu vertrauten Szenen begannen, als ich in die Pubertät kam. Meine Brüste, mein Interesse an Jungen, ihr Interesse an mir, meine heranreifende Sexualität – all das bewirkte eine Zerrissenheit, auf die mein Vater merkwürdig reagierte. Er trank mehr, interessierte sich mehr für mein Tun und Lassen, gebrauchte mehr Schimpfworte. Und er fing an, mich zu schlagen.

Am deutlichsten erinnere ich mich an meine Verwirrung, an das Gefühl, selbst schuld zu haben. Meine Brüste waren tatsächlich größer als die meiner Freundinnen, und meine Figur war weiblicher. Vielleicht *war* es meine Schuld. Früher hatte mein Vater damit geprahlt, was für ein großes Kind ich war, und gesagt: »Je größer, desto klüger.« Jetzt übte mein Körper Verrat an mir und ließ meinen Vater unruhig und besorgt werden.

Noch immer fällt es mir schwer, nicht nach Entschuldigungen für meinen Vater zu suchen, wenn ich daran zurückdenke. Er hat mich nie schwer verletzt. Mein innerer Schmerz wurde durch keine blauen Flecken oder gebrochenen Knochen gerechtfertigt. Vielleicht war das Ganze gar nicht so schlimm. Aber warum zittere ich dann jetzt, während ich dies niederschreibe? Weil es schlimm *war.* Weil die Mischung aus sexueller Verwirrung und Wut nicht mein »Ding« war, wie es in der Therapie heißt. Es war das meines Vaters. Und es hätte mir niemals aufgehalst werden dürfen.

Bevor mein Vater mit dem Schlagen begann, hatte er mich mit Worten gequält. Er piesackte mich wegen der Schule oder wegen meiner Freunde. Er dachte sich eine endlose Liste unangenehmer Hausarbeiten für mich aus. Er genoß es besonders, mich wegen meiner zunehmend weiblichen Formen in Verlegenheit zu bringen. Er machte Bemerkungen über die Größe meiner Brüste oder »Witze« darüber, ob ich meine Periode in diesem Monat kriegen würde oder nicht. Gewöhnlich redete er so, wenn niemand in der Nähe war, aber manchmal war meine Mutter dabei. Anstatt mich jedoch zu verteidigen und sich über ihn aufzuregen, machte sie manchmal sogar mit und zog das Ganze ins Komische, das ich nur nicht verstand, weil ich »zu empfindlich« wäre. Einmal war sie es sogar, die mit dem Thema Brüste anfing. Sie sagte zu meinem Vater: »Andreas Brüste entwikkeln sich langsam. Guck mal, wie groß sie schon sind. Zeig deinem Dad mal deine Brüste.« Ich fühlte mich verletzt und weigerte mich. Aber sie bestand darauf, und er ließ sich wieder über meine Prüderie aus und sagte, Brüste seien etwas Natürliches, und ich brauchte mich nicht zu schämen. Sie setzten mir so lange zu, bis ich meine Bluse öffnete und meinem Vater kurz meine Brüste zeigte. Später weinte ich vor Scham und Demütigung. Damals war ich zehn.

Je mehr ich mich für Jungen interessierte und sie sich für mich, desto merkwürdiger wurde mein Vater, ja, er schien fast eifersüchtig. Wenn mich meine Freundinnen besuchten, dann ließ er uns allein und kam höchstens einmal aus seinem Arbeitszimmer, um sich einen Drink zu holen. Aber wenn ich Besuch von den Jungen aus der Nachbarschaft hatte, dann ging er die Wände hoch. Er schickte sie ohne Erklärung nach Hause. Er verbot mir, meinen Freund Steve zu besuchen – den ersten Menschen, der mich wirklich akzeptierte und meine Interessen teilte. Wir lasen und schrieben zusammen in aller Unschuld Gedichte, hörten die Beatles oder Ravi Shankar und diskutierten über Politik.

Ungefähr zu dieser Zeit fing mein Vater an, mich zu schlagen. Ich war wütend, verbittert und durcheinander. Ich zweifelte an seiner geistigen Gesundheit, aber der Gedanke war zu schrecklich. Es war leichter, mir selbst die Schuld zu geben. Erst als ich meiner Mutter von der körperlichen Mißhandlung erzählte, dämmerte mir, daß ich vielleicht doch nicht ganz allein die Schuld trug.

An dem Tag, an dem ich mich dazu entschloß, es meiner Mutter zu erzählen, hatte mein Vater mich geschlagen, weil ich, wie er sagte, »das Geschirr zu langsam abwusch«. Ich spülte dann das Geschirr mit einer ihm genehmeren Geschwindigkeit zu Ende und fing dann an, im Wohnzimmer staubzuwischen und zu saugen. Meine Mutter sah, wie ich mir die Tränen abwischte, und fragte, was los sei. Ich war so wütend über seine Ungerechtigkeit, daß ich ihr alles erzählte. Als sie sich wunderte, warum ich ihr vorher nie etwas gesagt hatte, murmelte ich nur: »Ich weiß nicht.« Aber ich wußte, warum. Weil ich dachte, sie würde nichts dagegen unternehmen. Schließlich war es ihr gelungen, die Tatsache zu ignorieren, daß er ständig betrunken und grob war. Warum sollte sie sich in diesem Fall anders verhalten?

Aber sie tat es. Sie sagte mir, sie würde dafür sorgen, daß es nie wieder passieren würde, und wenn doch, sollte ich es ihr sofort sagen. Sie überraschte mich mit der Bitte, nicht fortzulaufen. Ich und fortlaufen? Ich war zu schüchtern, um in der Klasse die Hand zu heben – ich würde nicht fortlaufen.

Nun ja, offensichtlich hatte sie mit ihm gesprochen, denn er ließ mich eine Zeitlang in Ruhe. Bis zum nächsten Vorfall. Wieder ging es ums Abwaschen. Eine so banale, alltägliche Sache – aber sie schien all seine Feindseligkeit hervorzurufen. Ich spülte, und meine Schwester trocknete ab. Er saß am Küchentisch und las Zeitung, wobei er stets ein Auge auf uns hatte und auf ein Fehlverhalten wartete. Plötzlich ärgerte er sich über meine Schwester – sie trocknete das Geschirr nicht schnell genug ab. Er stand auf, zog sie am Haar und schlug sie. Zum ersten Mal sah ich, wie er jemand anderes als mich schlug.

Ich wurde wütend. Ich begann, auf ihn einzuschlagen und ihn zu treten, und er ließ mit einem wilden Blick von meiner Schwester ab. Das endlich war der Kampf, auf den er gewartet hatte. Er schlug härter auf mich ein als je zuvor, aber die Befriedigung, die ich empfand, als ich zurückschlug, wog die Schmerzen auf. Es tat gut, ihm weh zu tun – für all die vielen Male, die er mir weh getan hatte. Ich weiß nicht, woher ich die Kraft nahm, aber schließlich packte ich seinen Kopf, drehte sein Gesicht so, daß er mich direkt ansehen mußte, und schrie: »Du bist verrückt! Du bist vollkommen verrückt! Warum schlägst du uns? Du bist einfach verrückt!« Seine Augen füllten sich mit Tränen, und er verließ das Zimmer. Meine Schwester und ich spülten das restliche Geschirr und gingen dann jede ihres Weges; wir sprachen nicht über das, was geschehen war. Gefühle gehörten nicht zu den Dingen, mit denen wir in diesem Haus umzugehen gelernt hatten.

Am nächsten Tag klopfte mein Vater an meine Tür und kam herein. Er sagte: »Ich habe dich schlecht behandelt, und das tut mir leid. Ich werde das nie wieder tun.« Ich fing an zu weinen, und das verwirrte ihn. »Warum weinst du?« fragte er. »Ich war derjenige, der etwas falsch gemacht hat.« Aber ich konnte nicht antworten, und er verließ schnell das Zimmer. Er hat mich nie wieder angefaßt.

Reise zum Selbstvertrauen

Rachel Harwood

Rachel Harwood unterrichtet Selbstverteidigung und ist Gründungsmitglied der »Santa Cruz Women's Self-Defense Teaching Cooperative«. Die folgenden Episoden zeigen, auf wie viele, sowohl körperliche als auch verbale, phantasievolle Weisen eine Frau sich verteidigen kann. Sie zeigen auch, wie Rachel sich von einer linkischen Jugendlichen, die sich ihrer Fähigkeiten nicht bewußt war, zu einer selbstbewußten Frau entwickelte.

> Selbstverteidigungstrainerin zu sein hat viele Seiten. Das Gute ist, daß ich andauernd übe, mit vielen Situationen fertig zu werden. Ich kenne alle »Was-wäre-wenn«. Das hält dich auf Draht. Aber dennoch bin ich in vielen Situationen nicht annähernd so selbstbewußt, wie ich es gern wäre, besonders wenn es um Bekannte geht. Alles ist gut, wenn ich mich gegen einen Fremden zur Wehr setzen muß, aber wenn es sich um Leute handelt, die ich kenne, dann ist das ein bißchen schwieriger.

Als kleines Kind war ich eine Wildkatze. Ich raufte viel und gewann oft, weil ich wirklich hitzig war. Ich schlug oft ganze Gruppen von Kindern, die größer waren als ich, in die Flucht. Damals kannte ich keine Angst, bezwungen zu werden. Als ich älter wurde und zur High-School ging, war die Sache vollkommen anders; ich war gesellschaftlich gezähmt. Ich zog mich vollkommen zurück und war so schüchtern, daß ich anderen nicht einmal ins Gesicht sehen konnte – ich wagte kaum zu atmen, wenn mich jemand ansah. Ich hatte viele Waffen verloren, von denen ich nicht einmal gewußt hatte, daß ich sie besaß.

Eines Tages, ich war 16, fuhr ich auf dem Fahrrad von der Schule nach Hause. Der Mann folgte mir in seinem Wagen die lange, gerade Straße hinunter. Er redete von allen möglichen widerlichen sexuellen Dingen, die ich, so wettete er, gerne mit ihm tun würde.

Zuerst konnte ich nicht hören, was er sagte, weil ich einen Schal um den Kopf geschlungen hatte und der Wind blies. Ich bat ihn, lauter zu sprechen, was er tat. Mir fiel nichts ein, was ich hätte tun können, also blieb ich dabei und bat ihn wieder und wieder, lauter zu sprechen. Es war ziemlich schnell klar, daß ich ihn hören konnte, aber ich wußte nicht, was ich anderes tun sollte, obwohl die ganze Straße von Häusern gesäumt war. Ich dachte noch nicht einmal daran, anzuhalten und irgend jemanden um Hilfe zu bitten oder eine Szene zu machen, oder irgend etwas von all dem zu tun, was mir jetzt dazu einfällt. Mein Hauptziel war, ihn loszuwerden, und das gelang mir nicht. Ich dachte, wenn er denkt, ich könne ihn nicht verstehen, dann würde er wegfahren, aber dieser Gedanke war nicht ganz klar, und funktionieren tat es sowieso nicht. Ich reagierte eindeutig panisch, und auf genau diese Reaktion hoffen die Männer. Er fuhr langsamer als der übrige Verkehr mit offenem Fenster weiter und redete unaufhörlich. Ich versuchte, so langsam wie möglich zu fahren, damit es zu einem Verkehrsstau kam. Irgendwie funktionierte das auch, denn schließlich fuhr er weg. Er bog links ab, aber er fuhr nur um den Block, was ich zunächst nicht bemerkte.

Ich war fast zu Hause und bog in unsere Straße ein. Hohe Hecken und lange Zufahrten trennten die Straße von den Häusern, und entlang der Straße zog sich ein Graben. Die Straße war viel einsamer als die, von der ich gerade abgebogen war. Außerdem wußte ich, daß niemand zu Hause war. Ich wollte ihm nicht zeigen, wo ich wohnte. Als ich also in unsere Straße einbog und er von rechts auftauchte, bekam ich es mit der Angst zu tun.

Er fuhr am Straßenrand entlang und versuchte, mich mit seinem Wagen in den Graben abzudrängen. Ich hatte wirklich Angst, und an diesem Punkt fing ich an, mich zu verteidigen. In gewisser Weise flippte ich aus – das kann manchmal recht gut sein. Ich glaube nicht an übersinnliche Dinge, aber ich sagte ihm, über seinem Kopf schwebe eine schwarze Wolke; ich beschrieb sie ihm in allen Einzelheiten und sah dabei die ganze Zeit nach oben und sprach über die schlimmen Dinge, die er getan hatte. Damals redeten alle, die ich kannte, von ihrer Aura und all dem. Meine Eltern verkehrten in Hippiekreisen, also kannte ich das Vokabular.

Schon bald warf er verstohlene Blicke nach oben zur »Wolke«, und ich merkte, daß es wirkte. Genau das hatte ich gewollt. Ich beschleunigte wieder – ich war vorher langsamer geworden, weil ich erneut versuchte, den Verkehr aufzuhalten, aber das hatte nicht funktioniert, weil niemand sonst da war –, doch er trat aufs Gaspedal, um aufzuschließen, sobald ich ein Stück vor ihm war. Als er das nächste Mal hochsah, hielt ich sofort an, wendete und raste eine der Hauszufahrten hoch; er konnte nicht sehen, wohin ich fuhr. Ich war davongekommen, aber wie sich herausstellte, war am Ende der Auffahrt niemand zu Hause.

Er fuhr die Straße auf und ab, um herauszufinden, wo ich geblieben war, und dann fing er an, die Zufahrten abzusuchen. Als er in einer der Zufahrten war, verließ ich die, in der ich mich gerade befand, und fuhr zum benachbarten Haus, wo fast immer jemand daheim war; allerdings lag es viel weniger geschützt. Vor dem Haus war eine Hecke, eine dieser sichelförmigen Zufahrten und darin ein großes Beet mit Ringelblumen. Ich fuhr mit meinem Fahrrad mitten durch die Ringelblumen – was damals eine für mich ungeheuer freche Tat war –, um es hinter der Hecke zu verstecken, lief zum Haus und hämmerte gegen die Tür. Es war niemand da. Sonst waren sie immer da – ich kannte die Leute nicht, aber das hatte ich mitbekommen. Jetzt rastete ich vollkommen aus. Ich rannte zu meinem Fahrrad zurück, legte mich einfach hinter die Hecke und hoffte, er würde sich nicht die Mühe machen, diese Zufahrt hochzukommen, weil wir bereits an ihr vorbeigefahren waren. Er fuhr auf und ab und auf und ab, und ich lag einfach da und spähte durch die Hecke – stundenlang, so schien es, aber wahrscheinlich war es nur eine gute Viertelstunde.

Endlich fuhr er weg. Ich wartete noch eine ganze Weile und fuhr dann nach Hause. Ich hatte immer noch Angst und verriegelte die Türen. Mein Bruder verstand nicht, was los war, also erzählte ich es ihm. Er war erst fünfzehn und schien das nicht für besorgniserregend zu halten, was mich erst recht aus der Fassung und in Rage brachte. Nach meinem Gefühl hatte ich mich überhaupt nicht verteidigt und machte mir deswegen die größten Vorwürfe. Ich warf mir vor, daß ich nicht auf sein Nummernschild geachtet hatte. Ich wußte nicht, was für ein Wagen es gewesen war, ich wußte nur noch die Farbe; und den Mann konnte ich auch nicht beschreiben.

Jahrelang ging es mir schlecht bei dem Gedanken an diese Geschichte und daran, daß ich mich nicht verteidigt hatte, bis ich herausfand, daß ich es doch getan hatte. Als ich später mehr über Selbstverteidigung erfuhr und die Geschichten anderer Frauen hörte, die auch meinten, sie hätten sich *nicht* verteidigt, obwohl sie es meiner Meinung nach sehr wohl getan hatten, da begann ich, meine eigene Geschichte neu zu bewerten, und ich stellte fest, daß ich eine Reihe mutiger Dinge getan hatte – und sie hatten funktioniert.

Erst vor wenigen Jahren – zu der Zeit arbeitete ich in einem Restaurant – folgte mir wieder jemand in einem Wagen. Das war mir jahrelang nicht passiert, mit Sicherheit nicht auf so bedrohliche Weise. Ich ging gewöhnlich spät abends zu Fuß nach Hause, da ich von 15 bis 23 Uhr arbeitete. Es war Samstagabend und deshalb noch später als sonst. Gegen 23.30 Uhr verließ ich das Restaurant. Normalerweise ging ich über die Pacific Avenue nach Hause, die zu den Geschäftsstraßen der Stadt zählt, und wo ich oft genug auf harmlose Weise angemacht wurde. Aber an diesem Abend nahm ich eine andere, weniger gut beleuchtete Straße. Ein Mann folgte mir in seinem Wagen. Er hatte das Fenster heruntergekurbelt, sprach mich an und versuchte mich zu bewegen, zu seinem Wagen herüberzukommen. Ich sagte nein.

Ich war todmüde an diesem Abend. Es gibt Tage, da arbeitest du dir die Finger wund und mußt dann zum Schluß noch jede Menge Dreck wegräumen; dann fühlst du dich total ausgelaugt. Das war so ein Tag gewesen. Ich hielt eine Apfelsine in der Hand, die ich zu Hause essen wollte. Ich freute mich darauf. Ich hatte nichts außer dieser Apfelsine. Ich hatte keine Lust, mich mit diesem Typen zu befassen; ich ignorierte ihn einfach, obwohl ich weiß, daß das selten funktioniert. Ich sage den Frauen in meinen Kursen immer wieder, daß ignorieren gut ist, wenn es funktioniert, aber meistens funktioniert es nicht.

Na ja, also es funktionierte nicht. Er ging mir zunehmend auf den Geist, und ich wurde langsam nervös, weil ich mich meiner Wohnung näherte und ihn nicht bis dahin mitnehmen wollte. Als ich zur Ecke kam, wurde mir klar, daß ich etwas unternehmen mußte, mich aus meiner Müdigkeit herausreißen und etwas tun mußte. Die Situation, so fand ich, war nicht sehr gefährlich. Ich hätte natürlich an irgendeiner Haustür klopfen oder vieles andere tun können; wenn er aus seinem Wagen herausgekommen wäre, wäre ich sicherlich im Vorteil gewesen. Ich wog die verschiedenen Möglichkeiten einen Augenblick lang ab und fand dann, dies sei vielleicht eine Gelegenheit, etwas Spaß zu haben. Ich nahm meine Apfelsine, pflanzte mich mit weit gespreizten Beinen auf und holte mit der Apfelsine in der Hand langsam, mit dramatischer Geste aus – aber kurz bevor ich sie werfen wollte, trat er schon aufs Gaspedal. Er hatte die Botschaft verstanden, und das tat gut. In der Hoffnung, ihn zu treffen, zielte ich auf das offene Fenster, aber als er Gas gab, fuhr der Wagen an, die Apfelsine traf das runde Dach – es war ein VW-Käfer –, und es gab einen ordentlichen Knall. Das hat wirklich Spaß gemacht. Er rauschte um die Ecke und kam nicht mehr zurück. Mein Abend war gerettet. Ich ging über die Straße und sammelte meine Apfelsine auf. Sie hatte ein paar Quetschungen erlitten, war aber sonst in Ordnung. Ich nahm sie mit nach Hause und aß sie auf.

Das Schöne an diesem Erlebnis war, daß es sich von allen früheren Erfahrungen dieser Art unterschied, auch wenn es genauso angefangen hatte: Ich hatte keine Lust, mich mit dem Typ zu befassen, erinnerte mich an frühere, ähnliche Situationen, fühlte mich niedergeschlagen, müde. Tatsächlich war ich zu diesem Zeitpunkt mit mir selbst nicht im reinen, aber ich konnte mich doch zusammenreißen und handeln. Ich trug die Wut all dieser vergangenen Erlebnisse in mir, ich brauchte nur nach ihr zu greifen und sie hervorzuholen, um mir in dieser Situation zu helfen. Und ich war mir zu diesem Zeitpunkt meiner Stärke bewußt; ich brauchte keine Angst zu haben wie die Male zuvor.

Je mehr ich über Selbstverteidigung lerne, desto mehr begreife ich, wie wichtig es ist, dich selbst ernst zu nehmen und daraus Kraft zu schöpfen, wenn du angegriffen wirst, egal, ob du nur Zielscheibe von Witzen wirst oder ob du tätlich angegriffen wirst.

Wenn ich jetzt auf meine Vergangenheit zurückblicke, sehe ich, wie mir beigebracht wurde, höflich zu sein, keine Szenen zu machen. Ich habe all diese Regeln verinnerlicht und versucht zu tun, was meine Eltern mir sagten, weil ich immer zu denen gehörte, die Regeln befolgten, wenn sie Sinn machten, und in der High-School schienen sie Sinn zu machen. Es schien sinnvoll zu sein, Leute zu ignorieren, ruhig und so zurückhaltend wie möglich zu sein. Leider nährte dies auch eine Menge Selbsthaß und anderes, was mich hilflos machte.

Wenn ich darauf zurückblicke, was ich während der High-School-Zeit erlebt habe, sehe ich heute, daß ich zu meiner Verteidigung viel mehr getan habe, als ich damals dachte. Damals glaubte ich, die einzige Form der Verteidigung bestünde darin, entweder zurückzuschlagen oder jemanden anzuzeigen.

Jetzt weiß ich, wie ungeheuer mutig es von mir war, solche Spinnereien wirksam einzusetzen. Es erstaunt mich, daß es tatsächlich funktionierte, daß er tatsächlich die schwarze Wolke suchte. Ich würde dieses Vorgehen nicht unbedingt anderen empfehlen. Es ist eine Frage der Intuition, und bei ihm hat es zufällig funktioniert.

Heute bin ich mir über meine Reaktionsmöglichkeiten weitaus bewußter. Ich kann voller Selbstvertrauen sagen, daß derjenige, der versuchen sollte, durch mein Fenster zu klettern und mich zu vergewaltigen, einen schweren Fehler begeht. Es wäre ein schwerer Fehler, auf mich loszugehen. Es wäre ein Fehler, würde jemand, den ich kenne, versuchen, mich zu etwas zu zwingen. Ich kann und werde mich verteidigen.

Am schlimmsten ist es, wenn sie es nicht so meinen

Jeni Schreiber

Jeni Schreiber (Name geändert) ist eine 33jährige »frauenbewußte« Frau, Mutter von vier Kindern, Schriftstellerin und Übersetzerin, ein friedliebender Mensch, eine unersättliche Leserin seit dem Kindergarten; sie lebt seit 16 Jahren in Israel, ist eine Veteranin der Israelischen Verteidigungsarmee und auf all das stolz.
Die Geschichte handelt von einem Erlebnis in Jenis Kindheit. Der erste und letzte Teil der Geschichte sind aus der Perspektive von Jenis Mutter, Rachel Goldin, erzählt. Der mittlere Teil wurde aus Jenis Perspektive geschildert.

Wäre dieses Buch vor 25 Jahren erschienen, dann hätte sich die folgende Geschichte – und die vieler sexuell mißbrauchter Frauen – vielleicht nie ereignet. Ich bin froh, daß dieses Buch nun meinen Schwestern zur Verfügung steht und meinen Töchtern, die meine Schwestern sind.

»Mama? Ich muß mit dir reden.« Jenis Stimme durchschneidet die Stille des Sonntagmorgens wie ein scharfes Messer.
Rachel Goldin wirft die Zeitung beiseite – ihr einziger 45minütiger Luxus in einer unmenschlich vollgestopften Woche – und starrt ihre Tochter an. Jeni, fast zwölf, besucht bereits die achte Klasse der städtischen Begabtenschule. Und selbst da ist sie der Klasse voraus. Sie ist also klug genug, um zu wissen, was diese wenigen, heilsamen Momente der Ruhe für Rachel bedeuten – und was ihre Unterbrechung bedeutet.
Dann, Sekunden nachdem sie die Worte ihrer Tochter vernommen hat, versteht sie. »Muß«, hat Jen gesagt, »muß«. Soweit Rachel sich erinnern kann, hat Jen ihre Wünsche bislang immer nur eher beiläufig geäußert.
Rachel lächelt, klopft neben sich auf das abgenutzte, beigefarbene

Sofa. »Setz dich, Schatz.« Aber Jen bleibt vor ihr stehen, ihre Ellbogen eng an den Körper gepreßt; das weiße Baumwollnachthemd riecht leicht nach Schweiß, obwohl es erst April und die Hitze noch nicht da ist. »Also, was ist los?«

Jen betrachtet den Teppich, dann die Wand über Rachels Kopf; ihre Augen ziehen sich zu schmerzlichen Schlitzen zusammen. Ihr Handknöchel hebt sich verstohlen zum Mund, und sie fängt an, daran zu nagen. Rachel streckt ihren Arm aus, um die Hand wegzuziehen; Jen kommt ihr zuvor und reißt die Hand ausweichend zurück an ihre Seite.

Da stimmt etwas ganz und gar nicht.

Eine Minute, anderthalb Minuten, und Jen steht immer noch steif und unentschlossen da. Rachel öffnet den Mund, will fragen – was? Sie weiß es selbst nicht, aber Jen hat sich in diesem Moment entschieden. Einen Moment lang ist das geräuschvolle Einatmen des Mädchens im sonnendurchfluteten Wohnzimmer zu hören. Dann, leise: »Mama, als ich letzte Woche drüben bei Oma und Opa Goldin geschlafen habe ...« Dann noch leiser: »... da ist was passiert ... er hat mich angefaßt, Mama. Meine Brüste.«

Ich hatte schon oft dort übernachtet, aber bisher immer zusammen mit Matthew oder David, und meistens mit beiden; weniger weil ich es selbst wollte, sondern weil es für meine Eltern bequem war. Mama hatte innerhalb von drei Jahren drei Kinder bekommen – und keines von uns war das, was man ein »liebes« Kind nennt. Entweder taten wir uns zusammen – wie damals, als Matthew und ich unser frisch tapeziertes Zimmer so hoch wir reichten mit Buntstiften verschönerten oder als David und ich »Verloren im Labyrinth« spielten und Rußspuren im ganzen Haus hinterließen, »damit die anderen uns finden konnten« – oder wir stritten uns. Nachdem ich Matthew einmal gegen den Heizkörper geschubst hatte und er sich dabei den Kopf aufschlug, nahm ich von physischer Gewaltanwendung Abstand – aber gemeine Worte und hinterlistige Streiche waren bis weit ins Teenageralter gang und gäbe.

Zurückblickend denke ich, es muß übermenschliche Kraft gekostet haben, nach einem zermürbenden Bürotag heimzukommen und mit uns dreien fertigzuwerden. Deshalb brauchte Mama einfach alle paar Wochen einen Abend ohne uns. Da aber Babysitter Geld kosteten und ihr eigener Vater ein zerbrechlicher, kleiner Mann war, der seinen 15 Jahre zurückliegenden Herzinfarkt als Vorwand benutzte, um sich so aufreibende Dinge wie Kinderhüten vom Leib zu halten, verbrachten wir drei diese Abende fast immer bei Dads Eltern.

Aber diesmal bat ich darum, dort zu schlafen. Aus zwei Gründen: Opas Eisenwarengeschäft und Susan Ross. Opas Laden faszinierte mich. Ich liebte das piekende Gefühl von Nägeln in meiner locker geballten Faust, und ich liebte es, sie einen nach dem anderen aneinanderzureihen, Spitze an Kopf, und die Prozession mit einem kleinen Magneten anzuführen. Ich stellte mir auch immer wieder vor, wie ich, würde ich an einem einzigen Tag die feinen Metallspäne von der Schlüsselschleifmaschine in meine Haut einreiben, unverwundbar werden würde. Aber wenn Matthew und David da waren, drängten sie mich dauernd, draußen mit ihnen Fangen und Verstekken zu spielen, und deshalb hatte ich nie Gelegenheit, allein für mich all die Wunder des Ladens zu untersuchen.

Und Susan. Sie wohnte gleich um die Ecke und war in der dritten Klasse, als ich noch in der ersten war. Dann übersprang ich zwei Jahre, traf sie in der fünften und war, bevor ich auf die Begabtenschule kam, ein Jahr lang ihre beste Freundin. Sue war ein wildes Kind, die ganz offen in der Klasse Kaugummi kaute und die Schülerlotsen mit Steinen bewarf. Jetzt, mit knapp 14 Jahren, war sie eine abgebrühte Jugendliche, die aufregend schreckliche Geschichten über Zigaretten und Jungen erzählen konnte. Seitdem wir aus der Gegend weggezogen waren, sah ich Sue vielleicht einmal im Monat – stets mit meinen beiden Schatten, die mir am Rockzipfel hingen. Ich wollte so schrecklich gern einmal mit ihr allein reden ... von daher brauche ich nicht zu betonen, daß ich, als ich Mama um die Erlaubnis bat, bei Oma und Opa übernachten zu dürfen, ihren Namen nicht einmal andeutungsweise erwähnte.

Als ich an jenem Nachmittag an der Tür der Ross' klingelte, öffnete Sue die Tür, stieß einen Freudenschrei aus und fiel mir um den Hals, als hätte sie mich ein Jahr lang nicht gesehen. Ich hatte Oma versprochen, in einer Stunde zurück zu sein, aber ich verbrachte fast drei Stunden in Sues Zimmer und hörte mir ihre neuesten Geschichten an. Nach einer Weile schienen sie sich zu wiederholen, und ich fing an, die Blumen auf der Tapete zu zählen, um die Zahl der Rosen pro Quadratmeter auszurechnen, als ich plötzlich merkte, daß sie etwas Fesselndes gesagt hatte.

»... steckte seine Hand in mein Hemd.«

»In dein *Hemd*!« echote ich. Ich hatte »die Dinge des Lebens« – die Art und Weise der menschlichen Reproduktion – mindestens drei Jahre zuvor durch eigene Lektüre kennengelernt. Und ich wußte, daß außer dem Arzt oder Mama niemand ein Recht hatte, meine Schlüpfer zu sehen. Aber soweit ich wußte, waren Babies die einzigen, die ein mögliches Interesse an den beeindruckenden Wölbungen unter Sues Hemd hatten (und es war ein Hemd damals, als die meisten von uns lammfrommen, heranwachsenden Mädchen noch Spitzenblusen trugen). Brüste, so stand es in allen Büchern, dienten zum Stillen.

Sue nickte. »Klar ... um meine Titten anzufassen. Weißt du nicht, daß Jungs das machen?« Errötend schüttelte ich den Kopf. »Nun, tun sie aber. Und weißt du was, Jen? Es ist echt toll. So prickelnd. Als ob du ... als ob du innen Flügel hättest.« Einen Augenblick lang nahm ihr sonst so hartes Gesicht weiche und verträumte Züge an; dann seufzte sie kurz und riß sich zusammen. »Aber dann, verdammte Scheiße, fiel Miss Perkins ein, daß sie vergessen hatte, den Hauswirtschaftsraum abzuschließen, und sie kam zurück und fand uns.«

»Was hast du gemacht?« flüsterte ich fasziniert.

»Was wohl? Ich fing an zu weinen. Laut. Und die dumme olle Perkins ließ mich gehen. Jimmy bekam für drei Tage Hausarrest, obwohl ... Hör mal, Jen, ich will dir ja keine Angst machen, aber es ist fast sieben. Deine Oma dreht bestimmt schon durch.«

Ich schnappte mir meinen Mantel, rannte mit Sue um die Wette die Treppe hinunter und hielt unten mit der Hand auf dem Türgriff inne. »Sue? Liebst du ihn?«

Sie zuckte die Schultern. »Ich glaube schon ... also, wenn du einen Jungen an deine Titten läßt, dann heißt das doch wohl, daß du ihn liebst. Aber ... na ja, manchmal wünschte ich, es wäre nicht er.«

»Was meinst du damit?«

»Ach, vergiß es.« Sie umarmte mich fest und küßte mich auf die

Wange. »Sieh zu, daß du nach Hause zu deiner Oma kommst, bevor sie die Polizei losschickt.« Mit ihrer linken Hand in meiner öffnete sie die Haustür, mit ihrer rechten Hand auf meinem Po schob sie mich hinaus.

Rachel streckt ihre Arme aus, nimmt Jens Hände – die Finger des Kindes erstarren in ihrer Hand, aber diesmal zuckt sie nicht zurück – und zieht sie sanft zu sich auf das abgenutzte, beigefarbene Sofa. »Erzähl mir genau, was passiert ist«, sagt sie mit einer leisen, aber gespannten Stimme, die Jen nie zuvor gehört hat.

Jen blickt auf, schlägt die Augen nieder, blickt wieder auf. »Also, als ich bei Oma war, hab ich ein bißchen im Laden gespielt ...«

»Allein?« fragt Rachel mit unveränderter Stimme.

»Ja ...« Jen hat ihrer Mutter niemals von den kleinen Nägeln, die wie Krallen winzig kleiner, magischer Mäuse waren, erzählt; nie ihre Unverwundbarkeit erwähnt. Jetzt täte sie es plötzlich gern, aber sie weiß nicht, wie. »Und dann habe ich Oma gefragt, ob ich zu Sue Ross rübergehen könnte ... wir haben geredet, und es war schon ein bißchen spät, als ich zu Oma und Opa zurückkam. Wir haben dann Abendbrot gegessen, und ich habe meine Hausaufgaben zu Ende gemacht, und dann bin ich raufgegangen und hab mich ins Bett gelegt. Ungefähr eine Viertelstunde später kam Opa rauf, um mich richtig zuzudecken, so wie er das immer macht, wenn wir dort übernachten. Aber diesmal war es anders.« Sie hat einen kleinen runden Fleck auf der Armlehne des Sofas entdeckt und kreist jetzt mit ihrem Finger drum herum.

Nach einer Weile ermuntert sie Rachel: »Anders ... wie denn?«

Ihren Blick auf die Sofalehne geheftet, antwortet Jen: »Also, erst hat er mich gefragt, ob er mir eine Geschichte erzählen soll. Dabei hat er das schon seit Jahren nicht mehr gemacht. Aber er klang so, als würde er mir wirklich gern eine erzählen, also sagte ich ja; und er erzählte mir ›Die Schöne und das Biest‹. Aber anders ... als wollte er mir sagen, daß ich es war, über die er sprach. Und dann hat er die Bettdecke hochgezogen und mir einen Gutenachtkuß gegeben und meine Wange gestreichelt ... und ich, ich weiß auch nicht, warum, aber er tat mir irgendwie leid, deshalb drehte ich mich zu ihm und gab ihm einen Kuß auf die Hand.

Dann hat er die Hand auf die Bettdecke genau auf meine Brüste gelegt. Und sie hin und her bewegt, ganz langsam und sanft, ein paar Mal. Und, also, er sah aus, als würde er gleich weinen. Dann hat er ›Gute Nacht, du Schöne‹ gesagt, ganz leise, und das Licht ausgemacht und ist hinausgegangen.«

Zum ersten Mal seit Monaten ist Rachel um Worte verlegen. Sie möchte ihre Tochter an sich drücken, um sie vor dem Bösen zu beschützen, aber sie hat gerade zweimal gesehen, wie Jen vor ihrer Berührung zurückschreckt. Also bleibt sie ruhig sitzen und versucht ihre Gedanken zu sortieren, während Jens Finger wieder und wieder um die abgewetzte Stelle auf der Sofalehne kreisen.

Der Krach oben – Matthew hat einen Schuh nach David geworfen – macht Rachel bewußt, daß sie nicht viel Zeit hat.

»Hör zu, Jen«, sagt sie drängend. »Zunächst einmal, es war richtig, daß du mir das erzählt hast, und ich weiß, wie sehr dich das geängstigt und verwirrt haben muß. Danke, daß du mir vertraut hast.

Ich werde jetzt zu dir wie zu einer Erwachsenen sprechen, und wenn du irgend etwas nicht verstehst, dann sag es bitte. Ich möchte nämlich, daß du es verstehst.

Manchmal, da werden Männer ... na ja, irgendwie krank. Fast ... nein, nicht fast ... irgendwie geistig krank. Das hängt mit dem Gefühl zusammen, nicht geliebt zu werden, was ziemlich schrecklich ist. Vielleicht liegt das daran, daß sie alt werden, oder weil jemand gemein zu ihnen war. Und das führt dann dazu, daß sie Frauen oder manchmal auch kleinen Mädchen gemeine Dinge antun oder sagen.

Das war mal so bei einem Mann, der in meiner Gegend wohnte, als ich ungefähr so alt war wie du, Jen. Ich kam gerade mit meiner Freundin Lisbeth nach Hause, da hat er sich vor uns entblößt. Weißt du, was ich meine?« Jen nickt. »Ich habe es meiner Mutter erzählt, und sie hat mir erklärt – genau wie ich dir jetzt –, daß Männer, die so werden, niemandem wirklich weh tun wollen. Ich rede jetzt nicht von echten Kriminellen, von Gewalttätern. Ich rede von traurigen, verschreckten, kranken Männern, Jen. Tja, und ich nehme an, daß Opa Goldin dazugehört.«

Rachel zieht bebend die Luft ein und fährt sich mit den Händen übers Gesicht. »Aber wir können es nicht Oma Goldin erzählen, weil es ihr weh tun würde. Und wir können es Dad nicht erzählen, weil es ihm weh tun würde. Also, überlaß die Sache mir, Jen, und ich werde dafür sorgen, daß du nie wieder mit Opa allein bist.«

Jen schüttelt den Kopf. »Das reicht nicht. Wir müssen es Tante Laura erzählen. Anne schläft auch manchmal dort, und sie ist ein Jahr jünger als ich.«

Rachel nickt, überrascht vom Scharfsinn ihrer Tochter. »Gut. Aber laß mich es Tante Laura erzählen. Und ... na ja, es wird sich nicht umgehen lassen, daß du Opa hin und wieder triffst, bei Familientreffen und so weiter. Bitte, sei nett zu ihm, wenn du ihn siehst ... weil, er meint es nicht so.«*

* Zwar beweist die Mutter von Jeni viel Einfühlungsvermögen, als ihre Tochter sich ihr anvertraut, deckt jedoch das Mäntelchen des Schweigens über den sexuellen Mißbrauch durch den Großvater. Seine Tat wird innerhalb der Familie nicht öffentlich gemacht, sondern vertuscht; Mutter und Tante regeln unter sich, wie eine Wiederholung ausgeschlossen werden kann. Der Großvater wird nicht mit seiner Tat konfrontiert; er braucht keine Verantwortung dafür zu übernehmen, sondern wird als »krank« entschuldigt. Auf diese Weise wird die Tabuisierung von sexuellem Mißbrauch, dem »bestgehüteten Geheimnis« (Florence Rush) nicht durchbrochen. (Anm. des Orlanda Frauenverlags)

II Die Macht der Stimme

Einleitung

Die Stimme ist eine mächtige Waffe, nicht nur beim Aussprechen von Worten, sondern auch wenn Stimmkraft und geballte Willensstärke sich vereinen, um einen Angreifer abzuwehren. Die Stimme besitzt ihr eigenes Leben, was die Frauen oft selbst überrascht. Frauen träumen häufig, nicht schreien zu können, aber wenn sie angegriffen werden, dann finden sie eine Stimme, die zu mobilisieren sie nie für möglich gehalten hätten. Einer der besten Ratschläge der Polizei ist, soviel Krach wie möglich zu machen. In vielen Selbstverteidigungskursen können Frauen praktisch lernen, wie am Spieß zu schreien.

Wirksame verbale Selbstverteidigung heißt, zu wissen, was du willst, und das so klar wie möglich zum Ausdruck zu bringen; wenn es sein muß, wiederholt, bis der Angreifer entweder die Botschaft begriffen hat oder anfängt, sich zu langweilen. Stella Morenos Geschichte »Wie eine Platte mit Sprung« ist eines der besten Beispiele für die Methode der »kaputten Schallplatte«, die oft in Selbstbehauptungskursen eingeübt wird.

Verbale Selbstverteidigung kann manchmal zu Verwirrungen führen, weil die Frau widersprüchliche Gefühle empfindet. Am problematischsten sind Situationen mit einem Angreifer, den die Frau kennt, der vielleicht sogar ihr Freund oder Exfreund ist, oder jemand, zu dem sie sich hingezogen fühlt. Sie ist sich vielleicht nicht sicher, ob sie mit ihm schlafen will, sie weiß nur, sie will nicht dazu gezwungen werden. Aus solchen widersprüchlichen Gefühlen können hinterher Schuldgefühle werden. Sie denkt vielleicht, sie hätte den Angriff begünstigt, einfach weil sie zu der Zeit sexuell erregt war. »Nein heißt nein!« von Pamela Morgan dreht sich um so einen komplizierten Fall.

Andere verbale Strategien schließen »verrücktes« oder kreatives Verhalten oder Humor ein. Auch wenn ein Angriff eine ernstzunehmende Sache ist – wer sagt, daß Selbstverteidigung nicht Spaß machen kann? Humor kann eine der wirksamsten Waffen einer Frau sein, weil er einen Angreifer, der ein passives, ängstliches Opfer erwartet, tendenziell entwaffnet. Wenn eine Frau in einer Angriffssituation einen Witz machen kann, legt sie damit die Opferrolle ab. Opfer machen keine Scherze – sie sind starr vor Angst. In einer potentiell gefährlichen Situation humorvoll zu sein, zeigt dem Angreifer, daß die Frau ein Individuum mit Witz und Verstand ist und den Mumm hat, ihre Frau zu stehen. Auch das überrascht viele Möchtegern-Vergewaltiger, weil die Frau damit nicht länger ein konturloses Gefäß für seine Phantasien ist, sondern eine reale, erwachsene Frau, die für sich einsteht.

Bei vielen verbalen Attacken verläßt sich der Angreifer auf ein »Drehbuch«: »Kennen wir uns nicht irgendwoher?« oder »Hallo, Süße!« sind zum Beispiel solche Eröffnungssätze. Ein Witz oder eine geistreiche Bemerkung kann dieses Drehbuch durchkreuzen. Kikanza Nuri Robins zeigt dies in »Was ich von Mama gelernt habe« sehr gut, als sie und ihre Begleiterin in einer Bar belästigt werden.

Obszöne Telefonanrufe sind gängige Mittel, mit denen ein Angreifer seine Phantasien nährt. Die Frau am anderen Ende ist nicht mehr als eine ängstliche Stimme, die Andeutung eines menschlichen Wesens. In ihrer Geschichte »Wie du mir, so ich dir« entschließt sich Nancy Rawles, nach einer Reihe von Obszönitäten dem anonymen Anrufer eine Dosis seiner eigenen Medizin zu verpassen – zu seiner Verblüffung und ihrem Triumph.

Wie bei vielen anderen Selbstverteidigungstechniken bedient sich eine Frau oft ohne nachzudenken ihrer Kreativität. Der Kern aller Phantasie ist die Spontaneität.

Bei einer »passiven« Verteidigung können Frauen so tun, als seien sie einverstanden, um Zeit zu gewinnen oder eine bessere Ausgangsposition zu schaffen. In »Singing in the Rain« redet Irene van der Zande einen ganzen Nachmittag lang beim Tee mit ihrem Angreifer – bis er geht.

Eine bestimmte verbale Strategie, die oft mit Vergewaltigung assoziiert wird, ist Bitten: Das Bitten ist eine meist erwartete und daher selten erfolgreiche Reaktion auf einen Angriff. Wenn der Angreifer die Frau einschüchtern oder ängstigen will, könnte ihr Flehen sei-

nen Genuß steigern. Dr. Pauline Bart fand bei ihrer Untersuchung heraus, daß Bitten und Flehen selten Vergewaltigungen verhindern.
Eine andere verbale Strategie ist, nein zu sagen, wenn du nein meinst, und dabei zu bleiben – nicht nur in Angriffssituationen, sondern als allgemeine Übung. Pamela Morgan hat diese Strategie angewandt.
Nancy T. Miller fordert in »Der große Bluff« einen Angreifer, der vorgibt, eine Pistole zu haben, verbal heraus und gewinnt den Kampf in der U-Bahn.
Ein Schrei zielt auf zweierlei ab: einmal, den Angreifer zu erschrekken, und zum anderen, dich selbst aus der lähmenden Furcht zu befreien, indem du deine Lungen benutzt und den Atem ausstößt. Das japanische Wort dafür ist *kiai*, etwa: den Geist befreien. So wird auch der sogenannte Judo- oder Karateschrei bezeichnet.
Schreie können außerdem Aufmerksamkeit erregen und manchmal sogar Hilfe bringen. Viele Frauen haben gelernt, »Feuer!« statt »Hilfe!« zu schreien. In einem Gebäude kann das von Nutzen sein; hier mischen sich andere eher ein, wenn sie das Gefühl haben, selbst in Gefahr zu sein. Aber auf offenem Feld oder auf der Straße ist der Ruf »Feuer!« unter Umständen wenig sinnvoll. Außerhalb von Räumen zu schreien, verlangt Ausdauer, wenn es wirklich Hilfe bringen soll. Es bedarf mindestens drei anhaltender Schreie, um andere Leute darauf aufmerksam zu machen, daß etwas nicht stimmt, ihnen Zeit zu geben, um herauszukommen und festzustellen, wo du bist. Linda Forest bedient sich in »Einmal allein ins Kino« ihrer Stimmkraft, um einem Angreifer klarzumachen, was sie von ihm hält, und um im weiteren Verlauf Unterstützung zu erhalten.
Eine letzte Anmerkung noch: Mit hoher Stimme zu kreischen, klingt oft nicht nach einer ernsthaften Notlage und könnte in der Kehle weh tun. Eine tiefere Stimmlage läßt den Atem freier fließen und dich auf höchst unzivilisierte Weise wie eine Löwin brüllen. Nur wenige Angreifer sind gewillt, sich mit einer Frau einzulassen, die soviel Krach macht.

Der große Bluff

Nancy T. Miller

Als Nancy Miller das folgende Erlebnis hatte, lebte sie zusammen mit ihrem Mann in Chicago und arbeitete als Technikerin bei einer Fernsehgesellschaft. Heute lebt sie auf einer Farm in Minnesota; sie ist Teilzeit-Studentin und Vollzeit-Mutter. »Ich schließe die Tür ab, wenn ich zu Hause bin«, sagt sie, »was meine ländlichen NachbarInnen erstaunt. Ich glaube, ich habe die ›Mir kann keiner‹-Haltung verloren, die ich früher besaß.«

Immer wenn ich an meine Erfahrungen mit Belästigungen denke, fällt mir Phyllis Schlaflys klassische Bemerkung ein. Sie hat einmal gesagt: »Wenn eine Frau anständig ist, dann merken das die Männer, und sie wird nicht belästigt.« Offensichtlich ist Mrs. Schlafly nie U-Bahn gefahren oder irgendwo allein hingegangen.

Ich weiß noch, es war kalt, ein ungewöhnlich kalter Apriltag. Ich trug immer noch meine Stiefel und meinen Wintermantel. Seit zwei, vielleicht drei Monaten arbeitete ich in der Spätschicht. Ich dachte wohl, ich sei unverletzbar und nichts könne mir je passieren. Von der U-Bahn-Station waren es nur ein paar Häuserblocks bis zu meiner Wohnung, und ich hatte meinem Mann gesagt, er brauchte mich nicht von der U-Bahn abzuholen.

»Schlaf du nur«, hatte ich gesagt. »Wieso sollten wir uns beide die Nacht um die Ohren schlagen?«

Ich war gerade zwei Häuserblocks von der Station entfernt, als ich hinter mir Schritte hörte, ein gleichmäßiges Gehen, das knapp hinter mir Schritt hielt. Ich ging etwas schneller und betete, daß mein Instinkt mich täuschte; mir schwante Unheil.

Als ich die nächste Kreuzung überquerte, schloß er sich mir an. Er war nicht sehr groß, nicht besonders muskulös oder beeindruckend. Tatsächlich war er kaum größer als ich. Er versuchte, eine Unterhaltung anzufangen, und ich versuchte, jede direkte Antwort zu vermeiden. Als er mich zum zweiten Mal fragte, wo ich wohne, antwortete ich: »Och, gleich hier« und deutete mit der Hand vage nach vorn. Vielleicht konnte ich mich ja aus dieser Situation herausreden; vielleicht konnte ich nah genug zur Wohnung kommen, daß mein Mann mir helfen konnte.

Am Eingang einer kleinen Gasse wandte er sich mir direkt zu. »Wir gehen da lang«, sagte er und bewegte seine linke Hand, die tief in seiner Manteltasche steckte. »Ich habe eine Pistole.«

Ich versuchte, vernünftig mit ihm zu reden. »Hören Sie, ich habe einen langen Tag hinter mir und kein Interesse. Okay?« Dann betete ich laut: »Herrgott, hilf mir.« Und dann sagte ich etwas, was mich selbst überraschte: »Sie haben eine Waffe? Okay, zeigen Sie sie mir. Ich glaube, Sie haben überhaupt keine Pistole.«

Er zog seine Hand aus der Tasche. Keine Pistole. Statt dessen hielt er einen starken Strick in der Hand und schlang ihn um meinen Hals. »Ich will dich«, sagte er.

Ich versuchte, ihn in die Weichteile zu treten. Das machte ihm nichts aus, es schien ihn nur zu amüsieren. »Hat wohl nicht geklappt, was?« sagte er hämisch.

Er zog mich am Strick in die Gasse und würgte mich dabei. Ich kam nicht an ihn heran, konnte ihn weder beißen noch kratzen, noch schlagen. Ich konzentrierte mich voll auf den Strick, der mir in den Hals schnitt. Ich zwängte meine Daumen dazwischen und holte tief und lange Luft.

Der Schrei war laut und klar. Damit hatte er nicht gerechnet.

»Okay, Lady, okay. Ist ja gut. Ich geh ja schon.«

Ich sah ihm so lange nach, bis er aus meinem Blickfeld verschwunden war. Er war tatsächlich weg. Ich lief nach Hause – zwar mit Quetschungen und voller Angst, aber ich hatte gewonnen.

Einmal allein ins Kino

Linda Forest

Linda Forest wurde 1955 in Bristol, Pennsylvania, als jüngste von drei Töchtern geboren. Sie hat Psychologie studiert und arbeitet jetzt als Supervisorin in einer Sozialeinrichtung in einem Vorort von Philadelphia.

> Ja, ich bin wütend darüber, daß wir uns als Frauen in dieser Gesellschaft so verletzbar fühlen müssen, aber mein Zorn und meine Frustration haben mich nicht dazu gebracht, mich sorglos und dumm zu verhalten, sondern mich vielmehr mit konstruktiver Energie erfüllt. Und sie haben mich dazu veranlaßt, meine Geschichte anderen Frauen zu erzählen, auf daß sie ihnen Kraft und Mut gebe.

An jenem winterlichen Samstagabend war der Penn-State-Campus voller Leben. Ein paar StudentInnen waren auf dem Weg vom Wohnheim in die Stadt, wo am Wochenende mehr los war als auf dem Campus. Andere strömten aus einem Gebäude, wo, wie jeden Abend, zwei Filme gezeigt wurden, wieder andere strömten hinein. Eine kleinere Gruppe steuerte auf die Bibliothek zu, um dort einen produktiveren, wenn auch weniger unterhaltsamen Abend zu verbringen.

Ich wohnte in der Hauptverkehrsstraße der Stadt gegenüber dem Campus. An diesem Abend hatte ich nichts vor und beschloß daher, mir *Die Marx Brothers in der Oper* anzusehen, einen der wenigen Marx-Brothers-Filme, den ich noch nicht kannte. Er wurde in dem Wohnheim gezeigt, das meiner Wohnung am nächsten lag. Ich wollte in die Acht-Uhr-Vorstellung gehen; nach Ende des Films wären dann immer noch viele StudentInnen unterwegs.

Bill, mit dem ich zusammenlebte, war Diskjockey beim Uni-Radiosender. Er arbeitete an diesem Abend, und ich wollte nach dem Film über den Campus zu ihm hinübergehen und warten, bis seine »Progressive Rock«-Show zu Ende war. Sonst ging ich abends allein nie ins Kino oder sonstwo hin, aber ich wollte unbedingt etwas unternehmen.

Bill und ich hatten darüber gesprochen, daß ich ins Kino gehen und danach allein zu ihm kommen wollte. Er war sehr besorgt. Ich blieb jedoch standhaft, erklärte, der Weg sei kurz, andere Leute würden auf dem Campus sein, und ich würde mich an die gut beleuchteten Wege halten. Schließlich gab er nach und meinte auch, es sei kein Problem.

Nur um sicherzugehen, schlug er vor, ich solle die Holzkeule mitnehmen, die sein Vater gemacht und mir vor kurzem zu meiner Verteidigung geschenkt hatte. Ich kicherte und sagte ihm, das wäre lächerlich. Aber er bestand darauf, und ich war schließlich einverstanden.

Sobald ich auf dem Campus war, versuchte ich, mich an Gruppen von StudentInnen zu halten, bis ich das letzte Stück zum Gebäude, in dem der Film vorgeführt wurde, rannte. Abends allein auszugehen, war eine neue Erfahrung für mich, aber ich fühlte mich gut dabei. Ich war es leid, mich dauernd verrückt zu machen. Ich hatte es gründlich satt, mich schutzlos zu fühlen und meine Aktivitäten einzuschränken, nur weil ich eine Frau war. Ich fühlte mich wirklich unterdrückt. Das Kino glücklich erreicht zu haben erfüllte mich mit Genugtuung.

Der Film war noch besser, als ich erwartet hatte. Ich verließ das Kino und kicherte in mich hinein, als mir meine Lieblingsszene einfiel, in der sich sämtliche Schiffspassagiere in einen winzigen Raum zwängten. Ich konnte es kaum erwarten, Bill zu sehen. Zweifellos würden wir die Zeit zwischen seinen Songansagen damit verbringen, die lustigsten Sätze zu wiederholen und Harpos Manieriertheit zu imitieren.

In der bitterkalten Luft beschleunigte ich meine Schritte. Glücklicherweise trug ich meine neuen langen Unterhosen, den Overall, mein dickstes Flanellhemd und den Parka. Als die Kälte in meine Ohren biß, zog ich mir die Kapuze über. Auf der anderen Straßenseite ging ein schlanker, junger Mann, aber ich nahm seine Gegenwart kaum zur Kenntnis. Ich überquerte die Straße und bog um die Ecke.

Schließlich erreichte ich die Promenade. Ich liebte diesen mit Bäumen gesäumten Gehweg des Campus. Ich schaute zu den kahlen, aber dennoch schönen Bäumen hoch. Der Himmel war klar. Über mir funkelte der Kleine Wagen. Als ich mich dem Gebäude näherte, in dem Bill arbeitete, sah ich oben ein erleuchtetes Fenster. Dort saß er, und ich war froh, wohlbehalten angekommen zu sein.

Genau in diesem Moment sprang mich von hinten jemand an und rammte mir seine Hand in den Mund. Ich schnappte nach Luft und biß in die Finger. Die Hand glitt zu meinem Hals hinunter. Bevor ich denken konnte, ließ ich einen markerschütternden Schrei los: »MACH, DASS DU WEGKOMMST, DU VERDAMMTES ARSCHLOCH!« Die Lautstärke meiner Stimme überraschte mich selbst. Bill war so nah, aber er kam mir nicht zu Hilfe. Ich schrie erneut. »HILFE! HILFE!« Warum hörte Bill mich nicht?

Nach meinem zweiten Schrei ließ die Hand von meinem Hals ab. Ich klammerte meine Finger fester um die Keule in meiner Tasche, die ich während des ganzen Weges festgehalten hatte. Der Angreifer preßte sich immer noch gegen meinen Rücken, und ich stieß ihm meinen Ellbogen in den Bauch. Ich schrie wieder, und dann sah ich, wie mir zwei Männer zu Hilfe eilten. Als mich der Mann losließ, schlug ich mit meinem Stock auf ihn ein.

Die beiden Männer kamen heran, und ich deutete auf die davonrennende Gestalt, die sich eben noch an meinen Körper gepreßt hatte. Der Gedanke daran ließ mich vor Ekel zittern. Ich sah dem fliehenden Angreifer nach. Es war derselbe Mann, der mich von der anderen Straßenseite aus beobachtet hatte, als ich aus dem Kino kam.

Die Männer, die ihn verfolgten, lagen zu weit zurück und gaben es schließlich auf. Mittlerweile waren zwei Frauen herbeigeeilt, und ich erzählte ihnen, was passiert war. Sie bestanden darauf, mich bis zu Bills Gebäude zu begleiten. Ich versuchte es an der Vordertür – sie war verschlossen. Ich ging zur Seitentür – ebenfalls verschlossen. Wie konnte Bill mir das antun? Meine Tränen strömten. Die Frauen brachten mich zu ihrer Wohnung. Von dort rief ich Bill an. Er war in fünf Minuten da.

Als wir zurück zum Sender gingen, verwandelten sich meine Tränen in Wut. Warum war das Gebäude verschlossen gewesen? Warum hatte er meine Hilferufe nicht gehört? Er sagte, er sei in der schalldichten Aufnahmekabine gewesen. Er überredete mich, die Polizei anzurufen – was ich nur zögernd tat. Sie kamen zum Sender, und ich erzählte ihnen, was passiert war. Nachdem sie gegangen waren, verwandelte sich mein sanfter, pazifistischer Freund in einen wilden, rachsüchtigen Mann. »Wenn du dieses Arschloch noch einmal siehst«, sagte er, »dann zeig ihn mir, und ich bring ihn um!«

Schließlich waren wir zu Hause. Ich konnte die ganze Nacht nicht schlafen. Ich konnte einfach nicht glauben, wie nahe ich an ... ja, an was vorbeigekommen war? Vergewaltigung oder Verletzung oder Tod? Meine Phantasie überschlug sich. Bill streichelte mein Gesicht, aber seine Berührung ließ mich schaudern. Würde ich solche Berührungen je wieder genießen können? Und wenn ich vergewaltigt worden wäre? Hätte ich dann jemals wieder einem anderen Menschen körperlich nahe sein können?

Ich erholte mich ziemlich rasch von dieser Geschichte mit dem glücklichen Gefühl, nicht nur physisch oder emotional ohne ernsthafte Schäden davongekommen zu sein, sondern auch erlebt zu haben, wie ich auf einen Angriff reagiere. Diese Erfahrung hatte mich zwar gelehrt, enorm vorsichtig zu sein, aber ich wußte jetzt, wie ich im Falle einer Wiederholung reagieren würde. Ich würde schreien, lauter als ich es je für möglich gehalten hätte. Und ich würde wieder wie eine Tigerin kämpfen.

Wie eine Platte mit Sprung
Stella Moreno

Stella Moreno ist lateinamerikanischer Herkunft und die zweitälteste von fünf Töchtern. Sie lebt in Fresno, Kalifornien, arbeitet als Kindergärtnerin und ist seit zehn Jahren im Bildungsbereich aktiv.

Ich wuchs in einer Familie auf, in der eher die Mutter das Sagen hatte. In meiner Familie haben die Töchter – mich eingeschlossen – die Unabhängigkeit meiner Mom übernommen, ihren Eigensinn und ihre Kraft. Es mag vielleicht so aussehen, als hätte in Familien lateinamerikanischer Herkunft Dad das letzte Wort, tatsächlich aber findet Mom immer Wege, sich doch durchzusetzen. Allerdings, wenn ich an meine Cousins denke, dann läßt sich der Machismo nicht leugnen. Bei Gesprächen in der Familie wird ihnen eher zugehört als den Frauen. Es fällt uns schwer, uns überhaupt zu verteidigen. Wenn wir heranwachsen, lernen wir, fürsorglich zu sein, uns um alle zu kümmern, nur nicht um uns selbst.

Ich gehörte zu einer Gruppe, die die Einkehrtage vorbereitete. Sieben von uns waren vorgegangen, um die Gebäude aufzuschließen und alles für die Schulmädchen fertigzumachen, die zur Einkehr kommen wollten. Es dämmerte, und ich war gerade mit dem Fegen und Aufräumen der Unterkünfte fertig, in denen die Mädchen schlafen sollten. Einer der Geistlichen dieser kirchlichen Einrichtung kam heraus, um uns die Schlüssel zu geben, und brachte einen Helfer mit.

Ich ging zu den Waschräumen, die sich hinter dem Hauptgebäude befanden. Ich war in einer der mittleren Toilettenkabinen, als ich jemanden hereinkommen hörte, und dachte, da will jemand auf die Toilette gehen. Dann hielten die Schritte inne, aber *vor* den Toiletten.

Ich hörte jemanden atmen, aber nichts bewegte sich, niemand sagte

etwas, so daß ich schließlich fragte: »Wer ist da? Ist da jemand?« Keine Antwort, und ich dachte, also irgendwer ist da.
»Ich weiß, daß da jemand ist«, sagte ich. »Ich kann dich atmen hören.« Dieser Jemand tat einen Schritt und stand dann einfach da und atmete, und ich dachte, na gut, da ist jemand und redet nicht, und ich bin hier, und er oder sie ist da draußen, und was soll ich jetzt tun?
Eine männliche Stimme fragte: »Hast du Angst?«
Ich dachte einen Moment nach und sagte dann: »Sollte ich?«
»Hast du?« fragte die Stimme.
»Nicht, wenn ... ich weiß nicht, habe ich einen Grund dafür?«
Jetzt war mir klar, ich mußte hier raus; ich würde einfach die Wasserspülung drücken und aus der Kabine treten – ohne zu wissen, was ich dann sehen würde oder wer es sein würde oder was passieren würde. O ja, ich hatte Angst. Ich glaubte, er wollte mich vergewaltigen. Das war mein erster Gedanke – eine Vergewaltigung, keine Frage, jetzt ist es soweit. Niemand war in der Nähe, es war dunkel, ich wußte, ich war allein in diesem Teil des Einkehrhauses, und ich dachte, dann werde ich wohl kämpfen müssen.
Ich hatte keine Ahnung, was als nächstes kommen würde. Alles mögliche schoß mir durch den Kopf: Gewalt, wie soll ich mich verteidigen, gegen welche Körpergröße habe ich eine Chance, wie schnell kann ich laufen, könnte ich ihn verprügeln? – Na ja, all so was eben.
Also drückte ich auf die Wasserspülung und verließ einfach die Toilette, und der Typ stand da und sah mich an. Es war der »Helfer«, den der Priester mitgebracht hatte.
»Also? Hast du Angst?«
»Nein, ich habe hier zu tun, und du hast hier nichts zu suchen. Dies ist der Frauenwaschraum.«
Er sah mich nur an und begann zu lachen.
»Geh jetzt, dies ist der Frauenwaschraum«, sagte ich, während ich mir die Hände wusch, scheinbar gelassen, als hätte ich keine Angst. Innerlich war ich in Aufruhr, aber ich tat cool. Ich wusch mir die Hände, und er kam auf mich zu.
Ich blickte ihm direkt in die Augen. »Du hast hier nichts zu suchen! Dies ist der Frauenwaschraum! Geh jetzt raus!«

Ich wiederholte das wieder und wieder, wie eine Platte, die einen Sprung hat. Es war monoton, *ich* war monoton. Die Botschaft war klar und deutlich, ohne Emotionen. Ich meinte, was ich sagte. Bei Kindern funktioniert das sehr gut, vor allem bei Kindern, die völlig außer Rand und Band sind und nichts unversucht lassen. Bleib unnachgiebig und sei wie eine Platte mit Sprung, sei ungerührt, zeige keinerlei Emotionen. Der Tonfall ist entscheidend.

Ich schubste ihn einfach beiseite, ging an ihm vorbei und verließ den Waschraum. Er lachte, dann haute er ab. Ich ging sofort zu meinen Freundinnen und dann zu dem Priester und sagte: »Hören Sie, der Kerl, den Sie da mitgebracht haben – das und das ist passiert, schaffen Sie ihn hier weg, denn ich will ihn nicht zusammen mit den Schulmädchen hier haben und ich will ihn nicht in unserer Nähe haben. Schaffen Sie ihn weg!« Das geschah dann auch.

Bei der Auseinandersetzung mit diesem Mann gab es einen Punkt, an dem das Ganze auf der Kippe stand. Ich spürte, das ist der Moment – entweder es passiert jetzt oder nie. Das war, als ich mir die Hände wusch, dastand und ihn ansah und er mich ansah. Ich hatte das Gefühl, es war auch für ihn eine Entscheidungssituation. Da dachte ich einfach, ich sollte keine Angst haben und mich so verhalten, als gehörte ich hierher und hätte alles unter Kontrolle. Ich ging hinaus, und er suchte das Weite.

Seit dieser Erfahrung achte ich mehr darauf, andere wissen zu lassen, wo ich bin, besonders, wenn ich mit den Örtlichkeiten nicht vertraut bin. Damals wußte niemand, wo ich war. Ich hätte nie daran gedacht zu sagen: »Ich gehe da und da hin, und dort ist niemand, ich bin da allein. Jemand sollte um die und die Zeit nachsehen kommen.« Heute finde ich es wichtig, solche Vereinbarungen zu treffen; das garantiert ein automatisches gegenseitiges Aufpassen, wenn du dich an einem abgelegenen Ort befindest.

Heute habe ich eine berechtigte Angst, die mich zu Schutzmaßnahmen veranlaßt: sicherstellen, daß andere wissen, wann ich wo bin. Ich gehe nach wie vor allein irgendwohin, und meine Angst hält mich nicht von Abenteuern ab. Aber ich bin jetzt wachsamer und vorsichtiger.

Nein heißt nein!
Pamela Morgan

Pamela Morgan (Name geändert) ist seit einem Jahr bei den Anonymen Inzest-Überlebenden. Sie sagt, sie hätte »etwas wiedergutzumachen an dem Kind in mir, das den falschen Menschen vertraut hat«.

> Obwohl es mir peinlich ist, darüber zu sprechen, möchte ich, daß alle Menschen wissen, kein Mann hat das Recht, eine Frau anzugreifen, was immer sie auch zu ihm sagt. Meine Schwester wurde von zwei Männern vergewaltigt und geschlagen und fühlte sich hinterher schuldig, weil sie sie angelächelt hatte. Sie ist nicht zur Polizei gegangen. Dieses Schweigen bringt die Frauen um. Wir können sprechen. Wir können unsere Schuldgefühle öffentlich machen.

Es ist schwer, das niederzuschreiben. Zuerst, gleich nachdem es passiert war, wollte ich es allen erzählen, sie sollten wissen, daß eine Frau einen Angreifer besiegen kann. Aber seitdem zweifle ich an mir selbst. »Wäre ich nicht so blöd gewesen, dann wäre nichts passiert. Ich hätte es verhindern können.« Es ist traurig, daß eine Frau sich schuldig fühlt, wenn ein Mann seine Grenzen überschreitet und andere verletzen will. Das Folgende ist eine Tagebucheintragung, vier Tage nach dem Ereignis:
Ein Mann hat versucht, mich zu vergewaltigen. Ich las gerade Nancy Fridays *Die sexuellen Phantasien der Frauen*, spielte mit mir und versuchte, mich zu erregen. Ich hörte ein Geräusch draußen auf der Veranda und dachte, es sei Joe, mein Mitbewohner. Na wenn schon, sollte er mich ruhig so sehen. Jede/r masturbiert, das ist ganz natürlich. Anschließend machte ich das Licht aus, zeigte dabei meinen nackten Körper und kuschelte mich dann ins Bett.
Ein paar Minuten später hörte ich, wie jemand an meinem Fenster kratzte.

»Wer ist da?« fragte ich.
»Wohnt Lee hier?«
»Nein, versuch's mal nebenan. Hier gibt's keinen Lee.«
»Bist du Lees Freundin? Ich will 'n Joint kaufen.«
»Nein. Lee wohnt hier nicht.«
Ich beobachtete ihn durch die Vorhänge. Mein Bett stand in der Nähe des niedrigen Fensters, das zur vorderen Veranda hinausging. Er ging ein paar Schritte zurück und blieb dann stehen. Mit klopfendem Herzen wartete ich darauf, daß er wegging. Hätte ich etwas angehabt, dann hätte ich vielleicht das Fenster geschlossen oder das Zimmer verlassen oder sonstwas getan.
Er kam langsam zurück.
»Verschwinde«, sagte ich. »Dein Freund Lee ist nicht hier.«
»Ich will dich ficken«, sagte er.
Also so was! Ich mußte innerlich lachen. Kommt das dabei heraus, wenn man Vergewaltigungsphantasien liest? Unglaublich! Aus irgendeinem Grund hatte ich keine Angst mehr.
»Komm schon, ich hab gesehen, wie du mit dir gespielt hast. Jetzt laß mich dich ficken.«
»Nein, ich will nicht mit dir ficken.«
»Bitte!«
»He, um die Ecke ist ein Hund.«
»Warum sollte ich einen Hund ficken? Tut es dir nicht leid, daß ich keinen Sex kriege? Ich dreh noch durch.«
»Ist mir egal. Das ist dein Problem. Jetzt hau ab, oder ich rufe meine Mitbewohner.« Meine Stimme klang entschieden, er entfernte sich wieder, sagte dann aber: »Mein Schwanz ist über fünfundzwanzig Zentimeter lang. Besser als dein Finger.«
»Mir reicht er. Ich brauch dich nicht dazu. Du kannst mich nicht umstimmen. Es bleibt bei nein.«
Ich wollte diesem Typen irgend etwas klarmachen. Ich dachte, ich könnte ihn dazu bringen, mein »Nein« zu respektieren und abzuhauen. Aber er bettelte weiter. »Komm schon, das hat nichts mit Liebe zu tun, reiner Sex, danach hau ich ab.«
Einen Moment lang dachte ich darüber nach. Vielleicht wollte ich das tatsächlich. Aber ich spürte schnell ein starkes »Nein« in mir. Er gab nicht auf. »Magst du keinen Sex?«

»Nein. Geh weg.«
Bevor ich mich versah, hatte er das Fenster aufgestoßen, lag auf mir und hielt mir mit der Hand den Mund zu.
»He! Verschwinde. Das tut weh. Ich krieg keine Luft.«
Er versuchte, seinen Finger in meine Vagina zu stecken. Ich riß seine Hand von meinem Mund weg.
»Ich habe wirklich keine Lust dazu. Hau ab, hau ab!« Er hatte die Bettdecke weggezogen und fuhr mir grob zwischen die Beine. Ich wand mich und schrie und dachte, wenn ich weiterschreie, passiert mir nichts. Dann merkte ich, daß mein Mitbewohner mich nicht hörte. Na gut, dachte ich, ich schaffe das auch allein. Was kann Joe tun, das ich nicht auch kann?
»Hör auf zu schreien«, sagte er.
Warum schlug er mich nicht? Ich fing an, ihn zu treten, und trat immer weiter, und plötzlich war er nicht mehr auf mir, war nicht mehr im Bett, sondern aus dem Fenster raus und weg.
»Mach, daß du wegkommst, verdammt noch mal«, schrie ich ihm voller Wut nach und knallte das Fenster zu.
Uff! Ich zitterte am ganzen Leib, aber ich war gerettet. Ich zog meinen Bademantel an, rief die Polizei und weckte Joe.

Ich fühle mich jetzt, drei Monate später, während ich das alles in die Maschine tippe, immer noch schuldig. Warum habe ich nur so lange mit ihm geredet? Warum war ich nicht mehr auf meine Sicherheit bedacht?
Ich glaube, meine Verwundbarkeit in dieser Situation resultierte auch aus meiner sexuellen Vergangenheit. Mein Vater hatte mich sexuell mißbraucht. Niemand hatte mir beigebracht, nein zu sagen oder meinen Körper zu achten. Wenn ein Mann mit mir schlafen wollte, dann hieß das, er mochte mich und wollte nett zu mir sein.
Der Mann, der mich vergewaltigen wollte, wurde zwei Stunden später verhaftet, als er sich bei einem anderen Haus herumtrieb. Die Anklage wurde von versuchter Vergewaltigung auf sexuelle Nötigung reduziert; er erhielt drei Jahre Gefängnis. Fingerabdrücke, meine Beschreibung seiner Person und meine Tagebucheintragungen dienten als Beweise gegen ihn. Er bekannte sich schuldig.

Wie du mir, so ich dir

Nancy Rawles

Nancy Rawles wurde 1958 geboren, wuchs in Los Angeles auf und lebt zur Zeit in Chicago, wo sie am liebsten sonntags mit ihrer Netzkarte Hochbahn fährt. Vor allem schreibt sie Theaterstücke.

Als mir meine Worte später wieder einfielen, merkte ich, daß dem Mann, hätte er nur eine Sekunde lang innegehalten und nachgedacht, die Situation hätte absurd vorkommen müssen – *ich* bedrohte *ihn* –, und ich wäre heute vielleicht nicht in der Lage, davon zu berichten.

Es war überhaupt nicht komisch. Er drohte mir, mich zu vergewaltigen, und das war nicht im entferntesten lustig. Er kannte meinen Namen, und das machte mir furchtbare Angst. Aber ein paar Tage nach dem obszönen Anruf schlich sich langsam ein Lächeln auf meine Lippen. Und als ich die Geschichte meiner Freundin erzählte, verwandelte sich das alberne Grinsen in ein Kichern und dann in ein Lachen. In ein friedliches, schmerzvolles, stolzes Lachen.
Er rief nicht wieder an, und ich hoffe, er wird es auch nie wieder tun. *Ich* würde es nicht tun.
Ich drohte ihm mit jedem schrecklichen, grauenvollen Verbrechen, das mir einfiel – selbst mit Mord. Dann tat ich, als sei ich verrückt. Dann, als sei ich grausam. Und dann versuchte ich ihn davon zu überzeugen, daß ich sowieso nicht diejenige sei, mit der er sprechen wollte. Am Ende sagte er, *ich* sei krank.
»Ein Perverser ruft dich an und erzählt dir, du seist krank!« sagte ich zu meiner Freundin, und wir mußten beide kichern.
Aber an dem Tag, als es geschah, zitterte ich am ganzen Körper. Ich weinte ein wenig und lag lange Zeit vollkommen regungslos da; meine Gedanken rasten mit meinem Herzschlag um die Wette. Später kam meine Mutter vorbei, aber ich brachte es nicht fertig, ihr davon zu erzählen. Ich hatte zu viel Angst, sie würde sagen: »Warum

gibst du auch fremden Leuten deine Telefonnummer?« Das hätte ich nicht ertragen. Noch Tage danach meldete ich mich mit »*Bueno*« am Telefon, oder ich ging überhaupt nicht ran.
Kritzelte vielleicht jemand meine Nummer an die Klowände? Ich gebe keinen fremden Leuten meine Telefonnummer, nur Leuten, denen ich glaube vertrauen zu können. Ich war bestürzt und fühlte mich verraten. Wer könnte mir so etwas antun wollen?
Ich habe da einen leisen Verdacht. Jemand, der dort arbeitet, wo ich einmal gearbeitet habe, und dem ich ab und an zufällig begegne. Ein netter Mann, dachte ich jedenfalls. Ein begabter Mann, dem ich meine Telefonnummer gegeben hatte in der Hoffnung, später einmal künstlerische Ideen miteinander auszutauschen. Ein kräftiger Mann und, da bin ich sicher, fähig zu all den furchtbaren Erniedrigungen, die mir angedroht wurden. Ein einsamer Mann.
Er hatte mich tags zuvor angerufen, und wir hatten ein kurzes, freundliches Gespräch geführt. »Bis dann«, waren unsere letzten Worte, aber er fügte noch ein Postskriptum hinzu. »Ja. Und bis dahin wird mir wohl nichts anderes übrigbleiben, als über dich zu phantasieren.« Ich legte auf. Merkwürdig, dachte ich, er kennt mich kaum.
Ich saß an der Schreibmaschine, als das Telefon am nächsten Morgen klingelte.
»Hallo, Nancy. Wie geht's?«
»Ganz gut. Und dir?«
»Och, mir geht's gut. Viel los bei dir?«
»Eigentlich nicht.«
»Nicht? Schade.«
»Wer bist du?«
»Weißt du das nicht?«
»Nein. Wer bist du?«
»Dein Liebster.«
Ich werde rot. Von wegen mein Liebster! Vielleicht ein Freund, der sich einen Scherz erlaubt?
»Komm schon. Wer bist du?«
»Dein Liebster. Erkennst du mich nicht?«
Ich gerate in Panik. Das ist kein Freund von mir.
»Dein Liebster«, sagt er.

»Welcher?« frage ich.
»Der mit den zwanzig Zentimetern.«
Ich überlege. Was soll ich tun? Auflegen? Aber es ist jemand, der mich kennt, und ich will wissen, wer er ist. Ich will so sicher wie möglich sein, daß er derjenige ist, den ich in Verdacht habe. Seine Stimme soll sich in meine Ohren einbrennen; wenn ich sie je wieder höre – am Telefon, an der Tür, auf dem Gehweg hinter mir –, will ich sie sofort erkennen können, um ihrem eisigen Ruf zu entkommen.
Und er soll wissen, daß er mit mir nicht machen kann, was er will, daß ich kämpfen werde. Wie ich es schon früher getan habe.
In Chicago hatte ich einmal das zweifelhafte Vergnügen, die einzige Frau in der Hochbahn zu sein. Meine Arbeit in der Stadt dauerte manchmal bis spät abends, und in der Bahn Richtung Norden bis Evanston sind dann nur ein paar Geschäftsleute, ein paar Stadtstreicher und ich. Bei solchen Gelegenheiten versuche ich so unattraktiv und unberechenbar wie möglich auszusehen.
Nichtsdestotrotz kam während einer dieser Fahrten ein gutaussehender Mann auf mich zu und fragte, ob er sich neben mich setzen dürfe. Ich wollte das nicht, aber ich hatte Angst, ihn zurückzuweisen; es war so spät, und ich fühlte mich müde. Und wer weiß, vielleicht würde er mir ja beistehen, wenn ich plötzlich einen Verbündeten brauchte. Er redete und redete, ich hörte zu und sagte kaum etwas. Irgendwann im Laufe seines Monologes erwähnte er sein Ziel, und so wußte ich, wo er aussteigen mußte. Es war nicht meine Station, und darüber war ich froh.
Die Türen öffneten sich, und ich trat in die milde, süße Nacht hinaus, die nur vom Schimmer einiger matter Glühbirnen und dem Rascheln einiger Mäuse durchbrochen wurde. Ich stahl mich die Treppe hinunter auf die ruhige Straße. Kein Auto, keine Menschenseele in Sicht. Nur der Klang fester, männlicher Schritte hinter mir.
Meine Augen suchten wild nach jemandem, der mir hätte helfen können, nach einem Ort, wo ich mich hätte verstecken können. Nichts zu sehen. Ich hätte rennen können, aber bei dem zusätzlichen Gewicht meines Rucksacks hätte er mich rasch eingeholt. Wenn ich den Rucksack fallen ließ und fliehen würde, hätte er mich

immer noch bald genug gekriegt, und wenn er anhielte, um meinen Rucksack aufzuheben, würde er meinen Namen samt Adresse und Telefonnummer erfahren.
Nach Hause konnte ich nicht gehen, weil er mir vielleicht dorthin folgen würde. Und woher sollte ich wissen, ob dort jemand in der Nähe wäre, um mir zu helfen? Ganz klar, er hatte mich. Da gab es nur eins. Ich blieb stehen, drehte mich um und wartete auf ihn.
Er kam mir lächelnd entgegen. Ich begegnete seinem gierigen Grinsen mit dem starrsten Blick, der mir möglich war.
»Sie kehren jetzt um und steigen in den nächsten Zug«, sagte ich zu ihm. »Ich weiß, das hier ist nicht Ihre Station, also lassen Sie mich besser in Ruhe.«
Als mir meine Worte später wieder einfielen, merkte ich, daß dem Mann, hätte er nur eine Sekunde lang innegehalten und nachgedacht, die Situation hätte absurd vorkommen müssen – *ich* bedrohte *ihn* unterhalb der verlassenen Zuggleise –, und ich wäre heute vielleicht nicht in der Lage, davon zu berichten.
Aber er dachte nicht nach. Er wich zurück und gab vor, er hätte mich nur nach Hause bringen wollen. Ich starrte ihm nach, bis er oben auf der Treppe angekommen war. Dann machte ich mich davon.
Aus lauter Schiß tat ich mutig. Und jetzt, vier Jahre später, soll dieser terrorisierende Anrufer wissen, wessen Nummer er da gewählt hat.
Je widerwärtiger seine Worte werden, je feindseliger und vulgärer seine Beleidigungen, desto mehr wächst meine eigene Wut, bis ich es ihm Auge um Auge, Zahn um Zahn zurückgebe. Jeden verbalen Schlag, den er austeilt, pariere ich und übertreffe ihn an Boshaftigkeit. Ich bin so wütend und habe mich in letzter Zeit so ängstlich gefühlt, daß ich meinen gesammelten Haß auf seine drohende Stimme loslasse.
Mitten in meinen Haßtiraden merke ich, wie meine Aggressivität den gewünschten Effekt erzielt. Er tritt langsam den Rückzug an.
»Die Polizei wird dich ins Gefängnis werfen, wenn du das alles tust«, sagt er.
Ich lache laut auf. »Spinnst du? Glaubst du, die Polizei kümmert sich um dich?«

Schweigen. Er läßt noch ein paar beleidigende Schimpfworte los. Ich antworte nicht. Schließlich legt er auf.
Er hat aufgelegt. Das war immerhin etwas. Ich hatte ihm den Spaß an seinem feigen Anruf verdorben, und er hatte aufgelegt.
Sagt meine Freundin: »Du hättest nach seiner Nummer fragen sollen, damit du ihn zurückrufen kannst.«
Das nächste Mal.

Was ich von Mama gelernt habe

Kikanza Nuri Robins

Kikanza Nuri Robins lebt und arbeitet als selbständige Geschäftsfrau in Südkalifornien.

> Wenn du in dieser Weit leben und dich entfalten willst, stellst du fest, daß du ständig kämpfen mußt. Als Schwarze und als Frau muß ich gegen Rassismus und Sexismus kämpfen. Als Feministin muß ich darum kämpfen, mein neues Selbst zu behaupten, während die Ängste, Vorurteile und Wertvorstellungen meines alten Selbst noch da sind. Für mich gibt es einen Unterschied zwischen Überleben und Gewinnen. Wenn ich auf eine Krise nach besten Möglichkeiten reagiere, habe ich das Gefühl, den Kampf gewonnen zu haben.
> Wenn ich jedoch, gemessen an diesem Standard, nicht gewinne, aber mein Verhalten im Hinblick auf eine zukünftige, bessere Reaktion verändere, habe ich überlebt. Ich bin stolz darauf, mich zur Wehr gesetzt zu haben, und fühle mich froh und erleichtert, überlebt zu haben. Wenn ich gewinne, überrascht mich das zwar manchmal, aber ich fühle mich ganz entschieden als Siegerin.

Auf einen Drink in eine Bar zu gehen, war relativ neu für mich, sonst hätte ich mir vielleicht mehr Gedanken bei der Auswahl des Ortes gemacht. Victoria und ich hatten gerade die Fernsehaufzeichnung einer Talk-Show hinter uns. Der Titel lautete »Haben oder Nichthaben«, das Thema waren Kinder. Wir repräsentierten die schwarzen kinderlosen Frauen. Wir hatten uns erst bei der Talk-Show kennengelernt und beschlossen, in einem meiner Lieblingsrestaurants noch etwas zu trinken und uns zu unterhalten. In dieser Nacht lernte ich meine Lektion über Restaurants und Bars.
Das Restaurant war gemütlich, Essen und Bedienung gut. Ich nahm an, die Atmosphäre in der Bar sei ähnlich. Welch ein Irrtum! Die Bar

war der reinste »Fleischmarkt« – vollgestopft mit Leuten, die andere Leute kennenlernen wollten und sich dabei bemühten, cool und ansprechbar zugleich zu wirken. Als wir dort ankamen, fing es an zu regnen. Da Victoria später noch eine Verabredung hatte und uns in der Nähe nichts anderes einfiel, beschlossen wir zu bleiben.
Wir hatten kaum in unserer Sitzecke Platz genommen, als einer der Stammgäste zu uns kam, um uns zu begrüßen. Mein Hauptproblem bei Begegnungen dieser Art ist, daß meine Mutter mir eingeimpft hat, stets eine Lady zu sein. Ladys sind höflich. Sie antworten, wenn sie angesprochen werden. Und sie erheben weder ihre Arme noch ihre Stimme in der Öffentlichkeit. Die Lektion, die Victoria wiederum von ihrer Mutter gelernt hatte, war, nicht mit einem Fremden zu sprechen. Als Victoria und ich uns unterhielten, hielt ihr der Eindringling seine Hand hin. Sie sah ihn an, als sei er nicht ganz dicht. Als er sie nach ihrem Namen fragte, antwortete sie kühl: »Lisa.«
Keine Ahnung, warum ich so höflich sein muß. Vielleicht, weil ich einfach annehme, daß sich die Leute anständig benehmen, vor allem in der Öffentlichkeit. Das war die zweite Lektion, die ich an diesem Abend lernte. Nicht alle wissen, wie sie sich in der Öffentlichkeit zu benehmen haben. Ich schüttelte die mir entgegengestreckte Hand, wich aber dem Kuß aus, der mir zusammen mit dem Händeschütteln angeboten wurde.
»Wir sehen uns zum ersten Mal. Sie kennen mich nicht gut genug, um mich zu küssen«, erklärte ich. Dritte Lektion: Idioten schuldest du keine Erklärung.
»Ich wollte mich nur wie ein Gentleman benehmen.«
»Dann seien Sie einer – und gehen.«
»Was ist das für eine Art zu reden, Sister?« Warum werde ich eigentlich nur dann »Sister« genannt, wenn es beleidigend gemeint ist?
»So rede ich immer, wenn ich versuche, eine private Unterhaltung zu führen.«
An dieser Stelle beschlossen Victoria und ich die Du-bist-Luft-für-uns-Strategie auszuprobieren. Wir ignorierten ihn und vertieften uns wieder in unser Gespräch über die Beziehungen zwischen Schwarzen und Weißen.
Mr. Unsichtbar stand immer noch unverzagt an unserem Tisch.

»Meine Mama darf ich küssen«, verkündete er, als er quer über den Tisch langte und den Aschenbecher zu sich heranzog.
»Well, ahm not yo momma.« Der Ton meiner Stimme und der Wechsel in den ethnischen Dialekt deuteten an, daß ich, würde ich stehen, beide Hände in die Hüften gestemmt hätte. Dieser taktische Umschwung brachte den Mann in die Defensive. Er würde jetzt schon aufs Ganze gehen müssen, da er nicht vorhersehen konnte, was noch kommen würde.
Der Laffe drohte mir mit dem Finger. Das hieß soviel wie: »Was ist los mit dir, du Nutte?« Er öffnete seinen Mund, um einen Wortschwall loszulassen, aber ich kam ihm zuvor.
Ich schlug mit der Faust auf den Tisch, erhob mich – so gut es in einer Sitzecke geht –, brachte meine Nase vor seine und schrie in meinem besten Standardenglisch: »Muthafucker, geh mir aus den Augen!«
Die gesamte Bar verstummte bei meinem Ausbruch. Alle drehten sich um, um zu sehen, wer da gemeint war. Mehr noch, der Manager, drei Hostessen und zwei Barkeeper waren neben mir, noch bevor ich Luft holen konnte.
Ich hatte nicht geahnt, was in mir steckte, aber als ich an die Wand gedrängt wurde, hatte ich zurückgeschlagen und gewonnen. Dennoch hatte ich die Ermahnungen meiner Mutter, mich stets wie eine Lady zu benehmen, nicht vergessen. Als sie den Mann in den Regen hinauseskortierten, setzte ich mich wieder, wandte mich Victoria zu und sagte: »Entschuldige die Unterbrechung ...«

Im Kriegsgebiet

Linda Weltner

Linda Weltners Kolumne »Schluß mit der Bescheidenheit« erscheint jeden Freitag auf der »Heim und Herd«-Seite des *Boston Globe*. Sie hat zwei Jugendbücher geschrieben und wurde 1985 von der New England Women's Press Association zur Besten Kolumnistin gewählt. Sie ist Mutter zweier erwachsener Töchter und lebt zusammen mit ihrem Mann, einem Psychiater, in Marblehead, Massachusetts.

Das erste, was ich sehe, als die U-Bahn die Kendall Station verläßt, ist das Abzeichen auf dem Arm des Soldaten.

»Vietcong Hunters Club« steht um den Kreis herum gestickt. Innerhalb des Kreises befindet sich im Fadenkreuz eines Zielfernrohrs das Gesicht eines Asiaten mit gelbem Kulihut. Die feinen, schwarzen Linien kreuzen sich genau zwischen seinen Augen.

Das Abzeichen ist auf einen Khakiärmel aufgenäht, der sich in den Gang vor mir fortsetzt. Meine Augen gleiten zu den Manschetten hinunter. Eine kräftige, schwarze Hand kommt aus dem Ärmel zum Vorschein.

Ich schließe meine Augen.

Großer Gott. Wir leben in den Siebzigern. Ich dachte, der Krieg sei vorbei.

Ich fühle mich hilflos, mir dreht sich der Magen. Es ist Mittwoch nachmittag, und der Rassismus dieses verdammten Krieges begleitet mich in der U-Bahn, treibt wie ein Bakterienschwarm durch den Blutkreislauf dieses Landes, aber nur mein Blut beginnt aus Angst und Zorn schneller zu fließen. Ich wünschte, ich hätte den Mut, etwas zu sagen. Ich würde ihn gern zur Vernunft bringen, aber er ist sehr groß, und ich bin nicht so dumm, mir Ärger einzuhandeln.

Wir erreichen Harvard Square, und der U-Bahn-Wagen leert sich. Ich habe es eilig, wegzukommen und meine Lungen mit frischer

Luft zu füllen. Ich eile den langen Gang hinunter, der parallel zu den U-Bahn-Gleisen verläuft, bevor er nach links zu den Treppen zur Massachusetts Avenue abbiegt.

Verrückt, auch nur daran zu denken, einen Fremden in der U-Bahn anzusprechen, aber in meinem Kopf beginnt eine wütende Diskussion mit diesem Mann, dessen Gesicht ich nie zu sehen bekam. Ich habe das Bedürfnis, ihn in Abwesenheit zu überzeugen und die innere Erregung, die er in mir hervorgerufen hat, zu besänftigen, indem ich meine Gefühle in Worte kleide.

Auf der Mitte der Treppe spüre ich etwas von hinten gegen meine Beine streifen. Es dauert einen Augenblick, bis ich in die Wirklichkeit zurückfinde. Im ersten Moment bin ich genervt. Dann fällt mir meine Schultertasche ein, die hinter meinem Ellbogen hängt und jedem hinter mir zugänglich ist. Als ich meinen Arm herumschwinge, um sie an mich zu nehmen, stürzt sich der Mann von hinten auf mich.

Eine Hand schlängelt sich zwischen meine Beine und bringt mich leicht aus dem Gleichgewicht. Die andere preßt meine eine Schulter gegen die Wand. Alle anderen Fahrgäste haben bereits den Ausgang zur Straße erreicht. Der Bahnsteig unter mir ist still. Dies ist ein Ausgang; mir ist sofort klar, daß uns niemand entgegenkommen wird.

Meine Augen gleiten von der Hand auf meiner Schulter zu dem Abzeichen, das sich jetzt mit fast vorsätzlicher Grausamkeit direkt vor mir befindet. Ich kann meinen Blick nicht abwenden. Diese stummen, schwarzen asiatischen Augen starren blicklos in die Häßlichkeit dieses verlassenen, grauen, zementenen Lochs unter der Erde.

»Ich will mit Ihnen reden.« Meine Stimme ist eine Mischung aus Schreien und Knurren. Mit der freien Hand greife ich nach dem Abzeichen und zerknautsche es in der Faust, als ob es durch eine Verunstaltung aus meinem Gedächtnis verschwinden würde. »Warum, zum Teufel, laufen Sie mit so was herum? Wenn Sie ein Weißer wären, wären Sie dann im Ku Klux Klan? Würden Sie ein Abzeichen tragen, auf dem steht ›Nigger Hunting Club‹?«

Ich bin außer mir, meine eigene Sicherheit ist mir im Moment egal. Seine Hände auf mir spüre ich kaum. Das ist kein Trick, ich lasse

einfach meine ganze aufgestaute Wut und Frustration los. Als symbolisiere sein Abzeichen all das, wogegen ich seit Jahren kämpfe.
»Hör zu, Lady, ich komme gerade aus Nam zurück«, sagt er kurz mit übertriebenem Grinsen. Einen Moment lang zögert er verdutzt. Er hatte wohl eine bestimmte Reaktion von mir erwartet. Jetzt ist er verwirrt und hat seine ursprüngliche Absicht vergessen. Ich merke, wie sich seine Aufmerksamkeit jetzt auf meine Worte richtet. »Die Typen haben versucht, mich umzubringen, verstehst du?«
»Ich spreche nicht vom Krieg. Ich spreche noch nicht einmal von Mord.« All meine eben einstudierten Worte sprudeln hervor. »Ich rede davon, daß das Ganze wie ein Sport betrieben wird. Oben in Gloucester haben sie die Indianer wie Tiere gejagt, sie durch die Wälder verfolgt und sie aus Spaß abgeknallt. Verdammt noch mal! Wie kannst du da mitmachen?«
Er weicht zurück und hebt beide Hände hoch, als wolle er sich ergeben.
»Das siehst du falsch«, fängt er an. Er will sich verteidigen, landet aber bei einer Beschreibung seiner traurigen Lage: die Freundin verloren, Wohnungsprobleme, Isolationsgefühl. Während ich ihm zuhöre, kommt die nächste U-Bahn an. Ich ergreife die Gelegenheit, um aus dieser versteckten Ecke unterhalb des Ausgangs herauszukommen.
»Ich kann dich nicht hören«, sage ich, ohne das groß vortäuschen zu müssen. »Laß uns weitergehen.« Ich nehme ihn beim Arm und führe ihn die Treppe hinauf, ohne die Unterhaltung zu unterbrechen, bis wir oben auf dem Bürgersteig stehen. Um uns herum streben die Leute ihren Zielen zu. Ich bin nicht mehr mit ihm allein.
»Hör zu«, fange ich wieder an. So merkwürdig es ist, ich bin in diese Unterhaltung verstrickt. Als sei es lebenswichtig für mich, daß er versteht, worauf ich hinauswill. »Ich weiß, es war die Hölle da drüben, und die Vietcong haben versucht, dich zu töten, aber wenn du andere Menschen als Untermenschen betrachtest, dann bist du nicht besser als die Weißen, die so über die Schwarzen denken. Damit erniedrigst du dich selbst.«
»Ich weiß, was du meinst«, sagt er. Es sieht nicht so aus, als wolle er sich über mich lustig machen. »Ja, ich weiß.«
Diesmal scheine ich wirklich seine Aufmerksamkeit gewonnen zu

haben. Ich versuche aus dem Ausdruck seiner Augen klug zu werden, aber die Drahtbrille mit den getönten Gläsern trotzt meinem Versuch, in ihnen zu lesen. Ich habe nicht die leiseste Ahnung, was er denkt.

»Seit wann bist du aus Vietnam zurück?«

»Erst seit ein paar Wochen.«

»Hast du 'n Job?«

»Ja, bei einem Schreiner. Das heißt, ich fang morgen an.«

»Ist das was, was du tun willst?«

Pause. Wir wissen beide nicht genau, worüber wir eigentlich reden. Wundern uns darüber, daß wir überhaupt miteinander reden. Ich weiß nicht, wie ich die Unterhaltung abbrechen kann. Er auch nicht, wie es scheint.

»Nein. Nein, aber ich bin froh darüber. Vielleicht geh ich wieder zur Schule, aber jetzt geht das noch nicht. Ich brauche Zeit, um die Scheiße hinter mich zu bringen, und der Job hilft mir dabei.«

»Das freut mich für dich.« Das tut es wirklich. Ich lege meine Hand auf seinen Arm. Er sieht weg, dann blickt er mich wieder an.

»Hör zu, ich werde das Ding wahrscheinlich heute abend abmachen«, sagt er hinter seinen schwarzen Gläsern.

»Ich bin mit jemandem verabredet«, erkläre ich, wende mich um und gehe die Straße Richtung Lamont Library hinunter. Meine Beine sind wackelig. Mir fällt ein, daß während der fünf Minuten, die wir auf der Treppe gestanden hatten, kein einziger Mensch vorbeigekommen war. Mir ist nichts passiert, weil ich mich geweigert hatte, mich als sein Opfer zu sehen. Aber jetzt kann ich es.

Ich bin froh, daß außer mir keine weiteren PatientInnen im Wartezimmer meines Psychiaters sind, und mache es mir in einem Liegestuhl bequem. Der *New Yorker*, den ich flüchtig durchblättere, zittert in meinen Händen, als mir plötzlich einfällt, daß die Soldaten schon seit Jahren aus Vietnam zurück sind. Was an seiner Geschichte war sonst noch alles gelogen? Hätte ich schreien oder nach einem Polizisten Ausschau halten sollen? Es war meine eigene Schuld, in die Mitleidsfalle gelaufen zu sein.

Zugleich fühle ich mich als Siegerin. Nicht schlecht, mich aus so einer gefährlichen Situation herauszureden. Ich war der Sache gewachsen gewesen, ich hatte die Initiative übernommen. Ich könnte

mich fast daran berauschen, wie gut ich alles im Griff gehabt hatte. Eigentlich bin ich sehr stolz auf meine rasche Reaktion.
»Die öffentlichen Verkehrsmittel sind alles andere als ein Vergnügen, aber mir fehlt nichts«, sage ich, als mein Psychiater in der Tür seines Sprechzimmers erscheint. »Mir geht's gut, glaube ich.«

Zwei Wochen später, an einem warmen, sonnigen Spätnachmittag in Cambridge. Der Fahrstuhl in dem Gebäude, in dem sich die Praxis meines Psychiaters befindet, hat eine leuchtend orangefarbene Tür. Daneben ist eine dunkle Glaswand, in der du dich posierend und grimassenschneidend sehen kannst, während du auf den Fahrstuhl wartest.
Als die Tür aufgleitet, guckt ein gutgekleideter Schwarzer um die Fünfzig heraus; er ist genauso erstaunt darüber, im Foyer zu sein, wie ich darüber, jemanden in dem normalerweise leeren Fahrstuhl vorzufinden.
In meinem Kopf gehen die Alarmlichter an. Sie spiegeln sich in meinem Gesicht und in meinem Zögern wider. Die Frau im Spiegel bewegt sich nicht. Soll ich höflich sein und mich selbst mit einem Fremden einschließen? Oder soll ich mich schützen, vorsichtig, wenn nicht gar unhöflich sein und nicht hineingehen?
Ich bin in meiner Unsicherheit gefangen. Er ergreift die Initiative.
»Wollen Sie auch runter?« fragt er.
»Nein, rauf«, erwidere ich erleichtert.
Diese Lösung verletzt keinen von uns. Ich kann warten. Ich kann den Fahrstuhl nehmen, wenn er zurückkommt. Aber Rassismus trotzt vernünftigen Lösungen. Er verläßt den Fahrstuhl mit einem zuvorkommenden Nicken.
»Dann gehe ich zu Fuß«, sagt er und überläßt mir das Recht, den Fahrstuhl ohne Warten zu nehmen, womit er zugleich die Tatsache anerkennt, daß ich Angst habe, einen Fahrstuhl zu betreten, in dem er sich befindet. Ich fühle mich beruhigt. Aber nun sieht alles so verletzend und überflüssig aus. Als er durch die Tür zur Treppe verschwindet, möchte ich mich am liebsten irgendwie entschuldigen.
Vor mich hin brütend drücke ich auf den Knopf zum fünften Stock. Als der Fahrstuhl sich daraufhin abwärts bewegt, weiche ich von der

Tür zurück und drücke mich in die hinterste Ecke. Ich bin auf der Hut, aber ich habe keinen Plan. Ich stelle mir vor, wie er unten im Keller auf mich wartet. In meinem Kopf ist nichts außer der zynischen Überzeugung, daß sein Nachgeben, das Verhalten, das ihm meine Sympathie eingebracht hatte, seine bösen Absichten nur verdecken sollte.

Die Türen öffnen sich auf einen Gang, grau, kalt und leer. Als sie sich wieder schließen und der metallene Kasten leise nach oben schwirrt, wird mir klar, daß der Fahrstuhl lediglich auf seine ursprüngliche Anweisung reagiert hat.

Singing in the Rain
Irene van der Zande

Irenes Geschichte beschreibt ein Erlebnis im Jahre 1971, als sie unentgeltlich als Sozialarbeiterin für VISTA, *Volunteers in Service to America*, im Indianerreservat Omaha arbeitete und lebte. Seitdem engagiert sie sich für die Entwicklung und Finanzierung kommunaler Sozialprojekte. Vor kurzem wurde sie Vorstandsmitglied eines gemeinnützigen Vereins zur Förderung von »Model Mugging«, einem speziellen Selbstverteidigungtraining.
Nach ihrer Arbeit in Omaha trampte Irene durch verschiedene westeuropäische Länder. Unterwegs lernte sie einen Holländer kennen. Beide haben jetzt eine achtjährige Tochter und einen fünfjährigen Sohn.

Das Schöne daran, im strömenden Regen zu singen, ist, daß niemand dich hören kann. Vor allem bei einer Stimme wie meiner. Also sang ich laut und unbekümmert und spülte das Geschirr, das sich im Laufe einer Woche angesammelt hatte. Der auf das Metalldach meines Wohnwagens niederprasselnde Regen begleitete mich mit ohrenbetäubendem Lärm. Die warme Lauge spritzte überall hin, und der Berg sauberen Geschirrs wuchs.
Ich weiß nicht, wie lange ich brauchte, bis ich merkte, daß jemand gegen die Tür meines Wohnwagens hämmerte. Mit nassen Händen ging ich zum Fenster und sah hinaus. Vor den Stufen, die zur Tür führten, stand ein Mann. Sein schwarzes Haar war klatschnaß. Das Wasser rann ihm in Strömen über das Gesicht. Die Wohnwagen und Baracken des Omaha-Reservates hinter ihm schienen in einem Meer von Matsch zu ertrinken.
Er starrte mich durch das Fenster an und rief: »Lassen Sie mich rein!«
Ich dachte daran, daß ich allein war. Meine Mitbewohnerin war übers Wochenende verreist. Die Leute aus der Wohnwagensiedlung

waren alle zu einem Krankenbeschwörungsritual gegangen. »Ich habe zu tun«, rief ich laut, damit er mich hören konnte.
Er sah mich aus dem strömenden Regen heraus flehentlich an. »Ich brauche Hilfe«, rief er. »Sie sind von der VISTA. Es ist Ihre Aufgabe, anderen zu helfen.« Na ja, dachte ich, wenn ich nicht für andere da bin, wenn sie mich brauchen, dann habe ich hier tatsächlich nichts zu suchen. Ich machte die Tür auf.
Er kam rasch herein und schlug die Tür hinter sich zu. »Gib mir deinen Stoff!« sagte er. »Ich brauche dringend was.«
»Wovon redest du? Hier gibt's keine Drogen!« Ich konnte meinen Blick nicht von seinen Händen losreißen, die auf den Messern lagen, die ich zum Trocknen auf dem Tisch ausgebreitet hatte.
Er baute sich in dem winzigen Wohnwagen vor mir auf.
»Du bist doch ein Hippie, oder? Alle Hippies kiffen.«
»Im Ernst, du irrst dich.« Ich versuchte, ruhig zu klingen, und unterdrückte den rasenden Wunsch zu schreien. Ich sagte mir, es sei sowieso niemand da, der mich hätte hören können, und wenn ich mich so benähme, als wolle er mir etwas tun, dann würde er mir auch etwas tun. Irgendein Teil meines Gehirns dachte verschwommen, wie wütend meine Eltern sein würden, nachdem sie mich immer wieder gewarnt hatten, nie, nie, nie einen Fremden hereinzulassen. Ich hoffte, ich würde nicht herausfinden, ob es wirklich so schlimm war, zerstückelt zu werden, wie sie immer gesagt hatten.
Der Mann starrte mich an. Seine Augen zogen sich zu schmalen Schlitzen zusammen. »Ich mach keine Witze. Her mit dem Zeug, und zwar sofort!«
»Hör zu«, sagte ich bestimmt, »es gibt hier keine Drogen.«
Seine Finger schlossen sich langsam um eines der Messer. Ich weiß nicht, wie, aber ich brachte ein warmes Lächeln und eine aufmunternde Stimme zustande. »Aber es gibt Tee. Du frierst und bist naß, und du hast gesagt, du brauchst Hilfe. Warum setzt du dich nicht. Ich mache dir eine Tasse Tee, und du erzählst mir alles.«
»Du trinkst auch welchen«, sagte er. Als er saß, war er immer noch größer als ich im Stehen. Ich machte Wasser heiß und begann den Tisch abzuräumen.
»Was machst du da!« schnauzte er mich an und griff wieder nach dem Messer.

»Wir brauchen Platz für die Tassen«, erklärte ich. Ich versuchte, das Messer zu ignorieren und so zu tun, als sei er nur ein junger Mann, der mit mir reden wollte. »Also«, sagte ich und versuchte teilnahmsvoll statt ängstlich zu klingen, »was ist passiert?«
Er trank seinen Tee in großen Schlucken und verbrannte sich dabei ein wenig den Mund. Seine Augen füllten sich mit Tränen. »Ich wollte Schriftsteller werden«, sagte er. »Mein Lehrer sagte, ich sei vielversprechend.«
Plötzlich war meine Teilnahme echt. »Ich schreibe auch gerne.«
»Wirklich?« fragte er und schien mich zum ersten Mal richtig wahrzunehmen. Dann verdunkelten sich seine Augen. Er legte seine Hand auf das Messer und fragte: »Wo ist hier das Schlafzimmer?«
»Trink noch eine Tasse Tee«, sagte ich rasch. »Und erzähl mir, worüber du gerne schreibst.«
»Du trinkst auch«, sagte er.
»Ich hab schon genug.« Meine Blase platzte gleich, aber nichts auf der Welt hätte mich dazu gebracht, den Gang entlang zum Bad zu gehen. Das Bad lag direkt neben dem Schlafzimmer.
»Du mußt mit mir zusammen trinken!« Er war aufgeregt. Mir fiel ein, daß die Omaha-IndianerInnen, die ich kannte, ungern allein tranken oder aßen.
»Also gut.« Ich goß uns beiden eine Tasse Tee ein. »Erzähl mir jetzt, was passiert ist.«
»Ich wurde nach Vietnam geschickt.« Er seufzte.
Er redete und trank drei Stunden lang. Ich mußte mittrinken, Tasse für Tasse. Zeitweise entspannte er sich und erzählte. Dann wieder veränderten sich seine Augen, und er griff erneut nach dem Messer. Ich stellte eine weitere Frage. Und er redete wieder. Einmal dachte er, ich sei sein Sergeant, stand auf, schwang das Messer und schrie mich an: »Jetzt habe ich dich! Du Scheißkerl!«
Ich stand auf und schrie zurück. »Ich bin nicht dein Sergeant! Es ist vorbei! Es war furchtbar, aber es ist vorbei!« Er schüttelte den Kopf, seine Augen wurden klar, und er war wieder zurück aus Vietnam.
»Du hast eine Menge zu erzählen«, sagte ich. »Warum schreibst du es nicht auf?«
Wir tranken noch eine Tasse Tee und redeten weiter.
Der Nachmittag war fast um. Ich war ausgelaugt. Meine Blase

schmerzte. Aber ich redete weiter und durchforstete mein Gehirn auf der Suche nach der nächsten Frage. Dann klingelte das Telefon.
»Die werden sich Sorgen machen, wenn ich nicht rangehe«, sagte ich und hob den Hörer ab.
Die VISTA-Sozialarbeiterin aus der nächsten Stadt war am anderen Ende. »Ann, du kommst zu spät zu unserem Treffen«, sagte ich.
Sie wußte, es gab kein Treffen. »Hast du irgendein Problem?« fragte sie.
»Ja«, sagte ich.
»Ist jemand bei dir?«
»Ja.«
»Bin schon unterwegs.«
Ich lächelte den Mann an. »Unsere Unterhaltung war interessant, aber wir müssen bald Schluß machen. Ein paar Leute sind unterwegs hierher zu einem Treffen.«
Als Ann kam, ging er. Der Regen hatte aufgehört. »Ich hoffe, du fängst wieder an zu schreiben«, sagte ich zu ihm.
»Vielleicht«, erwiderte er. Er stapfte durch den Matsch davon. Ich habe ihn nie wiedergesehen.
Jahre später erzählte ich diese Geschichte in meinem Selbstverteidigungskurs.
»Wer weiß«, sagte eine der Teamerinnen. »Vielleicht hast du sein ganzes Leben verändert, indem du ihn zum Reden gebracht hast, anstatt ihn angreifen zu lassen.«
Ich habe da meine Zweifel. Ich kann es nur hoffen.
Aber viel zu viele Jahre vergingen, bevor ich wieder so im Regen singen konnte.

III Intuition und Willenskraft

Einleitung

Weibliche Intuition – man lacht über sie, verläßt sich auf sie, verhöhnt sie. Von Männern heißt es, sie seien logisch, rational, unkompliziert und geradlinig, während Frauen angeblich nach Gefühl und aufgrund vager Eingebungen handeln. Die Geschichten in diesem Kapitel zeigen, welch praktisches Werkzeug Intuition – durch starken Willen genährt – für Frauen bei einem Angriff sein kann.

Intuition ist keine mysteriöse Kraft ohne Bezug zur Alltagswirklichkeit. Im Gegenteil: Die Intuition erwächst aus dem, was von einer Minute zur anderen geschieht. Sie ist nichts anderes als bewußte *Wachsamkeit*, wenn sich die Sinne auf die Wahrnehmung auch der kleinsten Geräusche und Bewegungen konzentrieren. Wenn sich eine Frau ihrer Intuition bedient, auf ihre Intuition *hört*, achtet sie – wie ein Tier im Wald – auf alles in ihrer Umgebung, um im richtigen Moment zu handeln.

Diese Kombination von bewußter Wachsamkeit – Intuition – und Bereitschaft, im richtigen Moment zu handeln – Willenskraft –, liegt jeder erfolgreichen Selbstverteidigung zugrunde. Egal, für welche Abwehrstrategie eine Frau sich entscheidet, ohne diese fundamentalen Hilfsmittel kommt sie nicht aus. Das Spannende ist, daß wir alle über diese Hilfsmittel verfügen. Ihr Einsatz kann in Selbstverteidigungs- oder anderen Kursen verfeinert und trainiert werden, im Prinzip aber sind sie jederzeit abrufbar. Intuition und Willenskraft halten uns im Alltag im wahrsten Sinne des Wortes am Leben. Sie helfen uns in allen Lebensbereichen, Situationen richtig einzuschätzen und vernünftig zu handeln.

Allerdings ist es nicht immer leicht, auf die Stimme der Intuition zu hören. Wenn wir keinen handfesten Beweis für ihre Richtigkeit haben, reden wir uns unsere Eingebungen oft aus. »Eine Szene machen« gilt in vielen Gesellschaften als anstößig; deshalb wollen sich viele Frauen erst absolut sicher sein, daß da wirklich etwas nicht stimmt, bevor sie handeln. Aber wir zögern oft, unser warnendes Gefühl auf seine Richtigkeit hin zu überprüfen. Bist du schon mal die Straße hinuntergegangen, wissend, da geht jemand hinter dir, und hast dich dennoch nicht umgedreht, um ihm ins Gesicht zu sehen, weil deine Besorgtheit dann offensichtlich geworden wäre? Und doch reicht es oft aus, sich einfach umzudrehen und dem potentiellen Angreifer die Stirn zu bieten, um ihn abzuschrecken. Wenn du deinen Standpunkt – im wörtlichen Sinne – behauptest und jemandem direkt in die Augen blickst, dann sagst du damit: »Hier bin ich. Ich habe ein Recht auf dieses Stück Bürgersteig. Ich weiß, du folgst mir. Bleib mir vom Leib.«

Manchmal spielen Intuition und Willenskraft mit, ohne daß sich die Frau dessen bewußt ist. Sie stellt plötzlich fest, daß sie sich verteidigt, ohne klar zu wissen, was sie tut. In »Intuition einer Südstaatlerin« merkt Denise Caignon, daß sie, ohne es geplant zu haben, etwas tut, um einen Taxifahrer loszuwerden. Als hätte ein weiser, instinkthafter Teil ihres Wesens, aus der Tiefe ihres Unbewußten, die Kontrolle übernommen.

Mehrere Geschichten in diesem Kapitel handeln von Angriffen im Auto. Für viele von uns sind Autos wie Erweiterungen unserer selbst, wie kleine Zweitwohnungen auf Rädern. Wenn eine Frau in ihrem eigenen Wagen überfallen wird, fällt es ihr unter Umständen leichter, Wut und den Willen zur Gegenwehr aufzubringen, da ohne jeden Zweifel jemand gewaltsam in ihre persönliche Sphäre eindringt. Ein Auto ist ein kleiner, geschlossener Raum. Wenn eine Frau im Auto überfallen wird, fühlt sie sich rasch in die Ecke getrieben, und das Gefühl, in der Falle zu sitzen, scheint intuitive und enorm präzise Fluchtpläne hervorzubringen.

Intuitiv zu reagieren heißt auch, flexibel zu reagieren, da sich – wie alles im Leben – die Angriff/Verteidigungssituation jeden Moment verändern kann. Der Angreifer kann seine Strategie praktisch andauernd wechseln. Die Frau muß flexibel genug sein, ihre eigenen Taktiken so oft zu ändern, wie es die Situation verlangt.

Die Art, wie manche Frauen sich an das Vorgefallene erinnerten und es aufschrieben, ist der beste Beweis für die Macht der Wachsamkeit. Unterschwellige Änderungen im Verhalten des Angreifers, ein sich plötzlich bietender Fluchtweg – alle Einzelheiten der Situation werden registriert. Jane Polansky erinnert sich in »Eine Frau mit Verstand und Courage« an die Würfel, die auf dem Arm ihres Angreifers eintätowiert waren – bis hin zur Augenzahl der einzelnen Würfel. Einige Frauen führen innere Selbstgespräche, die ihnen helfen zu entscheiden, wann es Zeit zum Handeln ist: »Nanu, was ist jetzt los? Er hat meinen Arm losgelassen, also kann ich abhauen.« Solche inneren Selbstgespräche dauern oft nur den Bruchteil einer Sekunde.

Intuition zeigt oft einen Ausweg. Als Pat Deer in »Das ging ins Auge« von einem Fremden am Strand belästigt wird, nimmt sie ihm »ohne bewußten Plan« seine Brille ab. Als er sie zurückverlangt, gibt sie sie ihm, sieht, wie er jetzt mit beiden Händen beschäftigt ist, entscheidet »jetzt oder nie« und handelt. In »Die Lektion der drei Böcke Brausewind« spürt Kathleen Zundell einen »Instinkt zur Selbsterhaltung – ein Gefühl mitten aus dem Bauch heraus«, das ihr die Kraft gibt, ihren beiden Angreifern zu entkommen.

Selbst mit Situationen, in denen alles gegen sie spricht, können Frauen allein mit Hilfe ihrer Willenskraft fertig werden. In »Der Wille zum Überleben« wird Jerilyn Munyon von einer »Kraft jenseits des Physischen« angetrieben – von der gleichen legendären Kraft, die Mütter besitzen, wenn sie unglaublich schwere Gegenstände heben, um ihre Kinder zu befreien.

Wenn uns jemand angreift, steigen in uns ganz natürliche Wutgefühle auf. Diese Gefühle können Frauen dazu nutzen, ihre Verteidigung anzufeuern, ihren Willen in Handeln umzusetzen. Das Gefühl, auf irgendeine Weise vergewaltigt zu werden, kommt manchmal in einer plötzlichen, explosiven Reaktion zum Ausdruck, die den Angreifer überrascht. Und Überraschung ist eine der wirksamsten Selbstverteidigungstechniken. Plötzlich zu schreien: »Ich hasse dich! Laß mich in Ruhe!« – so wie Kitty Geneva in »Kampf im Park« – oder sich im richtigen Moment loszureißen, kann einen Angreifer dermaßen aus dem Konzept bringen, daß er sich nur noch umdrehen und weggehen (oder wegrennen) kann.

Wir hoffen, daß du, wenn du das nächste Mal »nur so ein Gefühl« oder »irgendwie eine Ahnung« hast, das ernst nimmst. Eingebungen und Gefühle – und unsere Reaktion darauf – gehören mit zu den besten Selbstverteidigungsmitteln, die wir haben.

Eine Frau mit Verstand und Courage

Jane Polansky

Jane Polansky (Name geändert) ist heute 31, stammt aus einem New Yorker Vorort und lebt seit 1981 in Philadelphia. Zur Zeit des Überfalls war sie ledig; heute ist sie mit dem Mann, mit dem sie damals zusammenlebte, verheiratet. Sie arbeitet im Bankgeschäft und hat einen kleinen Sohn.

> Ich dachte immer, so etwas passiert Frauen wie mir nicht – jung, stark, gebildet, »schick« gekleidet, an einem wunderschönen klaren Nachmittag, an einer Straßenecke mit Leuten in der Nähe, die willens waren, sich einzumischen. Als ich nach dem Angriff mit meinen Freundinnen sprach, stellte ich fest, daß sich die landesweite Statistik in meinem eigenen Freundinnenkreis widerspiegelte. Von fünfzehn Frauen waren sechs angegriffen worden, eine mehr als einmal. Damit muß Schluß sein!

Meine Geschichte beginnt 1982, am Spätnachmittag des 4. Juli, des Nationalfeiertages. Mein Verlobter und ich wollten seine Eltern besuchen. Während er vor unserem Apartmenthaus wartete, ging ich mein Auto holen.

Der Wagen war um die Ecke in einer kaum belebten Straße geparkt. Gegenüber war ein Spielplatz, der an diesem Nachmittag voller Kinder war.

Auf meinem Weg zum Wagen war ich ausgesprochen guter Dinge. Ich blieb unterwegs stehen, um mit einem kleinen Hund zu spielen, der auf der gegenüberliegenden Straßenseite angebunden war. Als ich mich aufrichtete, um die Straße zu überqueren, rief mich ein Mann von der Straßenecke her an. Er fragte mich nach dem Weg zu einem Ort, der ziemlich weit weg war. Ich war mir nicht ganz sicher, aber nach einigem Nachdenken gab ich ihm eine genaue Beschrei-

bung. Da er meinen Anweisungen zufolge an meinem Auto vorbeimußte, machte ich mir keine Gedanken, als er näher kam.
Er wirkte sehr durcheinander und unsicher. Ich fühlte mich bedroht, weil er nicht ganz »dicht« zu sein schien. Aber ich schob das beklemmende Gefühl beiseite, schließlich wußte ich, daß mein Verlobter auf mich wartete und daß sich drüben auf dem Spielplatz viele Leute befanden. Davon abgesehen war es halb sechs an einem wunderschönen, klaren, heißen Feiertag, und einer wohlhabenden Frau wie mir passierte so etwas einfach nicht. Ich war stark, konnte es mit allem aufnehmen und hatte alles unter Kontrolle; ich hatte keine Lust, mir Sorgen zu machen.
Außerdem hatte ich – wie ich zu meiner Schande gestehen muß, denn das ist rassistisch – nicht so viel Angst vor dem Mann, weil er ein Weißer war. Mein Wohnbezirk ist ein »Grenzbezirk«; nur einen Häuserblock weiter wohnen viele arme Schwarze. Schwarze und Weiße der Mittelschicht waren in diese Gegend gezogen und begannen den Bezirk »aufzuwerten«. Wäre der Mann ein Schwarzer gewesen, wäre ich vermutlich mißtrauischer gewesen. Aber das sind alles Gedanken im nachhinein, die nur zeigen sollen, warum ich bereit war, mein ungutes Gefühl beiseite zu schieben.
Ich schloß die Wagentür auf und öffnete sie. Was danach geschah, weiß ich nicht mehr so genau, aber ich glaube, ich stieg ins Auto und wollte gerade die Tür schließen, als sie aufgerissen wurde, der Kerl einstieg und mich auf den Nebensitz schubste. Das hört sich einfach an, war es aber nicht. Zum einen hatte der Wagen Schalensitze, zwischen denen sich Gangschaltung und Handbremse befanden. Zum anderen schrie und trat und kämpfte ich. Tatsächlich fand ich später große Beulen in der Wagentür, die zeigten, daß ich das alles nicht nur geträumt hatte.
Ein Nachbar hörte mich das erste Mal schreien und trat auf seine Sonnenterrasse im zweiten Stock hinaus, um zu sehen, was los war. Aber als er heraustrat, waren mein Angreifer und ich bereits im Inneren des Wagens, der direkt unter seiner Terrasse stand, so daß er uns nicht sehen konnte. Und die Fenster des Wagens waren geschlossen, so daß er meine weiteren Schreie nicht hören konnte.
Hier war ich also. Mein Angreifer sagte, ich solle den Mund halten, sonst würde er mir »wirklich weh tun«. Ehe ich mich versah, saß ich

auf dem Beifahrersitz, und meine Beine lagen quer über seinem Schoß. Er saß auf dem Fahrersitz und drückte meine Beine mit den Armen nach unten. Ich sagte, okay, ich würde nicht schreien, wenn er mir nichts täte. Ich suchte nach einer Waffe, aber ich sah keine, also konnte er mich schlimmstenfalls schlagen. Allerdings war er viel größer als ich und hätte mich verletzen können.

Ich sagte ihm, ich hätte große Angst und mir sei so etwas noch nie passiert. Er sagte: »Ach, komm schon, du bist doch schon mal gebumst worden«, und ich sagte: »Nur von meinem Mann.« Ich spielte auf Zeit und überlegte, was ich tun könnte. Mir war klar, mit Gewalt kam ich nicht weit, also mußte ich es mit einer List versuchen. Mein Verlobter würde mich schließlich vermissen und suchen. Ich mußte versuchen, die Situation so weit wie möglich in den Griff zu bekommen.

Er drehte den Schlüssel im Zündschloß, aber mein treues altes Auto weigerte sich, anzuspringen. Dann verlangte er von mir, meine Rückenlehne nach hinten zu kippen, aber das hätte mich körperlich vollends benachteiligt. Ich wies ihn darauf hin, daß mein Wagen sehr alt sei, wie der Fehlstart zeige, und daß der Sitz kaputt und die Rükkenlehne nicht kippbar sei. Allerdings sagte ich ihm auch, daß *seine* Lehne verstellbar sei, um *mir* damit einen körperlichen Vorteil zu verschaffen. Er kippte seine Rückenlehne zurück, ohne aber seinen Griff von meinen Beinen zu lösen.

Ich sagte, es sei heiß im Wagen, und versuchte, mein Fenster zu öffnen, weil ich dachte, ich könnte dann schreien und gehört werden. Er drohte mir, also ließ ich es. Dann beugte er sich über mich, machte sich daran, mein Top herunterzuziehen, meine Brüste zu befummeln und an ihnen zu saugen. Ich sagte ihm, die Kinder könnten uns sehen, und das sei nicht gut für sie. Er sagte, ich solle die Klappe halten; es würde nur ein paar Minuten dauern.

Ich fragte nach seinem Namen, weil ich dachte, ich brauchte ihn später für die Strafverfolgung (denn mich sollte der Teufel holen, wenn ich ihn so davonkommen ließ), und er nuschelte: »Bill.« Dann sah ich zwei Tätowierungen auf seinem linken Arm. Die eine lautete »Mike und Lisa«, die andere zeigte ein Paar Würfel. Ich wußte also, daß sein richtiger Name Mike war. Und da er diese beiden Tätowierungen nicht verschwinden lassen konnte, meißelte ich sie so tief in

mein Gedächtnis ein, daß ich noch im Zeugenstand wußte, wie viele Augen auf welchem Würfel waren.
In diesem Augenblick fing er an, mir die Hose zu öffnen. Großer Gott, dachte ich, das darf doch nicht wahr sein, das darf ich nicht mit mir machen lassen. Mir wurde klar, daß ich nur rauskam, wenn ich meine Beine von ihm losbekam. Ich durfte das nicht mit mir geschehen lassen. Also sagte ich ihm, es wäre viel einfacher, wenn er mich helfen ließe. Er ließ mich meine Beine zur Seite schwingen, hielt mich aber am Arm fest. Ich sagte ihm, daß ich meine Sandalen abstreifen würde, um leichter aus meiner Hose herauszukommen. Er ließ mich kurz los und sah zu, wie ich meine Sandalen auszog. Und plötzlich, als meine Hände zur Hüfte gingen, um die Hose herunterzuziehen, lehnte er sich im Fahrersitz zurück. Ich weiß nicht mehr, ob ich das gesehen habe, aber ich wußte, er klebte nicht mehr an mir. Alles weitere geschah sehr schnell.
Wenn ich etwas unternehmen wollte, dann jetzt. Ich warf mich zur Tür herum, aber die war verriegelt. Das Schloß funktionierte normalerweise nicht richtig, aber irgendwie schaffte ich es, die Tür in einem Zug zu entriegeln und zu öffnen; und dann spurtete ich los.
Nachdem ich im Auto relativ klar gedacht hatte, tat ich merkwürdigerweise nun etwas Dummes. Ich rannte die einsame Straße hinunter, *weg* vom bevölkerten Spielplatz. Vielleicht, weil ich meinen Verlobten aus dieser Richtung erwartete. Wie dem auch sei, ich rannte. Solltest du dich, so wie ich es oft tat, fragen, wie eine Frau in einer gefährlichen Situation ohne das richtige Schuhwerk rennen kann, dann laß dir gesagt sein – es ist ein Kinderspiel. Ich bin über zehn Meter gelaufen, merkte aber erst viel später – und auch erst, nachdem ich darauf aufmerksam gemacht worden war –, daß ich barfuß war und meine Füße zerkratzt und blutig waren. Im Laufen schrie ich um Hilfe, aber nicht das beliebte »Feuer«, wie es uns beigebracht worden war. Sofort eilten Leute herbei. Mein Nachbar auf dem Balkon beobachtete, wie der Angreifer auf der Fahrerseite aus dem Wagen sprang und in die andere Richtung rannte.
Ich sah ihn nicht weglaufen. Eine Frau kam aus ihrem Haus gelaufen und fragte mich, was passiert sei. Ich sagte ihr, ich sei überfallen worden, und sie fragte, ob sie die Polizei holen solle.

Ich sagte ja, und sie schickte ihren Mann zum Telefonieren hinein, während sie bei mir blieb. In der Zwischenzeit waren die Kinder vom Spielplatz herübergekommen, einige liefen sogar hinter dem Angreifer her! Ich saß mit offener Hose und blutenden Füßen auf dem Bordstein und versuchte, die aufsteigenden Tränen zurückzuhalten, weil ich die Kinder nicht erschrecken wollte. Einem kleinen Mädchen, das neben mir stand und mein Haar streichelte, versicherte ich wieder und wieder, daß alles in Ordnung sei.

Der Angreifer hatte seine Brieftasche in meinem Auto verloren; damit war er leicht zu finden. Nach den üblichen Verzögerungen wurde er angeklagt und in drei Punkten, einschließlich versuchter Vergewaltigung, schuldig gesprochen. Wie sich herausstellte, war er bereits wegen Diebstahls verurteilt, hatte aber Bewährung bekommen und war in einer Rehabilitationsgruppe für Süchtige.

Im Prozeß nannte mich der Staatsanwalt, der »mein« Anwalt war, eine Frau mit gesundem Menschenverstand und Courage. Diese Worte haben mir in den letzten zwei Jahren viel Trost gegeben. Sie, die Therapie sowie die Liebe meines Mannes, meiner Familie und meiner Freundinnen haben mir geholfen, die Erinnerung an dieses Erlebnis etwas erträglicher zu machen.

Aber mein Leben hat sich seitdem so sehr verändert, wie ich es nie für möglich gehalten hätte – ich habe sexuelle Probleme, Angst, irgendwo allein hinzugehen, überlege mir, ob die Kleider, die ich trage, vor Gericht standhielten, falls ich wieder überfallen würde und meine Glaubwürdigkeit beweisen müßte. Aber ich weiß jetzt, daß Frauen sich wehren können, eine Vergewaltigung verhindern und leben können. Das bedeutet mir sehr viel.

Im September 1985 wurde dem Berufungsantrag des Angreifers (der im Mai verurteilt worden war) aufgrund eines Verfahrensfehlers stattgegeben. Im Januar 1986 kam der Fall erneut vor Gericht; da war ich im vierten Monat schwanger. Nach seiner alten Strategie war ich eine Prostituierte gewesen – beziehungsweise hätte er das gedacht und sei weggelaufen, als ich anfing zu schreien. Die neue Strategie hieß Einverständnis – er hätte geglaubt, ich stimme dem Geschlechtsverkehr zu, und er sei weggelaufen, als ich zu schreien begann. So ein Quatsch!

Das Kreuzverhör war brutal, ohne Rücksicht auf meinen offenkundigen Zustand. Aber wir haben trotzdem mit Hilfe einer hervorragenden Staatsanwältin namens Amanda Kaufman gewonnen; sie gehört der Abteilung Vergewaltigung in Philadelphia an. Die Jury sprach ihn in allen Punkten schuldig. Der Angreifer erhielt fünf bis zehn Jahre ohne Bewährung. Sich wehren lohnt sich – sowohl auf der Straße als auch vor Gericht!

Der Wille zum Überleben

Jerilyn Munyon

Jerilyn Munyon, 1947 geboren, lebt zusammen mit einem Sohn im Teenageralter, drei Katzen und einem Hund in den Bergen von Santa Cruz. Sie führt ein kleines Geschäft, gibt Unterricht in »Model Mugging«, ein Selbstverteidigungs- und Selbstbehauptungstraining für Frauen, und trainiert seit sieben Jahren Aikido, eine gewaltlose japanische Kampfsportart. Sie trägt den Schwarzen Gürtel zweiten Grades.

Als Kind wurde ich sexuell mißbraucht, als Erwachsene zweimal auf der Straße angegriffen; ich habe beides überlebt und viel Zeit damit verbracht, darüber nachzudenken, was es heißt, Opfer zu sein, und wie ich lernen könnte, keines mehr zu sein. Seit meiner Entwicklung vom Opfer zur Überlebenden, von der Überlebenden zur gewaltlosen Kämpferin begleitet mich der Wunsch, meine Erfahrungen mit anderen auszutauschen und etwas zur Stärkung weiblichen Selbstbewußtseins beizutragen.

Zwölf Jahre später: Ich laufe im Zimmer meiner Therapeutin hin und her. Sie folgt dicht hinter mir. Sie kommt näher und näher. In mir schnürt sich alles zusammen. Sie kommt noch näher. Plötzlich falle ich auf den Boden und schreie in Panik. Aus jeder Pore meines Körpers, aus jedem Muskel, aus meinem ganzen Sein bricht Panik aus. Ich schreie 45 Minuten lang.
Später nimmt sie meine Hand und sagt: »Was ist passiert?«
»Als ich 18 war, hat mich ein Mann mit einem Messer angegriffen«, antworte ich. »Ich konnte entkommen.«
»Weißt du nicht, wie mutig du bist? Du hast überlebt.«
Ich fuhr gegen neun Uhr abends vom Geschäft heim. Als ich in meine Straße einbog, fuhr mir von hinten jemand in den Wagen. Mein Haus war nur noch einen Häuserblock entfernt, also fuhr ich

weiter, bis ich den Parkplatz davor erreichte. Ich hatte kaum angehalten, als ein Mann zu meinem Wagen herüberkam und ans Fenster klopfte. Ich kurbelte es herunter. Es war zu dunkel, um ihn klar zu erkennen. Er sagte, es täte ihm leid, daß er mir hinten hineingefahren sei, und er wolle mir Namen und Versicherungsnummer geben. Ich stieg aus, während er hinter mir außer Sichtweite stehenblieb. Als ich um den Wagen herumging, um nach dem Schaden zu sehen, packte er mich von hinten und hielt mir ein Messer in die Seite. Seine behandschuhte Hand preßte sich auf meinen Mund, so daß ich nicht schreien konnte.

»Wenn du versuchst abzuhauen, bring ich dich um«, sagte er. »Das ist ein Messer an deiner Seite.«

Er zerrte mich zu seinem Wagen. Zuerst war ich wie versteinert vor Angst. Ich konnte nicht glauben, daß mir so etwas zustieß. Aber dann wurde mir klar, daß ich, falls ich mich fügte, vergewaltigt und vielleicht ermordet werden würde. In diesem Moment entschied ich mich, lieber bei einem Fluchtversuch ermordet zu werden, als herauszufinden, was mich erwartete, sobald wir in seinem Wagen waren.

Mein Wille zu leben gab mir eine unglaubliche Energie – eine Art Kraft jenseits des Physischen. Mühelos machte ich mich von ihm los und rannte schreiend auf mein Haus zu. Er muß vollkommen geschockt gewesen sein. Die Polizei glaubte mir später nicht. »Woher wollen Sie wissen, daß es ein Messer war?« fragten sie. Meine Eltern spürten meine Qual und ihre eigene Hilflosigkeit.

Sechs Monate lang wachte ich jede Nacht schreiend auf. Ich konnte nicht mehr Auto fahren. Ich konnte nicht allein sein. Lähmung überfiel mich, wie damals, als der Angreifer mich gepackt hatte. Ich sagte mir, ich müsse meine Angst überwinden, sonst würde sie mich für den Rest meines Lebens lähmen. Langsam zwang ich mich dazu, in mein Auto zu steigen und allein herumzufahren – zuerst nur tagsüber, später auch abends. Ich fing an, für kurze Zeit allein zu sein, dann für länger. Die nächsten zwölf Jahre bin ich abends nie allein Auto gefahren, ohne dauernd in den Rückspiegel zu sehen und an jene schreckliche Nacht zu denken.

Viele Jahre und noch viel mehr Therapiesitzungen haben aus mir wieder den ganzen Menschen gemacht, der ich vor dem Überfall war. Ich habe zwölf Jahre gebraucht, bis ich mich vom Opfer zur Überlebenden entwickelt hatte.

Für mich ist es wichtig, mich mit der Frage der Selbstverteidigung auseinanderzusetzen und Klarheit darüber zu gewinnen. Welche Rolle spiele ich im Kreislauf der Gewalt? Wie kann ich die Opferrolle ablegen, ohne in die Rolle des Aggressors zu verfallen? Wie kann ich wirksam meine geistigen und physischen Grenzen ziehen, ohne anderen Gewalt antun zu müssen? Wie bringe ich das »Opfer in mir« in mein restliches Leben ein, und wie kann ich mich anders denn als Opfer sehen?
Ich glaube nicht, daß wir Gewaltlosigkeit erreichen, indem wir uns von der Gewalt fernhalten oder sie ignorieren. Um Gewaltlosigkeit zu erreichen, müssen wir verstehen, was wir selbst zum Kreislauf der Gewalt beitragen. Selbstverteidigung bietet uns die außergewöhnliche Möglichkeit, eine vollständig neue Sprache für Frauen zu schaffen, eine Sprache, von der alle Menschen profitieren. Wir übernehmen die Verantwortung für unseren eigenen Schutz und legen selbst die Rolle des Opfers ab. Wenn wir NEIN zu einem Angreifer sagen, dann sagen wir in Wirklichkeit JA zu uns und unserem Recht, in Sicherheit zu leben. Macht läßt sich als Integrität definieren, als Gleichheit, Selbsterkenntnis, innere Stärke – nicht als Herrschaft, Aggression oder Eskalation. Mein Traum ist, dereinst in einer Welt ohne Opfer zu leben, eine Sprache zu sprechen, die keine Gewalt kennt.

Die Lektion der drei Böcke Brausewind

Kathleen Zundell

Kathleen Zundell ist Geschichtenerzählerin; ihr Spezialgebiet sind Erzählungen der Chumash IndianerInnen, Kindergeschichten und Erzählungen von Heldinnen und starken Frauen. Sie leitet Workshops für Frauen mit Titeln wie: »Auf der Suche nach den weisen Frauen«, »Die Göttin in uns«, »Die wahre Geschichte von Aschenputtel«, und sie war an der Organisation verschiedener Frauenerzählfestivals in Los Angeles beteiligt. Eine ihrer Lieblingsgeschichten ist die Geschichte von »Goldkäppchen«, eine selten erzählte Version von »Rotkäppchen«, in der die Großmutter, eine weise Frau, ihre Enkelin schützt und rettet.

> Geschichten haben einen tiefen Einfluß auf unser Unterbewußtsein; sie bereiten uns auf das Leben vor, auf schwierige Situationen. Deshalb ist es für unseren Entwicklungs- und Heilungsprozeß von fundamentaler Bedeutung, Geschichten von aktiven und heldenhaften Frauen zu lesen und zu hören. Bilder und Geschichten von Frauen als hilflose Opfer prasseln ohne Unterlaß auf uns ein. Ich will die alten Geschichten über weise Frauen und Göttinnen hören, und ich will neue Geschichten von starken und siegreichen Frauen vorlesen.

Als berufsmäßige Geschichtenerzählerin habe ich die Geschichte »Die drei Böcke Brausewind« viele Male erzählt. Mein Kinderpublikum reagierte jedesmal begeistert darauf, aber im stillen machte ich mir Sorgen über die wahre Bedeutung der Geschichte. Als der kleine Bock und der mittlere Bock vor dem Troll stehen, der sie fressen will, sagen beide: »Ach, hol mich nicht, ich bin noch so klein! Wart noch ein wenig, dann kommt der andere Bock Brausewind.« Ist das nicht Verrat? Und ist das nicht zu gewalttätig für Kinder, wenn der Bock den Troll mit einem Kopfstoß die Brücke hinunterwirft?

Der Psychologe Bruno Bettelheim hat mir mit seinem Buch *Kinder brauchen Märchen* geholfen, meine Befürchtungen zu überwinden. Er sagt, wenn ein kleines Kind vor einem großen Raufbold steht, dann solle es nicht versuchen, es direkt mit dem Raufbold aufzunehmen; statt dessen solle es mit pfiffigeren Mitteln versuchen, die Situation zu meistern, so wie die beiden kleineren Böcke. Die Kinder, so Bettelheim, nehmen sich die Ziegenböcke zum Vorbild und begreifen, daß der Troll nur die Strafe bekommt, die er verdient.

Eines späten Abends saß ich zusammen mit einem Freund in meinem Wagen. Da ich ihn nur bei seinem Wagen absetzen wollte, ließ ich den Motor laufen. Plötzlich riß ein fremder Mann die Wagentür auf, bedeutete uns, er habe eine Waffe, und befahl uns auszusteigen. Wie benommen stieg ich aus und fragte mich, wie ich in so eine Situation geraten konnte. Mir drehte sich der Magen, und mein Hirn schlug Purzelbäume, um eine vernünftige Erklärung für das, was da ablief, zu finden. Ich schickte ein Stoßgebet zum Himmel. Der Motor lief noch, und ich dachte, der Mann würde sich ins Auto setzen und mit meinem Mustang, Jahrgang 1966, davonfahren. Statt dessen drängte er uns rückwärts ins Dunkel abseits der Straße. Ich ahnte, daß sich mein Freund, der bei den Marines gewesen war, in einem Schockzustand befand, so daß mit ihm nicht zu rechnen war.
Ein weiterer Mann tauchte auf und murmelte etwas wie, er wolle mich in die Gasse ziehen. Plötzlich sagte mir mein Selbsterhaltungstrieb – ein Gefühl mitten aus dem Bauch heraus –: »Mach, daß du wegkommst. Diese Männer wollen dir was antun. Deinem Freund werden sie nichts tun; die wollen dich.«
Im gleichen Moment, in dem mir das blitzartig klar wurde, war ich schon dabei, den beiden Angreifern meine Handtasche zu übergeben und zu sagen: »Hier, nehmt!« Dann rannte ich zu meinem Wagen, sprang hinein und trat aufs Gaspedal.
Die überraschten Angreifer sprangen auf die Kühlerhaube und versuchten, mich zu stoppen, aber meine Entschlossenheit war zu groß ... und mein Auto zu schnell. Ich fuhr mit rasendem Herzklopfen um den Block und suchte meinen Verstand zusammen. Als ich zurückfuhr, um nach meinem Freund zu sehen, stellte ich fest, daß die beiden Angreifer verschwunden waren. Mein Freund war

okay. Er war vollkommen durcheinander, aber froh, daß mir nichts passiert war.
Ich muß daran denken, wie tief die Überzeugung in mir verankert wurde, daß mich im Falle eines Überfalls der Mann beschützt. Ich habe jedoch festgestellt, daß die einzige Person, auf die ich mich verlassen kann, ich selbst bin. Meine Geistesgegenwart und mein rasches Handeln hatten mich gerettet. Ich hatte mich selbst befreit. Ich hatte gesagt: »Nicht mich … nehmt meine Handtasche!« und damit einen Weg zur Flucht gefunden – genau wie jene zwei Böcke.

Kampf im Park

Kitty Geneva

Kitty Geneva (Name geändert) ist in Nordkalifornien geboren und aufgewachsen. Sie arbeitet als zweisprachige Lehrerin an einer Junior High School und hat sich viele Jahre aktiv für die gewaltlose Veränderung der Gesellschaft eingesetzt.

Es gibt für keine einzige Selbstverteidigungstechnik eine Garantie, daß sie funktioniert. Manchmal ist es besser, Verwirrung zu stiften, die Ebene zu wechseln, anstatt Gewalt mit Gewalt zu vergelten. Viele ausgesprochen aktive Selbstverteidigungstechniken sind gewaltlos und anwendbar, ohne jemanden zu verletzen oder die Situation zu verschärfen.

Es kam mir nie in den Sinn, es zuzulassen. Es kam mir nie in den Sinn, mich zu fügen. Was mir durch den Kopf ging, waren all jene Gespräche über friedlichen Widerstand, über Was-würdest-du-tun-wenn-du-angegriffen-Wirst und all die unsicheren Antworten, die ich dann herunterspulte.

Es war im Sommer 1968, ich war 18. Ich ging an dem Tag, an dem ich angegriffen wurde, allein durch den Golden Gate Park in San Francisco. Der junge Mann gehörte zu einer Gruppe, die ich vorher überholt hatte. Auf einem Weg in der Nähe der Museen tauchte er plötzlich hinter mir auf, packte meinen Arm und sagte etwas wie: »Wo wohnst du?« und »Komm schon, wir haben nicht viel Zeit.« Gleichzeitig versuchte er mich in die Rhododendronbüsche zu ziehen. Es war eine merkwürdige Mischung aus Gewalt und Verführungsversuch, die es nicht leichtmachte, seine Absicht ernst zu nehmen. Ich glaube, er wußte selbst nicht, was er wollte.

»Rede! Rede es ihm aus«, fiel mir ein. Tu so, als hätte er noch einen Rest von Verstand. Leider hatte ich das, was eine Frau in so einer Situation sagen könnte, nie geübt oder mit anderen diskutiert. Also sagte ich »Nein!« und »Laß mich in Ruhe!« und »Was soll das?« Ich sagte ihm: »Das ist gemein! Geh weg! Sei nicht albern!« Heute denke ich, ihn »albern« zu nennen, war beleidigend und nicht sonderlich klug. Er wurde wütend und zerrte jetzt erst recht an meinem Arm. Ich war in meinem ganzen Leben noch nie so grob angefaßt worden. Ich hatte keine reale Erfahrung mit dieser Form von Gewalt, und ich war nicht stark. Ich versuchte, mich ihm zu entziehen. Ich kämpfte. Ich hatte große Angst und spürte mein Herz hämmern und einen Drang zu pinkeln. Aus irgendeinem Grund kam ich nicht darauf zu schreien. Ich versuchte, ihm ein Bein zu stellen, aber auch das funktionierte nicht.

Dann umklammerte er mit beiden Händen fest meinen Hals und zerrte mich in die Büsche. Er würgte mich. Die Zeit verlangsamte sich. Meine Hände schafften es nicht, seinen Griff zu lösen. Ich verlor das Gleichgewicht. Ich glaube, ich war kurz davor, das Bewußtsein zu verlieren. Ich spürte, wie meine Augen hervorquollen. Merkwürdig, aber meine Angst war verschwunden; ich fühlte nur noch eine große Traurigkeit in mir und sah, wie ich tot unter den grünen Blättern lag, um mich herum trauernde Menschen. Ich hörte, wie meine Kehle ein gurgelndes, rasselndes Geräusch von sich gab, und ich frage mich immer noch, ob ich kurz vor dem Tod stand oder ob sich mein Körper endlich daran erinnerte, was Schreien heißt.

Plötzlich warf mich der Mann zu Boden und fing an, mich zu treten. Er hätte mich töten können, denke ich, aber er tat es nicht. Er schien auch seine ursprüngliche Absicht, mich zu vergewaltigen, aufgegeben zu haben. Mir fielen wieder die Diskussionen in der Friedensbewegung ein, die Gespräche darüber, wie man sich vor Polizeiangriffen auf Demonstrationen schützen konnte. Das war lange bevor das Trainieren gewaltlosen Widerstandes so selbstverständlich war wie heute. Ich erinnerte mich daran, Kopf und Gesicht zu schützen, mich zusammenzurollen und meinen Rücken außer Reichweite seiner schmerzbringenden Füße zu halten. Ich holte tief Luft und begann gellend zu schreien. Ich konnte meinen Körper nur schwer schützen, weil er um mich herumtanzte, während er immer wieder hart zutrat. Ich versuchte aufzustehen, wegzulaufen, aber er schlug mich nieder.

Dann merkte ich, daß meine Versuche, mich abzuschirmen, nicht

völlig wirkungslos waren. Irgendwie kam mir das, was ich tat, zunehmend vertraut vor, und meine Panik ließ nach. Und ich war es langsam leid. Dieser Alptraum dauerte schon zu lange. Plötzlich wurde ich richtig wütend auf diesen Typen. Er stand vor meinen Füßen, und ich spürte, wie mich eine Woge der Wut überkam, und ich starrte ihn an, starrte in sein Gesicht und versuchte, ihn zu treten – ohne Erfolg, da ich die Entfernung falsch eingeschätzt hatte und auf dem Rücken liegend sowieso in einer schlechten Position war –, und kreischte: »Laß mich in Ruhe! Ich hasse dich!« Er sah mich komisch an, dann wandte er sich ab und machte sich durch das Gebüsch davon. Das war das letzte, was ich von ihm sah.
Ich stand auf und rannte los, was nicht leicht war, weil ich so zitterte. Ich taumelte einen kleinen Hügel hinauf, und da standen ein paar Parkaufseher, einer auf einem Pferd. Ich fragte mich, ob sie meine Schreie gehört hatten. Wochen später dachte ich eine Zeitlang, daß sie mich gehört hatten, und war sauer darüber, daß sie mir nicht zu Hilfe gekommen waren. Als ich ihnen erzählte, man hätte mich zusammengeschlagen, und ja, ich wäre mehr oder weniger okay, und ob einer von ihnen bitte mitkommen würde, damit ich meine Brille suchen könnte, weil ich Angst hätte, allein zu gehen, und meine Brille beim Kampf heruntergefallen wäre, sahen sie mich an, als seien sie gerade aufgewacht. Meine Brille war mir in diesem Moment sehr wichtig, nicht nur um besser sehen zu können, sondern auch als Schritt zurück in die Normalität. Du wirst zusammengeschlagen, der Typ haut ab, du suchst deine herumliegenden Sachen zusammen und lebst weiter wie zuvor. Der Polizist auf dem Pferd wollte einen Streifenwagen rufen und mir Fragen stellen. Ich wollte meine Brille. Sie sagten, ich brauchte Erste Hilfe, ich sei verletzt. Ich wollte meine Brille! Der junge Polizist begleitete mich, und wir fanden sie. Die Erde war dort, wo ich gekämpft hatte, aufgewühlt.
Wir gingen ins Untergeschoß der Akademie der Wissenschaften von Kalifornien, und ich wusch mich. Der junge Polizist war erschüttert; er hatte Mitleid. Seine Augen waren braun, sanft und traurig. Seine Hände zitterten, als er die Blätter und Zweige aus meinem Haar zupfte. Er hörte nicht auf zu fragen: »Hat er Ihnen was getan?« was wohl heißen sollte: »Hat er Sie vergewaltigt?« da es ja offensichtlich war, daß er mir was getan hatte. Diese Formulierung brachte mich

innerlich zum Lachen. Ich beruhigte den Polizisten und beruhigte damit mich selbst. Ich sagte, nein, der Mann hat mich nicht vergewaltigt, er hat mich verprügelt.

Dann kamen die Fragen anderer Polizisten, und ich erzählte, was passiert war. Sie hielten nicht viel von meinen Versuchen, den Mann durch Reden umzustimmen, und ich kam mir dumm vor und war verlegen. Einer von ihnen nahm mich in einem Streifenwagen mit – auf dem Rücksitz, ohne Türgriffe innen, ich fühlte mich wie in einer Falle und konnte kaum atmen – und brachte mich zu einem Polizisten in Zivil, der sich lässig mit einem Verdächtigen unterhielt. Zu groß, falsches Hemd.

Ich geriet zunehmend in einen inneren Konflikt darüber, was ich tun sollte. Ich wollte etwas unternehmen, aber keiner der möglichen Schritte schien richtig zu sein. Falls man den Mann fand und ich ihn eindeutig identifizieren konnte, was nützte es, ihn ins Gefängnis zu bringen? Noch mehr schlechte Behandlung, noch mehr Ärger und keine Garantie dafür, daß er nicht weiter Leute überfiel, wenn er herauskam. Ich versuchte, der Polizei das klarzumachen. Der junge Polizist sagte: »Ja, Sie haben recht, aber wir sollten wenigstens versuchen, ihn für eine Weile aus dem Verkehr zu ziehen.« Eine verzwickte Lage. Damals gab es keine Gruppe, die mir hätte helfen können, keinen Frauennotruf, keine Frauengruppen, mit denen zusammen ich ihn hätte finden und direkt konfrontieren können. Also verliefen der Rest des Tages, des Monats und des Jahres in diesem Kuddelmuddel.

Sie brachten mich zur Notaufnahme am Rande des Parks. Der Arzt verhielt sich distanziert, säuberte meine verletzte Nase, sagte mir, ich würde ein blaues Auge bekommen, grub den zerbrochenen Ring aus meinem kleinen Finger und verband die geschwollene Schnittwunde, sah sich die handförmigen Quetschungen an meinem Hals an, richtete meine Brille und entließ mich. Er hielt es wohl für ziemlich blöd von mir, allein im Park herumzulaufen. Das machte mich sauer. Ich war gern allein durch diesen Zufluchtsort vor Smog und Lärm spaziert. Damit war es jetzt vorbei; darüber war ich auch wütend und bin es immer noch.

Die Polizei brachte mich zu den FreundInnen, bei denen ich zu Besuch war. Ich habe viel geweint. Ich konnte lange nicht aufhören zu weinen. Mein Freund erzählte mir, daß im Laufe des Sommers jede Frau in diesem Haus überfallen worden war. Alle seine Freunde waren sehr freundlich, verständnisvoll und ruhig an diesem Abend. Einige Wochen später rief die Polizei an; sie hatten einen Verdächtigen und wollten ihn mir gegenüberstellen.

Ich nahm eine Freundin mit zur Gegenüberstellung. Als wir dort warteten, hörte ich, wie sich einige Polizisten über Sachen, die mir wichtig waren, lustig machten – über Friedensbewegung, Gegenkultur, alternatives Leben. Es bestärkte mich in meinem Gefühl, den Mann, der mich überfallen hatte, nicht diesen vorurteilsvollen, sturen Bullen auszuliefern, auch wenn ich nicht wußte, was ich sonst mit ihm tun sollte. Damit wäre einfach niemandem geholfen gewesen. Die Entscheidung blieb mir erspart, denn der Verdächtige in der Reihe sah meinem Angreifer zwar so ähnlich, daß ich erschrak und blaß wurde, aber er war zu groß und dick und irgendwie nicht der richtige.

Ich bin die Erinnerung lange Zeit nicht losgeworden. Mein Körper erinnert sich. Es dauerte zwei oder drei Jahre, bevor die Angst nachließ. Es dauerte elf Jahre, bevor ich es ertragen konnte, daß mich jemand vorn am Hals berührte. Meine Stimme wird immer noch laut, wenn ich davon erzähle. Ich bin sehr wachsam, wenn ich abends allein unterwegs oder allein in einer einsamen Gegend bin, und ich merke, wie sehr ich selbst eine Unruhe ausstrahle und jederzeit bereit bin, die Flucht zu ergreifen oder aber wie ein Raubtier die Zähne zu fletschen.

Ich hatte den Vorfall nie als einen Akt gelungenen Widerstandes betrachtet. Ich war verprügelt worden. Es hatte weh getan, und ich hatte Angst gehabt. Aber heute denke ich daran, daß ich nicht vergewaltigt wurde. Ich wurde nicht umgebracht. Ich habe nicht aufgegeben. Trotzdem fällt es mir schwer, dies als eine Erfolgsgeschichte zu sehen. Das Gefühl von Erfolg habe ich nur hin und wieder, für kurze Augenblicke. Ein starkes Gefühl.

Da wurde ich einfach wütend
Rosetta Smith

Wir hörten zum ersten Mal von Mrs. Smith durch einen Radiobericht über eine außergewöhnliche 69jährige Frau in Louisville, Kentucky, die sich, obwohl an beiden Beinen amputiert, erfolgreich gegen einen Angreifer gewehrt hatte. Der Angreifer war Mitte 20 und hatte ihr beide Prothesen abgenommen, dennoch konnte sie ihn abwehren und ließ ihn nackt und bewußtlos auf dem Boden in ihrer Wohnung liegen.

Ich saß in meinem Schlafzimmer beim Fernsehen, als plötzlich jemand in meiner Tür stand – ich hatte die Seitentür offengelassen, weil es an diesem Abend sehr heiß war. Jedesmal, wenn ich schrie, preßte er mir seine Hände auf den Mund, und dann fing er an, mich zu würgen, und ich flehte: »Lieber Gott, bitte laß nicht zu, daß hier einfach jemand hereinkommt und mich ohne Grund umbringt.« Ich fragte: »Was willst du hier? Warum willst du mir was tun? Ich sitze hier in meinem Haus und tue niemandem was!« Er kam einfach so herein und zog seine Kleider aus. Kam herein und versuchte mich dazu zu bringen, mein Kleid auszuziehen, und ich sagte: »Ich ziehe überhaupt nichts aus!« Ich zog es nicht aus, aber er nahm mir einfach meine Beine ab, und ich konnte nichts dagegen tun. Er warf mir alle möglichen schmutzigen Schimpfwörter an den Kopf und befahl mir, den Mund zu halten.
Ich hatte mein Haar aufgedreht, und er nahm jeden einzelnen Lokkenwickler ab und warf ihn auf den Boden. Dann zerrte er mich zu Boden und packte einfach meinen Kopf und drückte ihn wieder und wieder auf den Boden; ich hatte ein Gefühl, als hätte jemand einen Eimer Wasser über mir ausgekippt.
Dann sprang er auf und lief ins Bad, und ich kroch hinter die Tür. Er sagte: »Gib das Geld her, ich brauche Geld!« Und da wurde ich einfach wütend und sagte: »Ich habe kein Geld, ich brauche auch Geld.

Wir alle brauchen Geld.« Also durchsuchte er die Schubladen, durchsuchte alles, aber er fand kein Geld, er fand keinen einzigen Penny. Ich war gerade erst vom Arzt zurückgekommen und hatte meine Handtasche neben dem Bett abgestellt, ohne das Geld herauszunehmen. Tatsächlich waren gerade 50 Dollar darin, und ich nahm sie und schob sie unter das Bett, bevor er sie entdeckte, denn wenn er das Geld gefunden hätte, dann hätte er es genommen.

Aber er fand es nicht, er durchsuchte nur die Schubladen; in den Schubladen hatte ich kein Geld. Dann kam er zurück ins Schlafzimmer, zurück zu mir und warf sich wieder auf mich. Als er sich wieder auf mich warf, packte ich ihn an seinen Geschlechtsteilen und sagte, er solle mich in Ruhe lassen, und daraufhin erbrach er sich überallhin und schlief auf mir ein.

Ich betete, ich flehte den Herrn an und sagte: »Herr, mir fehlt es nicht an Glauben, aber an Kraft.« Und in dem Moment, in dem ich das sagte, legte der gütige Gott Kraft in meine Hände. Von da an hatte ich keine Angst mehr. Ich befreite mich von ihm und – ich konnte ja nicht laufen, weil er mir die Beine weggenommen hatte – kroch zum Telefon und rief die Polizei, meine Sonntagsschullehrerin und ihren Mann an, und alle kamen.

Ich hatte Angst, er könnte aufstehen und weggehen, bevor die Polizei kam, aber gerade als er aufwachte, kam der Polizist herein und legte ihm Handschellen an.

Ich glaube, der Kerl, der mich überfallen hat, hat mich am Sonntag in der Kirche gesehen und gemerkt, daß ich keine Beine mehr habe, und dann nachts beschlossen, sich an mich heranzumachen.

Sie haben ihn noch nicht vor Gericht gestellt. Er tat so, als sei er verrückt, aber sie haben ihn schließlich doch ins Gefängnis gesteckt; und sie haben mir gesagt, er würde nie wiederkommen, und die Polizisten sagten, ich brauchte mir keine Sorgen zu machen. Ich sagte ihnen, er ist nicht verrückt; er war nicht verrückt, als er kam und mich überfiel. Er tut nur so, um davonzukommen. Das ist alles. Aber sie sagten, sie würden ihn nicht rauslassen. Seine Familie hat auch Angst vor ihm. Sie wollte ihn schon vor langer Zeit hinter Schloß und Riegel bringen. Er ist erst 22 Jahre alt.

Ich glaube, ich würde damit fertig werden, wenn er noch einmal käme, aber ich hoffe, er kommt nicht noch mal.

Ich habe meinem Pastor davon erzählt, und er sagte, ich sei eine sehr starke Frau. Er sagte, er hätte so etwas noch nie gehört. Ich habe einfach gebetet, und der gütige Herr gab mir die Kraft, mich zu wehren; er hätte nie zugelassen, was der Mann mit mir vorhatte, niemals.
Das war das erste Mal, daß mir so etwas passiert ist. Ich hoffe, es war das letzte Mal.

Trampen in den vierziger Jahren

Marjorie French

Zur Zeit des Geschehens arbeitete Marjorie French (Name geändert) als Gewerkschaftsfunktionärin und Bürgerrechtlerin in den Südstaaten.

> Als Kind wurde ich dazu angehalten, stets aufzupassen, und mir wurde gesagt, daß Männer nur das Eine wollten, Punkt. Meine Mutter war entsetzt bei der Vorstellung, ich könnte trampen. Mein Argument war stets: Wenn du vergewaltigt wirst, dann kann dir das überall passieren, und trampen ist nicht gefährlicher als andere Dinge.
>
> Frauen haben viele Waffen, von denen sie nichts wissen, und wenn sie kämpfen, dann ist dem Angreifer die Sache sehr viel weniger wert.

Das alles geschah 1942, während des Zweiten Weltkrieges. Ich trampte nach Missouri, um meine Familie zu besuchen. Mein Vater war in der Armee, mein Mann bei der Marine. Ich trampte schon seit langem. Ich trampte gern, weil es mir ein Gefühl von Freiheit gab; draußen auf der offenen Straße zu sein, das machte einfach Spaß. Ich hatte nie das Gefühl, daß es sonderlich gefährlich sei.

Damals trampten viele Leute, weil sie sich etwas anderes nicht leisten konnten; für Frauen allein war das allerdings nicht selbstverständlich. Aber in den Vierzigern, als so viele Frauen beim Militär waren, fand man es nicht ganz so ungewöhnlich, wenn eine Frau allein per Autostop reiste. Die Leute dachten oft, du seist auf Sex aus, wenn du allein unterwegs warst, aber wenn du nein sagtest, ließen sie dich in Ruhe. Wenn ein Mann seine Hand auf mein Knie legte, habe ich sie einfach weggeschoben und gesagt: »Hören Sie, ich steige sofort aus.« In 99% der Fälle funktionierte das. Allerdings bin ich mir nicht sicher, ob ich meiner Tochter einen derartigen Rat geben würde.

Alles in allem hatte ich kaum Probleme, und es gefiel mir, Leute nur einmal zu treffen, ihre Lebensgeschichte erzählt zu bekommen und sie dann nie wiederzusehen. Ich war Anfang 20 und lernte das Leben auf eine Art kennen, wie man es sonst nicht könnte. Und ich liebte es. Meine Familie spielte verrückt bei dem Gedanken, also erzählte ich normalerweise nichts davon. Oft fuhr ich mit dem Bus los, stieg dann aber später aus und trampte, einfach weil es Spaß machte.

Ich war also irgendwo in Missouri und wollte nach Myosha, einem großen Armeestützpunkt, wo mein Vater stationiert war. Ein Lastwagenfahrer nahm mich mit. Ohne Vorwarnung fuhr er einfach in einer einsamen Gegend von der Straße ab und hielt an. »Was haben Sie vor?« sagte ich. Er sagte mir nicht, was er vorhatte, aber es war auch so klar.

Ich weigerte mich, auszusteigen, aber dieser große, stämmige Kerl hob mich einfach aus dem Laster und trug mich fünfzehn Meter durch die Büsche. Wir befanden uns in einem nicht sehr dichten Wald, und er hatte ein Handtuch aus dem Laster mitgenommen. Er breitete das Handtuch aus und legte mich darauf. Es ist schon sehr lange her, aber ich habe den Ort noch sehr lebhaft in Erinnerung.

Ich schrie, obwohl niemand da war, der mich hätte hören können. Ich wußte, er wollte mich vergewaltigen, das war eindeutig. Er zog seine Hosen runter und versuchte, mir die Kleider auszuziehen. Ich schrie: »Laß deine Pfoten von mir! Laß mich in Ruhe!« Ich wehrte mich auf jede erdenkliche Weise; ich trat und schrie. Dann weinte ich auch, aber zugleich tat ich alles, was ich konnte, um ihn körperlich abzuwehren. Schließlich sagte er, das sei die Sache wirklich nicht wert, und beschloß: »Zur Hölle damit!« Er war stinksauer und gemein. Er ging zurück zu seinem Laster, schmiß meinen Koffer raus und fuhr davon.

Ich habe meiner Mutter nichts davon erzählt, weil ich wußte, sie würde sich nur aufregen. Später habe ich es Freundinnen erzählt. Ich weiß nicht, was ich getan hätte, wenn er eine Waffe gezogen hätte. Ich bin schon von vielen Typen angemacht worden, und viele Männer haben zu mir gesagt: »Wenn du nicht willst, dann steig aus!« Dann stieg ich eben aus. Diese Situation hatte ich nicht vorausgesehen. Ich hatte mir nicht überlegt, was ich tun könnte; ich handelte einfach spontan.

Ich glaube, die Tränen waren sehr wirksam. Viele Männer geraten in Panik, wenn sie eine Frau weinen sehen, obwohl ich nicht glaube, daß Weinen prinzipiell ein wirksames Mittel ist.
Das war nicht mein einziges gefährliches Erlebnis beim Trampen. Einmal, ich war ungefähr 14, gabelte mich eine Gruppe junger Männer auf. Das würde ich nie wieder tun, ich würde nie wieder in ein Auto mit einem Haufen junger Männer steigen. Sie sagten, sie würden mich vergewaltigen. Ich sagte ihnen, ich hätte meine Menstruation, und das jagte ihnen einen Schrecken ein, und sie ließen mich in Ruhe. Damals habe ich dann große Pläne darüber entwickelt, was Frauen in solchen Situationen sagen sollten. Heute würde sich über manches wohl kaum jemand aufregen, aber in den Vierzigern im Süden waren bestimmte Dinge skandalös. Die Menschen waren gehemmter. Du erzähltest den Leuten nicht einfach, daß du menstruierst.
Damals gab es nicht die Werbung wie heute, die Sexualität war anders, es gab kein Fernsehen. Natürlich gab es damals auch Pornographie, aber nicht so wie heute und nicht so sichtbar. Ich habe gelesen, daß älteren Frauen heutzutage viel Gewalt angetan wird, bei mir hat das seit Jahren niemand versucht.
Heute würde ich sagen: Wehr dich auf jede erdenkliche Art, tu, was immer dir spontan einfällt; mach einfach deinen Standpunkt unmißverständlich klar, und wehr dich mit aller Entschiedenheit.

Das ging ins Auge

Pat Deer

Pat Deer (Name geändert) ist Handwerkerin und die einzige Frau in ihrem Betrieb. Sie ist heute im mittleren Alter; als sich die folgende Geschichte ereignete, war sie keine 20.

> Ich hoffe, diese Geschichte kann in Selbstverteidigungskursen nützlich sein. Deshalb habe ich nicht nur meine klugen, sondern auch die dummen Reaktionen stehenlassen. In Vergewaltigungsberichten fehlen viel zu oft die Einzelheiten über die Fehler, die die Frau gemacht hat. Auf diese Weise können andere Frauen, die solche Berichte lesen, nicht aus den Fehlern lernen.

Ich wanderte um eine größere Gruppe Felsen herum, die aus dem Sand hervorragten, und bog in eine kleine Bucht ein, die sich bei Ebbe bildete. Ich hoffte, hier ein paar schöne Muscheln zu finden. Alles sah einsamer aus als sonst. Fast hätte ich die Bucht nicht betreten, doch dann beschloß ich, nur rasch ein paar Muscheln zu suchen. In Gedanken verloren und ohne weiter auf meine Umgebung zu achten, ging ich langsam um den Felsen. Als ich mich umwandte, sah ich plötzlich, wie mir ein großer, kräftiger, stämmiger Mann mittleren Alters nacheilte. Er sagte: »Hallo!« Ich sagte: »Was?« und sah seine offene Hose und seinen Penis, erst halb erigiert und von seiner Hand gestützt, aber schon ungeheuer groß. Mir schoß durch den Kopf, daß ich noch Jungfrau war und daß es mich zerreißen würde, wenn er den in mich hineinbekam, also mußte ich etwas tun.

Der Mann umklammerte meinen Oberarm wie ein Schraubstock und sagte: »Laß mich dich lecken. Du brauchst nichts zu tun, außer deine Hose runterzuziehen.« Er stank widerlich nach Alkohol.

»Such dir doch ein anderes Mädchen«, sagte ich.

»Ich will kein anderes Mädchen. Ich will dich!« Und kurz darauf:

»Ich will dich gar nicht. Ich häng hier nur so rum.« Ich merkte, ich stand keinem Menschen gegenüber, sondern einer Art Naturkraft, wie eine unerfahrene Surferin vor einer furchterregend großen Welle. Nach all den Jahren sehe ich noch genau die Leere dieses Fleckchens im winterlichen Sonnenschein vor mir. Meine Gedanken waren klein, kühl, entrückt, sie schwebten einige Meter über unseren Köpfen in einem Ballon, als seien sie mit Helium gefüllt.
Als ich klein war, hielt mich mein Onkel immer am Oberarm fest, damit ich ihm zuhörte, und er sagte, wenn ich jemals mit einem Mann Ärger bekäme, solle ich »direkt auf seine Augen« zielen. Dann führte er mir vor, wie man mit steifen Fingerspitzen in die Augen trifft. Ohne bewußten Plan nahm ich dem Mann die Sonnenbrille ab. Ich starrte in blaue, eiskalte Augen mit erstaunlich winzigen Pupillen.
»Gib die Brille her!« sagte der Mann. Aus Ekel konnte oder wollte ich ihm nicht mein Knie zwischen die Beine rammen, aber ich zielte einmal auf seinen Adamsapfel. Der Schlag war zu gummihaft und ging daneben, und der Mann guckte empört. Er neigte seinen Kopf zur Seite, bemühte sich um einen verschlagenen Gesichtsausdruck und sagte: »Du liegst gleich unten, wenn du mir nicht meine Brille gibst!«
»Hier hast du deine Brille«, sagte ich schnell. Als er mit seiner freien Hand nach ihr griff, entwand ich mich – nach wie vor ohne bewußten Plan – seinem Griff und stieß ihm meine steifen Fingerspitzen mit der Kraft meines ganzen Körpergewichts in die Augen. Dieser Stoß hatte gesessen, wie ich nicht nur am Aufprall spürte; er ging mir wie ein Schock von den Fingerspitzen durch den ganzen Arm. Ich dachte, was passiert, wenn der Schmerz seinen Verstand wieder losläßt? Als er stöhnend zurückwich, befreite ich meinen Arm und rannte in die Brandung.
Im Meer bin ich in meinem Element, also dachte ich, ich könnte durch die Brandung hindurchtauchen und um die Felsen zum Hauptstrand schwimmen, während ihn die Brandung aufhalten würde. Als das Wasser knapp zwei Meter tief war, sah ich zurück und stellte überrascht fest, daß er mir nicht folgte, sondern mit der Hand über den Augen wie ein geprügelter Hund zurück zum anderen Strand schlich. Er blieb nur einmal stehen, um den Reißverschluß

seiner Hose hochzuziehen. Wahrscheinlich wartete ich eine Weile, um ihm einen Vorsprung zu geben; meine Erinnerung ist hier ungenau.
Am Strand und auf dem Parkplatz war nichts von ihm zu sehen. Das Zittern fing unten an den Stufen zum Parkplatz an. Ich ärgerte mich deswegen über mich selbst. Damals las ich viel James Bond, und ich fand, daß ich mich eben, völlig cool, ganz in James-Bond-Manier verhalten hatte, aber dieses Zittern jetzt und dieses schummrige Gefühl war schwächlich und albern.
Ich blieb eine Weile im Auto sitzen, bevor ich den Motor anließ. Plötzlich spürte ich ein Kitzeln an einer meiner Fußsohlen. Als ich hinuntersah, waren Fuß und Fußmatte voller Blut. Ich mußte mich, ohne es zu merken, an einer Glasscherbe geschnitten haben. Der kurze Schnitt entlang einer kleinen Ader war sauber, tat kaum weh, entzündete sich nicht und hinterließ nur eine kleine Narbe. Meinen Eltern erzählte ich bloß, ich hätte mich an einer Glasscherbe geschnitten. Noch lange Zeit danach hatte ich das Gefühl, durch meine Tat das Leben anderer Frauen gerettet zu haben, indem ich die Erfolgsserie dieses Mannes gestoppt hatte – auch wenn es dafür keinen Beweis gab und gibt.

Intuition einer Südstaatlerin

Denise Caignon

Denise Caignon, Mitherausgeberin dieses Sammelbandes, hat eine Judo- und Karateausbildung und ist Mitbegründerin der »Santa Cruz Women's Self-Defense Teaching Cooperative«. Zur Zeit leitet sie die Verlagsabteilung einer Software-Firma, aber meistens wäre sie statt dessen lieber auf Reisen.

> Wieviel ich auch über Selbstverteidigung nachgedacht habe, ich kann doch immer noch in die Falle gehen, die wir Frauen uns so geschickt selbst stellen: Wenn »eigentlich nichts passiert ist«, dann frage ich mich, ob es überhaupt notwendig war, etwas zu meinem Schutz zu tun. Aber wenn doch etwas passiert wäre, würde ich mir dann nicht vorwerfen, zur rechten Zeit nichts unternommen zu haben?

Ich steige aus dem Greyhound Bus und betrete den schläfrig-muffigen Busbahnhof. An diesem trägen, herbstlichen Sonntagnachmittag sind kaum Menschen in der Halle, nur der stickige Qualm von Zigaretten und der Lärm klingelnder Videospiele. Little Rock in Arkansas ist meine Geburtsstadt, und das gibt mir, obwohl ich seit meiner Kindheit nicht mehr hier war, irgendwie Selbstvertrauen – diese Stadt gehört zu mir, so als hätte ich ein Recht, hier zu sein. Ich habe gerade das Erntedankfest mit meiner Großmutter verbracht und bin jetzt unterwegs, um Freundinnen im Norden zu besuchen. Als erstes muß ich mir ein Taxi nehmen und zu dem kleinen Flughafen ein paar Meilen entfernt hinausfahren. Ich bin ganz in Reisestimmung, ein Zustand, in dem ich mich am wohlsten fühle – in meinem eigenen Zeitrhythmus durch Städte zu streifen und Eindrücke aufzunehmen, dem Kind in mir zu beweisen, daß ich erwachsen bin, denn schließlich können nur Erwachsene mit all den Unbequemlichkeiten einer Reise fertig werden: Geld, Hotels, Flugzeuge, Züge. Und ich liebe die Zufallsbegegnungen, die lockere

Vertrautheit zwischen Fremden, die durch Selbstenthüllungen nichts zu verlieren haben. Ich fühle mich frei, meine Persönlichkeit wird nicht mehr durch das, was meine FreundInnen und Bekannten von mir erwarten, eingeengt.
Ich trete in den grauen Arkansas-Nachmittag und den ungewohnten Herbstgeruch hinaus. An unbekannten Orten riecht die Luft immer anders, und Arkansas war mir, die ich an das sanfte, jahreszeitlose Kalifornien gewöhnt war, fremd geworden. Am Bordstein stehen zwei oder drei alte Taxen wie ausrangierte Kutschgäule. Der Fahrer des ersten Taxis in der Reihe nickt, ich nicke zurück und stelle meine Taschen in den Kofferraum, den er wortlos geöffnet hat. Ich laß mich auf den alten, schwarzen Ledersitz fallen und lande mit dumpfem Aufprall, weil die Federn gesprungen sind. Mein Blick wandert automatisch zur Tür, um mich zu vergewissern, daß sie einen Griff hat – Regel Nummer eins für Tramperinnen –, dann schlage ich die Tür zu.
»Wohin?« Er wirft mir im Spiegel einen Blick zu, während er in den ersten Gang schaltet.
»Zum Flughafen. Mein Flug geht um drei.« Mit Vergnügen höre ich den leichten, federnden, mädchenhaften Südstaatentonfall in meiner Stimme, diesen alten Kindheitsakzent, der während der letzten Tage wie durch Osmose in meine Sprache zurückgeschlüpft ist.
Ich lehne mich zurück und lasse die Innenstadt an mir vorbeigleiten. Ich denke über das Schicksal nach – über das Zusammentreffen von Umständen, die dazu geführt haben, daß meine Eltern sich in dieser Stadt trafen, heirateten und mich bekamen ... denke an all das, was mein eigenes Leben beeinflußt und in verschiedene Städte geschickt hat, zu neuen Menschen ...
Der Fahrer ist ein paarmal abgebogen, und wir befinden uns jetzt, so scheint mir, in Nebenstraßen – in ruhigen, verlassenen Straßen. Ich kenne Little Rock nicht, aber ich vermute, daß wir irgendwo auf einen Freeway müssen.
»Wie weit ist es bis zum Flughafen?« frage ich, nach wie vor unbekümmert, den Fahrer.
»Paar Meilen.«
»Ist das der kürzeste Weg dorthin?« Ich habe keine Lust, mir einen übermäßig hohen Fahrpreis abschwindeln zu lassen.

»He, Mädchen, ich nehm 'ne Abkürzung. Was'n los, leideste unter Verfolgungswahn?«
Er sagt das mit boshaftem Seitenblick, als hätte er mich irgendwie gefangen – in einer Falle, die ich mir selbst gestellt habe. Er weidet sich daran. Genießt es. Ich bin jetzt hellwach, aus meiner Träumerei gerissen. Mein Gehirn setzt sich in Gang wie ein sauberer, gutgeölter Motor. Ich litt noch nie an Verfolgungswahn, auch jetzt nicht – ich bin nur auf der Hut.
»Nein. Ich wollte es nur wissen«, erwiderte ich ruhig.
»Bist du sicher, daß du nicht an Verfolgungswahn leidest, Mädchen?« fragt er scheinbar ernst.
»Ja. Warum sollte ich?«
Jetzt bekomme ich langsam Angst.
Er lacht.
Spielt er mit mir, oder meint er es ernst? Ich kann es mir nicht leisten, im Zweifelsfall zu seinen Gunsten zu entscheiden.
»Sind Sie schon lange Taxifahrer?« frage ich leichthin und beuge mich freundlich vor. Mein Südstaatenakzent ist automatisch stärker geworden. Mir ist vollkommen klar, daß er, wenn er mir etwas tun will, meine Angst riechen kann. Ich muß mich natürlich benehmen.
»Nee. Bin noch nicht lange vom Militär weg.«
»Sind Sie aus Little Rock?«
»Ja, woher sonst. Und du?«
»Kalifornien. Ich hab hier meine Familie besucht – ich bin hier geboren.«
Wie von fremder Stimme gesprochen höre ich meine Worte zähflüssig aus meinem Mund strömen. Ein seltsames Gefühl – so als wäre mein Mund auf Autopilot geschaltet, der sagt, was gesagt werden muß. Gleichmäßig und ruhig.
»Nervös, wie? Was is'n los – haste Angst, ich tu dir was?«
Offensichtlich nicht ruhig genug. Mein Mund redet weiter, während ein Teil meines Gehirns, der für eben diesen Moment reserviert zu sein scheint, in die Gänge kommt, im Gleichschritt mit dem locker daherplaudernden Südstaatenmädchen. Dieser Teil schätzt die Situation rasch und logisch ein: Diese Straßen sind immer noch Nebenstraßen, immer noch einsam. Ich kann die Tür aufmachen und hin-

ausrollen oder cool bleiben. Bleib cool. Besser so. Laß ihn deine Angst nicht spüren.
Aber mein Impuls, aus dem Wagen zu kommen, ist stark. Ich fühle mich nicht sicher, und ich habe gelernt, diesem Gefühl zu vertrauen. Ich beschließe, ihm zu sagen, daß ich aussteige, hier und jetzt – selbst wenn er dann weiß, daß ich Angst habe. Es ärgert mich, ihm diese Befriedigung zu verschaffen, aber ich muß hier raus.
»Wissen Sie was?« sagt mein Mund.
»Was … hast du was am Bahnhof vergessen?«
»Ja. Verdammt.« Plötzlich bietet er mir eine neue Möglichkeit, einen neuen Weg, und ich gehe ruhig darauf ein, ohne das leiseste Zeichen, daß ich das überhaupt nicht gemeint habe. Mein Gehirn zieht alte und neue Strategien nahtlos zusammen.
Ich durchsuche flüchtig meine Sachen und befreie mich durch diesen gespielten Ärger von meinen Ängsten. »Scheiße.«
»Willste zurück?«
»Ja. Verdammt, wie konnte mir das passieren?«
Er wendet den Wagen. Wir fahren zurück.
»Du kannst ja gucken, ob du's im Bus gelassen hast. Ich warte auf dich.«
»Scheiße. Wenn es nicht da ist, muß ich in Camden anrufen und fragen, ob ich es bei meiner Familie gelassen habe. Da ist mein Flugticket drin. Wie konnte ich nur so blöde sein?« Die Lügen schlüpfen mir leicht über die Lippen. Es funktioniert, und es fängt tatsächlich an, mir Spaß zu machen. Ich habe das Gefühl, an einem geheimen Wettlauf teilzunehmen, den ich gewinnen muß. Gewinnen werde.
Wir fahren am Bahnhof vor, und ich springe hinaus. Frei. Jetzt könnte ich verschwinden, nicht zum Wagen zurückkehren. Aber ich muß immer noch zum Flughafen, und die Taxifahrer stehen alle kameradschaftlich zusammen. Das sind alles Kumpel, und ich habe keine Verbündeten hier. Ich gehe zum Telefon, werfe eine Münze ein, höre das Freizeichen, dann eine Bandaufnahme, dann nichts, dann einen Piepton. Ich versuche, meine Gedanken zu sammeln, die, jetzt, da ich frei bin, merkwürdig durcheinander sind. Ich sehe, wie er auf mich zukommt, und meine Gedanken schießen wieder zusammen wie ein Magnet mit Stahl.

»Es ist nicht in Camden«, sage ich frustriert. »Also muß ich meine Freundinnen in Little Rock anrufen, damit sie mich abholen. Ohne mein Ticket kann ich nirgends hin.« Ich kenne niemanden in Little Rock, und mein Ticket brennt bereits Löcher in meine Hosentasche.

»Na gut, versuch's. Ich warte auf dich.« Erfreulicherweise macht er sich auf den Weg zu den Videospielen. Warum kann ich diese Farce nicht beenden? Ich erledige meinen angeblichen Anruf. Dann gehe ich zu ihm hin und sage ihm, daß mich jemand abholt. Ich setze mich draußen vor dem Bahnhof auf meinen Koffer und warte ungeduldig auf meine erfundenen Freundinnen. In der Zwischenzeit hat er sich auf geheimnisvolle Weise von seinem Job freigenommen und lungert am Eingang des Bahnhofs herum, als würde er selbst auf jemanden warten. Ich warte endlose Minuten, bis er schließlich fortgeht, dann schlüpfe ich in ein Taxi, dessen Fahrer ein harmloser älterer Mann zu sein scheint, der mich auf denselben Nebenwegen zum Flughafen fährt. Ich habe das Gefühl, als führe ich mit meinem Großvater; sogar den stechenden Camel-Geruch, der den Wagen erfüllt, genieße ich.

Während wir durch dieselben verlassenen Straßen fahren, frage ich mich: Habe ich unter Verfolgungswahn gelitten? Eigentlich ist nichts passiert, oder? Dann fallen mir wieder seine gemeinen Augen ein, wie sie mich kalt ansahen, sein hartnäckiges Piesacken – und ich fühle mich einfach erleichtert, ihn los zu sein. Warum sollte ich meinen Instinkt in Frage stellen, nur weil ich nicht brutal angegriffen wurde?

Später, in meinem Hotelzimmer in Memphis, wird mir klar, warum ich das Spiel fortgesetzt habe, anstatt ihm klipp und klar zu sagen, er solle verschwinden. Ich wollte gewinnen. Er sollte meine Angst – was immer auch sein Motiv gewesen sein mochte – nicht genießen. Ich konnte die Maske des Südstaatenmädchens, das zum Erntedankfest nach Hause fährt, nicht fallenlassen, um dahinter die Frau zu enthüllen, die sich in irgendeiner Weise von seinen Sticheleien hatte beeindrucken lassen. Ich mußte das Spiel zu Ende spielen.

IV Phantasievolle Waffen

Einleitung

Selbstverteidigungstrainerinnen plädieren schon lange dafür, alles, was greifbar ist, als Waffe einzusetzen. Und tatsächlich benutzen viele Frauen zu ihrer Verteidigung Gegenstände, die sie gerade bei sich tragen.

Es gibt auch Selbstverteidigungskurse, in denen Frauen gezielt lernen, mit Waffen umzugehen, z. B. mit Tränengas, Schlüsselringen oder sogar Messern und Schußwaffen. Aber das Problem ist, keine Frau weiß, wann sie überfallen wird, und die meisten Frauen werden von Bekannten oder Familienmitgliedern in der eigenen Wohnung angegriffen. »Wann nimmst du schon Tränengas mit ins Bad?« bemerkte einmal eine Freundin dazu.

In den Erfolgsgeschichten dieses Kapitels handelt es sich meist um Waffen, die zu Beginn eines Angriffs intuitiv ergriffen werden; aber eine Frau hat, wie sich noch zeigen wird, auch gelernt, eine Waffe in ihre persönliche Abwehrstrategie planmäßig einzubauen.

In diesem Kapitel kommen die verschiedensten Waffen vor. Eine Frau versucht es mit einem Stielkamm, eine andere benutzt einen Stein, über den sie gestolpert war. Eine Frau greift nach einer Zimmerpflanze und schlägt mit dem Topf auf den Angreifer ein. Wieder eine andere benutzt einen nassen Pinsel. Und eine weitere Frau hat zu ihrer Verteidigung eine Schußwaffe im Haus.

Alle Frauen reagierten phantasievoll und geistesgegenwärtig, wenn sie nach dem nächstliegenden Gegenstand griffen, um den Angriff abzuwehren. Sie konzentrierten sich, selbst wenn sie Angst hatten, auf die Frage, was sie tun könnten, um den Angreifer zu stoppen.

»Zufallswaffen« können sehr nützlich sein. Aber in der Tasche oder im Rucksack herumzuwühlen, um an einen Gegenstand heranzukommen, der nur schwer zu erreichen oder hervorzuholen ist, bringt auch nicht gerade viel.

Manche preisen Tränengas oder andere Sprays als ideale Waffen an,

und manche TrainerInnen, die Frauen empfehlen, diese Sprays zu benutzen, haben viel Geld damit gemacht. Ein paar Mitglieder der »Los Angeles Commission on Assaults Against Women« haben die Sprays auf ihren Nutzen hin getestet. Sie haben sich gegenseitig ein in Kalifornien gesetzlich erlaubtes Tränengaspräparat voll ins Gesicht gesprüht – und waren trotzdem noch in der Lage, den Angriff fortzusetzen. Sie warnten vor einer noch geringeren Wirkung des Gases, falls der Angreifer durch einen Adrenalinstoß stimuliert ist.
Solche Waffen können der jeweiligen Besitzerin leicht ein trügerisches Gefühl von Sicherheit geben. Wer eine Tränengaspistole mit sich herumträgt, meint vielleicht, sie brauche sich keine wirkungsvollen physischen oder verbalen Selbstverteidigungsstrategien anzueignen. Wenn du dich mit Tränengas sicherer fühlst, dann solltest du es auch unbedingt bei dir haben. Aber verlaß dich nicht darauf – eigne dir einige grundlegende Selbstverteidigungstechniken an.
Wenn du dich dazu entschließt, eine Waffe zu tragen, dann solltest du sicher damit umgehen können. Auch gefährliche Waffen wie Schußwaffen oder Messer haben ihre Grenzen. Schußwaffen haben zwar einen großen Abschreckungswert, aber sie könnten deine Reaktion auf zwei Alternativen reduzieren: schießen oder nicht schießen. Viele Situationen sind nicht so gefährlich, daß du schießen müßtest, und eine geladene Pistole kann dir selbst gefährlich werden.
Wie auch immer du dich in bezug auf den gezielten Einsatz von Waffen im Rahmen eurer Verteidigungsstrategie entscheidest, mach dich mit der Logik hinter der Notwehrgesetzgebung vertraut; sie könnte angewandt werden, wenn du eine Waffe benutzt oder auf andere Weise deinen Angreifer verletzt. Die Notwehrgesetze sind von Staat zu Staat verschieden. Sie sind in fast jeder Bibliothek im Strafgesetzbuch nachlesbar. Prinzipiell aber hat jede Frau ein Recht auf Verteidigung, worunter das zu verstehen ist, was ein »vernünftiger« Mensch unter ähnlichen Umständen tun würde.
»Vernünftig« heißt in diesem Zusammenhang, du darfst soviel, aber nicht mehr, Gewalt anwenden, wie von dem anderen ausgegangen ist, oder soviel, wie du ihn auszuüben für *fähig* hältst. Das zu beweisen könnte in Situationen, in denen du eine Waffe hast und der Angreifer nicht, schwierig sein.

Generell tabu sind Vergeltungsmaßnahmen. Wenn der Angreifer weggeht, dann ist es nicht erlaubt, ihn zu verletzen. Sobald er auf dem Rückzug ist, darfst du ihn nicht mehr angreifen.

Wenn du den Angreifer verletzt, solltest du, wenn irgend möglich, von deiner Anwältin oder einem Frauennotruf Rechtsauskünfte einholen, bevor du zur Polizei gehst. Du mußt den Angriff eventuell der Polizei melden, um nachzuweisen, daß du dich verteidigen mußtest. Selbst wenn du den Fall nicht weiter verfolgen willst, könnte es ratsam sein, den Angriff zu melden, nur für den Fall, daß der Angreifer versucht, dich selbst vor Gericht zu bringen wegen Körperverletzung, versuchten Totschlags oder versuchten Mordes, wie es einigen Frauen, die sich gewehrt haben, passiert ist. Die Notwehr des »vernünftigen Menschen« beruht auf der Vorstellung zweier Menschen gleichen Körperbaus, gleicher Kraft und Kampferfahrung und trifft deshalb nicht unbedingt auf Frauen zu, deren Körper völlig anders sind und die oft wenig Kampferfahrung haben. Solche Ungleichheiten werden in manchen Gerichtsverhandlungen in Rechnung gestellt, weil, so wird dann argumentiert, eine Frau, die in einer Angriffssituation eine Waffe benutzt, nur ihre fehlende Kampferfahrung oder Körperkraft kompensiert.

Was immer passiert, wenn du deinen Angreifer verletzt, hol dir Rechtsauskunft ein. Und wenn du eine Waffe bei dir trägst, vergewissere dich, daß du damit umgehen kannst. Ansonsten – nimm, was da ist, und mach eine Waffe daraus.

Der Kamm in meiner Tasche

Lynda Steele

Lynda Steele leitet ein Heim für geistig Behinderte in Kent, England, und lebt mit ihrem amerikanischen Ehemann zusammen.

> [Diese Geschichte] zu schreiben, hat mir sehr geholfen – es war eine Art Exorzismus. Vielleicht ist das das wichtigste Ergebnis des Erfolgsgeschichtenprojekts – daß die Frauen sich auf dem vor ihnen liegenden Papier jene Situation ins Gedächtnis zurückrufen und sich damit auseinandersetzen.

Bis zu meinem 22. Lebensjahr dachte ich, ich sei Pazifistin und könnte niemals einen anderen Menschen verletzen oder töten. Das änderte sich in der Nacht, in der ich überfallen wurde.

Ich hatte mich gerade von einer Gruppe FreundInnen verabschiedet und ging die letzten 300 Meter allein nach Hause. Die Straße war dunkel und beidseitig mit Büschen und Bäumen gesäumt. Ich war diesen Weg schon viele Male gegangen, ohne je Angst gehabt zu haben.

Plötzlich packte mich ein Mann von hinten. Er war kleiner als ich, aber viel stärker. Er brachte mich aus dem Gleichgewicht und stieß mich zu Boden, in die Büsche hinein. Er war so stark, daß ich mich nicht bewegen konnte; sein Gewicht auf mir war erdrückend. Ich weiß noch, wie ich dachte, daß in der Nähe Häuser sind und ich schreien könnte. Ich öffnete den Mund, um zu schreien, aber es kam kein Ton heraus. Mein Mund war leer und trocken und mein Kiefer blockiert.

Als er mich auf dem Boden festnagelte und anfing, an meiner Jacke zu zerren, versuchte ich, mich zu bewegen, mich zu drehen und unter ihm wegzurutschen – aber meine Glieder waren wie Blei. Schwere bleierne Beine, die nicht tun wollten, nicht tun konnten, was mein Kopf ihnen befahl. Ich ließ mich instinktiv schlaff werden, regungslos. In dieser einen Sekunde Leblosigkeit kam mein linker

Arm frei. Er schnellte elastisch über meinen Kopf zurück und landete auf meiner Handtasche.
Als ich den Mund öffnete, schrie es in meinem Kopf: »Hol den Stielkamm aus deiner Tasche, hol den Kamm raus, er hat einen spitzen Stiel wie ein Messer. Hol den Kamm raus!« Mein ganzer Körper schien wie in Zement gegossen, mit Ausnahme des schwingenden linken Arms und der linken Hand, die den Kamm umklammerte.
Ich hob den Kamm, um auf ihn einzustechen. Ich konnte an nichts denken, als daran, wieder und wieder und wieder in die schwarze Jacke über mir zu stoßen. Ich dachte nicht daran, daß das ein Mensch war, der auf mir lag. Ich dachte nicht daran, jemanden verletzen zu können. Ich dachte nur daran, die Jacke zu durchbohren, damit ich wieder atmen konnte.
Als ich den Kamm umklammerte, kam endlich der Schrei aus meinem Mund. Ein Angst- und Wutschrei durchdrang die Dunkelheit. Von ferne hörte ich eine Stimme sagen: »Was war das? Da drüben ist jemand.«
Plötzlich zerrte er nicht mehr an meinen Kleidern. Er rannte durch die Büsche, und ich lag da, bereit, ihn zu töten. Ich sah den Kamm an, meine Hand, meine Kleider, und als die fernen Stimmen näher kamen, brach ich zitternd vor Wut und Erleichterung in Tränen aus. Tränen über ihn, Tränen über mich, weil ich ihn hätte töten können, ihn getötet hätte. Vor allem aber Tränen über ein Ideal, das soeben zerstört worden war.
Ich würde in Notwehr töten.

Ein Stein im Sand

Marla J. Calico

Marla Calico wuchs auf einer großen Farm im Südwesten von Missouri auf. Ihr Leben drehte sich um die Tiere und die Arbeit auf der Farm. Sie konnte einen Ballen Heu oder einen Sack Futter ebenso gut werfen wie die besten Jungen, und sie glaubt, daß sie vor allem deshalb fest davon überzeugt war, einen Angriff abwehren zu können. Sie arbeitet heute als Koordinatorin im Management einer der führenden Messen der Vereinigten Staaten.

> Als ich angegriffen wurde, dachte ich an nichts, außer mich zu wehren. Es gab für mich keine Alternative. Hätte ich dem Angreifer nachgegeben, hätte ich mein Leben verloren. Ich wünsche mir inständig, daß dieses Buch unseren Schwestern zeigt, daß es Frauen wie uns gibt, Frauen, die gekämpft, und zwar erfolgreich gekämpft haben – daß Sichwehren eine Alternative ist.

Ich werde das Datum nie vergessen – Freitag, 13. Oktober 1978. Ich war auf einem längeren Urlaub in Ecuador, dem Heimatland meines Freundes, zu Besuch. Wir hatten eine lange, heiße und staubige Busfahrt zum Strand hinter uns, um dort über Nacht zu zelten. Als wir das Zelt aufgestellt hatten, war es fast dunkel, und er wollte in die Stadt gehen, um uns etwas zum Abendessen zu besorgen. Kein Problem, dachte ich, ich werde in Null Komma nichts ein Feuer für ein gemütliches Abendessen angezündet haben. Es sollte der Auftakt zu einer von mir ungeduldig erwarteten Nacht sein. Wer läßt sich schon eine Nacht voller Liebe auf einem mondbeschienenen Strand in Südamerika entgehen?

Nachdem ich genügend Feuerholz gesammelt hatte, ging ich zu einer kleinen Mauer am Ende des Strandes, um zu pinkeln. Ich war gerade in dieser albernen Stellung – Shorts um die Füße –, als fünf Männer mich von hinten ansprangen und packten.

Mein unmittelbarer Impuls war, zu schreien – ich wußte, daß unten am Strand bei einem Feuer eine Party im Gange war –, aber der Schrei hallte nur in meinen Ohren wider. Der Wind kam aus der falschen Richtung, und die Brandung war stark.
Im Laufe der nächsten Sekunden wurde klar, daß es in der Gruppe einen Führer gab, zwei überzeugte Gefolgsmänner und zwei jüngere Burschen, fast noch Kinder, die sich mehr zurückhielten. Mit den dreien im Sand zu kämpfen war sinnlos – ich strampelte mich von meinen Shorts frei, und schon wurde ich gegen die Mauer gedrückt. Um meine Schreie zu ersticken, versuchte der Anführer, mich zu würgen – die Male von seinen Fingern waren noch einige Tage danach zu sehen.
Die Mauer rettete mir wahrscheinlich das Leben. Ich konnte mich gegen sie abstützen, ich konnte die Angreifer jetzt zurückdrücken und einige Tritte austeilen. Der Anführer schrie immerzu: *»Cuchillo, cuchillo!«* Ich konnte genug Spanisch, um zu verstehen, daß einer der Jüngeren ihm ein Messer holen sollte. Glücklicherweise tauchte keins auf.
Der Kampf dauerte nur Minuten, aber mir erschien es wie eine Ewigkeit. Meine Beine gaben im Sand nach. Sie zerrten mich die Stufen bei der Mauer hoch. Als mein Kopf auf die Stufen schlug und meine bloßen Hüften und Beine von Sand und Steinen zerkratzt wurden, gelang es mir, einen baseballgroßen Stein zu packen. Ich schlug damit blind hinter mich und traf den Anführer am Kopf. In der Verwirrung der nächsten Sekunden trat ich verzweifelt um mich und traf einen von ihnen zwischen die Beine. Das gab mir Zeit, aufzuspringen und wegzulaufen.
Am Zelt angekommen, verbrachte ich die nächste Stunde in panischer Angst. Ich saß im Dunkeln und hielt mein Taschenmesser umklammert. Als mir klar wurde, daß sie mich in dieser Nacht in Ruhe lassen würden, zündete ich ein kleines Feuer an. Endlich kam mein Freund zurück. Ich sprudelte los und erzählte ihm alles – und sah, wie frustriert und hilflos er war. Er ist ein einfühlsamer Mann und tat genau das Richtige, um mich in dieser Nacht und während der nächsten angstvollen Wochen zu trösten.
Diese Erfahrung hat Narben hinterlassen – eine gewisse Angst, die ich zuvor nie hatte. Das einzig Positive an dieser Erfahrung ist die

Erkenntnis, daß ich meinen Verstand benutzt und mich erfolgreich gewehrt habe. Aber zum größten Teil war es Glück gewesen – Glück, auf einer Farm aufgewachsen und deshalb etwas stärker als die meisten Frauen zu sein; Glück, die Mauer in meinem Rücken gehabt zu haben; Glück, über diesen kleinen Stein gezerrt worden zu sein.

Mit Hilfe einer Topfpflanze

Marie Steinmetz

Marie Steinmetz arbeitet als praktische Ärztin in einer Privatpraxis in einem Vorort von Washington, D. C. Der hier beschriebene Vorfall ereignete sich zum Zeitpunkt ihrer Krankenhausausbildung in Asheville, North Carolina. Ihre Schwerpunkte sind u. a. Gesundheitsfürsorge und Arbeit mit geschlagenen Frauen.

Es war eine regnerische Mainacht oben in den Bergen von North Carolina. Ich hatte ungefähr eine Stunde geschlafen, als ich ein kratzendes Geräusch hörte. Ich dachte, es sei meine Katze, und stand auf, um sie zur Ruhe zu bringen. Ich ging zwei Schritte ins Wohnzimmer und blieb abrupt stehen, weil jemand dabei war, durch mein Fenster zu klettern. Eine schattenhafte Gestalt hob sich gegen das Straßenlicht ab. Ich spürte, wie eine eiskalte Welle der Panik in mir hochstieg, von den Zehen aufwärts bis zum Kopf. Mein Mund öffnete sich, und ich hörte überrascht, wie ein Schrei herauskam.

Ich ging näher ans Fenster, immer noch unsicher, ob die Gestalt echt war. Sie war es. Der Mann steckte bis zu den Hüften im Fenster. Das Geräusch, das ich gehört hatte, stammte vom klemmenden Fenster. Er schaffte es nicht, seinen Körper vollständig durchzuzwängen.

Er sagte: »Ich habe ein Messer. Sei still!« Ich wünschte mit jeder Faser meines Herzens das Messer weit weg. Meine Hände tasteten nach irgend etwas in Reichweite und packten den Stiel einer Topfpflanze, die vor dem Fenster stand. Ich griff den Topf und begann damit auf ihn einzuschlagen und zu schreien. Ziemlich bald merkte ich, daß mir niemand zu Hilfe kommen würde.

Ich verwandelte mich in eine Furie. Ich schlug ihn mit allem, was mir in die Hände kam. Schließlich zog er sich vom Fenster zurück und rannte weg. Ich steckte meinen Kopf durchs Fenster und schrie ihm nach, bis ich ihn nicht mehr sehen konnte. Ich weiß noch, wie ich schrie: »Laß dich hier bloß nie wieder sehen, du Arschloch!«

Nach dieser Geschichte fing ich mit Gewichtheben an. Viele Leute rieten mir, eine Waffe zu kaufen. Aber mir schien ein großer, schwarzer Schäferhund geeigneter. Er beschützt mein Haus und begleitet mich beim Joggen und auf längeren Reisen.

Ein nützlicher Pinsel
Louisa W. Peat O'Neil

Ms O'Neil, »Peaty« genannt, lebt in Maryland, in einem Vorort von Washington, D. C. In ihrer Kindheit war die Gegend noch ländlich, heute ist sie mit Einfamilien- und Apartmenthäusern zugebaut. Peaty ist die älteste von fünf Geschwistern, die allesamt dazu angehalten wurden, Schreien zu üben. »Schrei dir die Lunge aus dem Hals!« pflegte ihre Mutter oft zu sagen.
Ihre erfolgreiche Abwehr eines überführten Vergewaltigers in Florida hat Peaty ohne Zweifel ihren kräftigen Lungen und ihrem ungehemmten, reflexartigen Schreien zu verdanken.

> Jede Frau kann sich wehren. Fang mit innerer Entschlossenheit an, laß deine Muskeln spielen, und zeig mit deinen Schritten, wie stark du bist. Und lerne, ohne das geringste Zögern zu schreien. Später kannst du dann über einen eventuellen Irrtum lachen, aber du solltest es nie darauf ankommen lassen.

Am Tag des Überfalls war ich dabei, die Innenwände meiner Garage zu tünchen. Die Garage befand sich hinter unserem Bungalow in St. Petersburg, Florida, in dem ich zusammen mit zwei Freundinnen wohnte.
Ich hatte vier oder fünf Stunden gearbeitet, und am frühen Nachmittag waren die Wände fast fertig. Im Laufe des Vormittags waren meine Gedanken zu meiner Großtante und meiner Großmutter gewandert. Ich dachte an ihre Kämpfe und Siege und fragte mich, was sie wohl zu ihrer energiegeladenen Nachfahrin gesagt hätten.
Ich strich gerade die Ecke hinter der halb offenstehenden Tür. Plötzlich spürte ich etwas, ich blickte hinunter und sah einen Fuß in einem Turnschuh knapp hinter mir. Der Turnschuh war mir nicht vertraut, hellblau, und nicht die Sorte, die meine Freundinnen trugen. Ich schrie wie eine Wilde und schwang den gerade frisch in Farbe eingetauchten Pinsel herum – es war ein richtig großer An-

streicherpinsel. Arme griffen nach mir. Ich wand mich und trat und holte mit dem Pinsel in der Hand zum Schlag aus. Ich hörte keinen Moment lang auf zu schreien. Er stieß mich gegen die Wand und verschwand in Windeseile.

Aus den Nachbarhäusern kamen Leute herbei; am Ende der Straße traten die Leute aus ihren Häusern, um nach dem Grund des Radaus zu sehen. Ein Nachbar hielt eine Schrotflinte in der Hand. Meine Mitbewohnerinnen waren innerhalb von Sekunden bei mir.

Meine rechte Hand blutete aus drei häßlichen Schnittwunden. Meine Freundinnen rannten zum Haus zurück, um einen Krankenwagen und die Polizei zu rufen. Sie gaben mir Orangensaft und ein Handtuch, um meine verletzten Finger einzuwickeln. Meine Kehle schmerzte vom Schreien.

Im Notaufnahmeraum des Krankenhauses wartete ich auf die medizinische Behandlung, während ein Polizeiphotograph Bilder von meinen Wunden machte. Ein Kriminalkommissar betrat die durch Vorhänge abgeteilte Nische, um mich nach den Einzelheiten des Überfalls zu befragen. Ich war das Ganze bereits zweimal mit den Polizisten durchgegangen, die noch vor dem Krankenwagen dagewesen waren. Die Wunden waren gesäubert, lagen aber schon fast eine Stunde lang offen; ich fragte mich, ob sie vielleicht dachten, die Wunden sollten noch etwas reifen, bevor sie sie nähten.

Als der Kommissar mich noch mal aufforderte, alle Einzelheiten durchzugehen, fiel mir ein, daß ich den Mann, wer immer er war, weiß angestrichen hatte. Der Kommissar geriet darüber in helle Aufregung; er sagte, das sei ein wichtiger Hinweis und rannte davon, vermutlich um den Angreifer zu fangen.

Schließlich kam der Arzt in meine Nische und nähte die Wunden an Hand und Fingern. Er erwähnte die Möglichkeit verletzter Nerven und zeitweise eingeschränkter Beweglichkeit.

Bis zum Ende der Woche hatte ich meine Geschichte wohl fünfzigmal erzählt. Der Angriff hatte am 28. November 1978 stattgefunden, am selben Tag, als Harvey Milk und George Moscone in San Francisco vom Exbullen Dan White umgebracht wurden.

Mein Angreifer wurde innerhalb eines Tages gestellt. Er war bereits wegen Vergewaltigung vorbestraft und hatte in den wenigen Tagen, die er aus dem Knast heraus war – wo er wegen der letzten Vergewaltigungsserie gesessen hatte –, schon zwei weitere Frauen in der Nachbarschaft überfallen. Die Polizei beschrieb ihn als »Berufskriminellen« und bat mich aufs Revier, um noch einige Formulare für ihre Akten auszufüllen. Sie schickten mir sogar einen Streifenwagen, um mich abzuholen. Ich habe nie erfahren, was mit dem Vergewaltiger passierte. Ich nehme an, er wurde oder wird wieder freigelassen und wird wahrscheinlich weiter Frauen angreifen und vergewaltigen. Der staatliche Schadensersatzfonds für die Opfer von Gewalttaten bezahlte meine Krankenhausrechnung und schickte mir 99 Dollar zum Ausgleich meines Einkommensverlustes. Meine Freundinnen halfen mir, das Trauma zu überwinden, indem sie mir zuhörten, wie ich die Geschichte wieder und wieder erzählte, bis sie mein Leben nicht mehr beeinträchtigte.

Ich setzte die einzelnen Stücke zusammen: Er war durch das offene, noch nicht fertiggestellte Fenster an der Rückseite der Garage hereingekommen, hatte sich an mich herangeschlichen und wollte mir gerade das Messer an die Kehle setzen, als ich den Turnschuh sah und mit meinem farbtriefenden Pinsel schreiend zuschlug. Die Polizei sagte später, ein Vergewaltiger läuft weg, wenn die Frau schreit – und ich habe eine Stimme wie eine Sirene.

Meine Hand war dabei dem Messer in den Weg geraten, daher die Schnittwunden; vielleicht hat er aber auch absichtlich nach meiner Hand gezielt, einfach um mich zu verletzen. Ich muß immer daran denken, wenn die Morde von San Francisco erwähnt werden und ich daran erinnert werde, daß ich am selben Tag angegriffen wurde. Die Narben an meiner Hand haben einen positiven Effekt: Sie erinnern mich daran, daß ich mich gewehrt habe und nicht vergewaltigt oder gar umgebracht wurde.

Meine aktive Gegenwehr war ein natürlicher Reflex. Mein Instinkt gab den Anstoß, das Glück half. Meine Mutter hatte mir als kleinem Kind beigebracht, kräftig zu schreien, und ich habe das, obwohl ich diese Fähigkeit nicht oft brauche, von Zeit zu Zeit immer wieder geübt. Ich habe keine Hemmungen, einen gewaltigen, markerschütternden Schrei auszustoßen. Das Glück hatte mir einen Pinsel in die Hand gedrückt – eine ungewöhnliche Waffe, aber ausgesprochen wirksam; sie hat den Angreifer gekennzeichnet und vielleicht seine Ergreifung beschleunigt.

Vielleicht sollten auch andere Frauen so einen ordentlich kraftvollen Schrei erlernen, den sie lange durchhalten können. Auch Kampfübungen finde ich sehr sinnvoll. Ich hatte, schon lange vor diesem Angriff, geübt, wegzulaufen, wobei Freundinnen den Vergewaltiger spielten. Ich war nie in einem Selbstverteidigungskurs, aber ich habe keine Angst, zurückzuschlagen; wenn es sein muß, werde ich es wieder tun.

Kein Bluff

Laura Smith Turner

Laura Smith Turner steht kurz vor ihrem Examen in Schottischer Geschichte und Fremdsprachen. Sie hat ein kleines Geschäft im ländlichen Süden.

Dieses Ereignis hat mein Leben verändert. Ein paar Wochen lang kam ich mir ziemlich wahnsinnig vor, schließlich war es furchtbar, auf einen Mann zu schießen, der sein zukünftiges Opfer noch nicht einmal angefaßt hatte. Aber wenn er in mein Haus hereingekommen wäre, hätte er mich, so drohte er, vergewaltigt und brutal zusammengeschlagen. Jetzt, da ich sowohl das emotionale Trauma als auch die Ungewißheit möglicher juristischer Folgen überlebt habe, stelle ich fest, daß diese Erfahrung mein Selbstvertrauen und meine Eigenständigkeit enorm gestärkt hat. Ich erzähle die Geschichte immer noch gerne, weil sie bei meinen Zuhörerinnen eine spontane Welle der Hochachtung hervorruft.

Wenn sich immer mehr Frauen zur Wehr setzen, kommen die Männer vielleicht auf die Idee, daß es ziemlich riskant ist, eine Frau anzugreifen. Die Vorstellung eines bewaffneten Geschlechterkampfes auf der Straße ist furchtbar, aber die Philosophie, ihm auch die andere Wange hinzuhalten, löst das Problem mit Sicherheit nicht.

Ich lebte damals in einem kleinen Haus in den Wäldern, ohne Elektrizität und fließend Wasser. Ich war vollkommen allein dort. Niemand sonst war in der Nähe. Da ich erschöpft war, ging ich gegen halb acht zu Bett. Ich hatte ungefähr eine halbe Stunde geschlafen, als ich hörte, wie jemand draußen meinen Hund von der Kette ließ. Toby freundete sich mit jedem an, also ging ich nachsehen. Der Typ war schon ein paarmal hiergewesen, und er war mir nicht sonderlich sympathisch. Er ließ sich meist vollaufen und brachte alles durchein-

ander, und ich hatte ihm verboten, nochmals herzukommen. Aber die Menschen tun nun mal, was sie wollen, egal, ob es dir gefällt oder nicht.
Ich rief ihn an, um sicherzugehen, daß er es war, und er sagte mir, er suche John, einen Mann, der im vorangegangenen Monat in seinem Bus auf meinem Grundstück gewohnt hatte. »John ist nicht da«, sagte ich, »such ihn woanders.« Aber er wollte nicht woanders suchen, er wollte mich ärgern. Er fing an herumzubrüllen, und ich mußte mir ungefähr eine halbe Stunde lang die übelsten Beleidigungen anhören, die ich je in meinem Leben vernommen habe.
Ich hatte Todesangst und wußte aus Erfahrung, daß er, betrunken wie er war, noch gemeiner werden würde. Wenn er einmal außer Kontrolle geriet, bedurfte es normalerweise drei oder vier seiner Brüder, um ihn zu beruhigen und wegzuschaffen. Vor den Fenstern meines kleinen Hauses befanden sich nur Fliegengitter, die im Winter mit Plastik bedeckt wurden; sie boten also keinen Schutz, und der Hund interessierte sich nicht dafür, was los war. Ich besaß ein Gewehr, und ich wußte, es war geladen. Ich sagte ihm, er solle verschwinden, aber er tat es nicht, also drohte ich: »Ich habe ein Gewehr, und ich weiß damit umzugehen!« Darauf er: »Ach was, das weißt du nicht, du hast keine Ahnung davon.« Also gab ich von der Hintertür aus einen Schuß über die Wiese ab, wo niemand verletzt werden konnte. Das machte überhaupt keinen Eindruck auf ihn.
»Ich komm jetzt rein und zeig dir, was ein echter Mann ist«, rief er. Er hatte das schon öfter gesagt, also wußte ich, daß es ihn seit einiger Zeit beschäftigte. Ich hatte kein Interesse daran, herauszufinden, was für ein Mann er war. Wenn er nicht so betrunken gewesen wäre, dann hätte der Schuß zur Hintertür hinaus vielleicht mehr Eindruck auf ihn gemacht. Aber so sagte er: »Na mach schon, schieß auf mich, mach schon, bring mich um, es ist mein letzter Wunsch, daß du den Rest deines Lebens im Gefängnis verbringst.«
Ich zitterte am ganzen Leib. Was für ein Adrenalinstoß! Ich hatte panische Angst. Draußen an der Hintertür war eine Glocke angebracht, mit deren Hilfe ich meine NachbarInnen verständigen konnte; ich zog so lange daran, bis sie kaputt war und herunterfiel. Niemand hörte sie, niemand kam. Der Kerl sagte jetzt, er würde hereinkommen, und ich sagte: »Nein, das wirst du nicht.« Dann

stieß er seinen Arm durch das Vorderfenster. Als der Arm durch das Gitter hereinkam, drückte ich ab.
Ich hätte ihn auf keinen Fall ins Haus gelassen und mich ihm gefügt. Wenn ich ihn hätte erschießen müssen, dann hätte ich es getan. Das ist keine rationale Entscheidung. Es ist, als würde sich deine Schädeldecke heben und dein Bewußtsein sich erweitern. Deine Gedanken rasen dreißigmal so schnell wie sonst, du stehst die ganze Zeit über Todesängste aus, aber ihn hereinzulassen war entsetzlicher, als auf ihn zu schießen.
Es war ein Jagdgewehr, und ich stand ungefähr anderthalb Meter von ihm entfernt. Die Kugel drang offenbar durch seinen Ellbogen hindurch in seinen Leib. Er fiel nieder und sagte: »Ich bin schwer verletzt, hol Hilfe.« Ich sah, daß er wirklich verletzt war, also sagte ich: »Okay, ich hole jemanden.« Natürlich war ich nicht halb so ruhig. Ich zog mir Schuhe an, nahm das Gewehr und eine Taschenlampe und machte mich querfeldein auf den Weg. Bis zum Haus meiner Nachbarin waren es ungefähr 400 Meter. Ich hämmerte an die Tür, und sie ließ mich herein. Sie hatte nichts gehört und verstand meine Aufregung nicht, aber ich ging direkt zum Telefon und rief den Sheriff an. Der Notarzt kam, flickte den Burschen notdürftig zusammen und nahm ihn mit. Während ich unterwegs war, um Hilfe zu holen, war John zurückgekommen. Auch er war betrunken; er hatte vorher zusammen mit dem Kerl, auf den ich geschossen hatte, getrunken. Er flippte total aus, als er über den Körper seines Kumpels stolperte und nicht wußte, ob ich auf ihn oder er selbst auf sich geschossen hatte, oder was. Drei oder vier Polizisten waren notwendig, um ihn zu überwältigen. Sie nahmen ihn mit ins Gefängnis. Nachdem sich alles soweit beruhigt hatte, sagten sie, ich müßte mitkommen, um eine Aussage zu machen.
Eine Frau war da, die Frau des Polizisten, die meinen Anruf entgegengenommen hatte. Sie war wirklich wunderbar, sie bewahrte mich vor dem Zusammenbruch. Wir gingen hinein, und erst verlangten sie, daß ich alles erzähle, und dann mußte ich noch mal alles aufschreiben. Sie sagten: »Das ist alles, wir geben Ihnen Bescheid, wie es ihm geht. Sie können jetzt nach Hause gehen.« Aber wer kann nach so etwas schon einfach nach Hause gehen und schlafen! Zum Glück war es Frühling, und die Hügel waren mit wilden Blu-

men übersät. Gegen vier oder fünf Uhr morgens stand ich auf und ging spazieren. Der Hund fand das phantastisch.
Die Woche darauf war die schlimmste meines Lebens. Du kannst dir nicht vorstellen, was für ein Schock das war. Ich mußte zur Arbeit gehen, und die Vorderseite meines Hauses und der Boden davor waren voller Blut. Blut stinkt, falls du das nicht weißt; es stinkt entsetzlich. John saß im Gefängnis, und ich ging ihn besuchen und sagte: »Das war's dann. Wenn du dich nicht benehmen kannst und deine Freunde nicht im Zaum hältst, kannst du nie wieder auf meinem Grundstück campen.« Er verlangte, ich solle eine Kaution für ihn stellen, aber das tat ich nicht. Sie hatten schließlich keine Lust mehr, ihn mit Fertiggerichten zu füttern, und ließen ihn früher raus.
Die Staatsanwaltschaft verhielt sich solidarisch. Der Kerl, auf den ich geschossen hatte, war ein notorischer Krawallmacher. Er wurde fast jede Nacht wegen Trunkenheit und Ruhestörung aufgegriffen, und, um ehrlich zu sein, ich glaube, sie waren froh, daß ihm endlich jemand die Stirn geboten hatte.
Drei oder vier Tage später hielt ich an einer Tankstelle, die einem der örtlichen Friedensrichter gehörte, und schrieb einen Scheck für das Benzin aus. Er sah den Scheck an und dann mich. Meine Augen waren blutunterlaufen, und ich hatte dicke, schwarze Ringe unter den Augen. Er sagte: »Sind Sie ...?« und ich sagte: »Ja.« Er sagte: »Ich habe gehört, Sie hatten neulich ein paar Probleme bei sich zu Haus.« Ich sagte: »Ja, Sir, die hatte ich.« Er sagte: »Also, ich wollte Ihnen nur sagen«, und dabei klopfte er mir ununterbrochen auf die Hand, »ich wollte Ihnen nur sagen, daß Sie das meiner Meinung nach wirklich gut gemacht haben und ich stolz auf Sie bin.« In dem Moment wußte ich, alles würde gut werden.
Ein paar Tage lang wußte niemand, ob der Mann überleben würde. Später erfuhr ich, daß er bereits im Krankenwagen auf dem Weg zum Hospital einmal klinisch tot gewesen war, und zweimal auf dem Operationstisch, aber sie hatten ihn jedesmal wiederbelebt. Ich wollte nicht, daß er stirbt, denn dann wäre ich vor Gericht gekommen. Es dauerte ein paar Monate, bevor das Geschworenengericht den Fall behandelte. Einer der Geschworenen erzählte mir später, daß sie sich nicht entscheiden konnten, ob sie ihn oder mich unter Anklage stellen sollten, also klagten sie weder ihn noch mich an.

Diese Erfahrung hat meine Ansichten über Selbstverteidigung radikalisiert. Ich bin Ende der sechziger, Anfang der siebziger Jahre aufgewachsen und glaubte an Frieden, an Liebe und daran, nicht zurückzuschlagen, sondern die andere Wange hinzuhalten; damals gab es für mich keine Entschuldigung für Krieg oder Gewalt. Aber nun bin ich der Meinung, daß ich, wenn jemand mein Leben bedroht, das Recht habe, das zu verhindern. Diese Einstellung half mir, mich mehr als je zuvor in der Gegend heimisch zu fühlen. Es ist ein alter Landkreis, ausgesprochen ländlich, und ich kam schließlich aus einer großen Stadt. Die Leute wußten anfangs nicht, was sie von mir halten sollten.

Nachdem der Mann, der mich angegriffen hatte, drei Wochen im Krankenhaus gelegen hatte, waren die Leute des Sheriffs hingegangen, um seine Aussage aufzunehmen; er bestätigte alles, was ich ihnen gesagt hatte. Er hätte das nicht zu tun brauchen. Er hätte lügen und mir die Sache viel schwerer machen können. Aber er bestätigte meine Geschichte und diktierte sogar einen Brief an mich, um sich zu entschuldigen. Er sagte: »Ich dachte, du bluffst, und ich habe dich herausgefordert, und das hätte ich nicht tun sollen. Was du getan hast, war richtig, und es tut mir leid, daß ich dich dazu gezwungen habe.« Ich mußte seitdem nur ein- oder zweimal mit ihm sprechen. Er hat sich nie wieder auf meinem Grundstück blicken lassen.

V Lebensgefährliche Angriffe

Einleitung

Am meisten fürchten wir uns vor Waffen, Gruppenüberfällen und Situationen, in denen wir uns körperlich wehren müssen. Die Geschichten in diesem Kapitel handeln nicht nur von extremer Gewalt, sondern auch von entsprechend harten Reaktionen.

Wenn du mit vergewaltigten Frauen arbeitest, hörst du immer wieder Geschichten über Morddrohungen. »Wenn du's nicht machst, dann bring ich dich um!« Männer zwingen Frauen dazu, sich aus Angst, es könnte Schlimmeres passieren, an ihrer eigenen Vergewaltigung zu beteiligen. Der Vergewaltiger oder Angreifer fürchtet vor allem, es könnte jemand herausfinden, wer er ist; deshalb droht er gewöhnlich: »Wenn du irgend jemand davon erzählst, bring ich dich um!« Oder: »Ich tu deiner Familie was!« Oder: »Ich erzähle allen, du hast es genossen!«

Wir wissen von einer Frau, die die Tür ihres Wohnwagens öffnete und vor einem Angreifer mit Schußwaffe stand. »Wenn du nicht tust, was ich will, dann bring ich dich um!« drohte er. Sie sah ihn nur an und sagte: »Na, dann mußt du mich jetzt gleich erschießen, weil ich nämlich nichts von dem tun werde, was du willst.« Ihr Wille, sich zu verteidigen, war stärker als seiner, sie zu verletzen – er ging.

Fernsehen und Kino vermitteln uns falsche Vorstellungen. Sowohl im Spielfilm als auch in den Nachrichten spielen die Medien den Gebrauch von Waffen, die Häufigkeit von Gruppenangriffen und die tatsächliche Ermordung von Frauen übermäßig hoch. In weniger als zehn Prozent der den Notrufzentralen gemeldeten Fälle wurden Waffen gebraucht. Und oft wird eine Waffe nur als Drohmittel benutzt, als Mittel, Angst einzujagen. Tatsächlich sagt der Angreifer damit: »Ich muß etwas in der Hand haben, womit ich dich töten könnte, um überhaupt an dich heranzukommen.« Eine interessante psychologische Aussage – der Angreifer gesteht seinem »Opfer« damit eindeutig eine Menge Macht zu.

Wenn jemand mit einer Waffe droht, bedeutet das nicht unbedingt, daß er tatsächlich eine hat. Einige Frauen haben ihre Angreifer herausgefordert und erklärt, sie glaubten nicht, daß er eine Waffe habe. Wenn sich dir etwas in den Rücken bohrt, muß das nicht unbedingt eine Schußwaffe sein; es könnte ein Schraubenzieher sein oder ein Finger.

Vielleicht sagst du jetzt: »Na schön, aber was ist mit Verrückten?« Es stimmt, ein gewisser Prozentsatz der Angreifer ist psychotisch, aber wir wagen die Behauptung, daß dieser Prozentsatz nicht höher liegt als generell in der Bevölkerung. Mit Massenmördern lassen sich Zeitungen verkaufen, aber eure Chance, tatsächlich auf einen Verrückten zu treffen, ist ziemlich gering, wenn auch nicht gleich Null. Zu überleben kann heißen, mit allem, was du an Kraft und Willen besitzt, zu kämpfen, alles, was du je gelernt hast – ob körperlich, geistig, emotional –, einzusetzen, um am Leben zu bleiben. Py Bateman erzählt uns in »Lebend davongekommen« eine solche Geschichte. Py Bateman ist sportlich, Trägerin des Schwarzen Gürtels in Karate, und sie traf auf einen »verrückten« Angreifer; er schien ausschließlich daran interessiert zu sein, ihr das Leben zu nehmen, ohne sie je zuvor gesehen zu haben. Trotz seines eindeutig geplanten Angriffs und seiner anhaltenden Versuche, sie zu töten, bewies sie viel Mut und Geschick, und sie hat überlebt. Kimberly Rosa bietet in »Eine Geschichte vom Trampen« ihre ganze Willenskraft auf und kämpft um ihr Leben.

Du solltest nicht vergessen, daß die meisten Frauen von Männern angegriffen werden, die sie kennen und die in der Regel bei Verstand sind. Das heißt natürlich nicht, daß ihre Handlungen vernünftig sind. Die Männer in diesem Land wachsen mit einem furchtbaren Erbe an Negativvorstellungen über sich und über Frauen auf; einige davon leben sie vielleicht in einer Vergewaltigung aus. Manche solcher Vorstellungen werden durch die milliardenschwere Industrie der Gewaltpornographie genährt, die mehr Profit macht als die Schallplatten- und Konzertindustrie zusammen und das Bild verbreitet, Frauen hätten Freude an sexueller Erniedrigung und Mißhandlung.

Tatsächlich entkommen viele Frauen einem bewaffneten Angreifer, wenn auch oft nur mit mehr oder weniger ernsthaften Verletzungen.

Aber auch Frauen, die verletzt wurden, überleben. Überleben heißt nicht immer, den Angreifer zu Brei zu schlagen. Manchmal heißt es rennen. Oder sich verstecken, bis er weggeht. Oft heißt es, dich durch mündliches Verhandeln in eine ungefährlichere Lage zu bringen: »Wenn du die Waffe hinlegst, tu ich, was du willst.« Wenn er sie weggelegt hat, kannst du handeln.

Die Hälfte der Verteidigung besteht darin, die Situation zu Beginn richtig einzuschätzen. Wie groß ist die Gefahr? Ist mehr als ein Angreifer da? Ist eine Waffe im Spiel? Oder ist der vermeintliche Verfolger nur jemand, der von der Arbeit nach Hause hastet? Viele Frauen wollen das nicht überprüfen. Wir haben Angst vor der Erkenntnis, daß der Angriff uns gilt und nicht einer Schauspielerin im Fernsehen. Wir versuchen, die potentielle Gefahr zu ignorieren in der Hoffnung, sie ginge dann vorüber. Aber das kann leider auch bedeuten, lebenswichtige Informationen in einer lebensgefährlichen Situation zu ignorieren.

Die Frauen in diesem Kapitel bedienen sich alle eines ausgesprochen sensiblen Urteilsvermögens, um die Situation einzuschätzen und eine angemessene Verteidigung vorzubereiten, um der Gefahr zu begegnen. Manchmal scheint es überhaupt keine Zeit zu geben, um festzustellen, was los ist, aber es bleibt immer genug, um sich wirksam zu wehren. Oft gibt es mehr als eine Chance, und es ist wichtig, ruhig genug zu bleiben, um sie zu sehen und zu ergreifen.

In »Zeugnis einer Sozialhilfeempfängerin« entkommt Juana Maria Paz einem lebensbedrohenden Angriff ihres Mannes, um endlich für sich und ihr Kind ein neues Leben aufzubauen. Dank der Frauenhäuser haben geschlagene Frauen in den letzten zehn Jahren größere Chancen zu entkommen, auch wenn es nicht leicht ist. Die Dynamik von Liebe und Gewalt ist kompliziert, und sie erschwert, wie bei allen Angriffen durch Bekannte, die »Verteidigung«. Oft befinden sich die Frauen in finanzieller und emotionaler Abhängigkeit und sind durch die gemeinsamen Kinder gebunden.

Cindy Nakazawa zeigt in ihrer Geschichte »Asiatisch, weiblich und kampflustig«, wie eine zierliche Frau lernt, das Klischee der besonderen Verletzbarkeit zu überwinden. Asiatinnen gelten gemeinhin als zerbrechlich und exotisch, aber Cindy besitzt einen starken Kampfgeist, und sie hat jahrelang Aikido trainiert, was ihr den Rük-

ken stärkt. Sie wurde schon öfters angegriffen. Sie bewies Mut und Geistesgegenwart; und sie versteht die psychologischen Zusammenhänge einer Attacke.
Überfälle in Gruppen können geplant sein, aber sie gehen selten von organisierten Banden aus, sondern eher spontan von Freundesgruppen, die zusammen etwas getrunken haben und sich vielleicht gegenseitig dazu herausfordern, »eine Frau anzumachen«. Dora Gonzalez wird in »Hier kommt die Machofrau ...« auf einer Party mit einer solchen Clique von Kumpeln konfrontiert, die bei ihrer handfesten Verteidigung buchstäblich zu Boden gehen.
In »Kampf auf dem Friedhof« setzt sich Rashida bei einem anderen Gruppenangriff auf unglaubliche Art und Weise zu Wehr. Sie bringt erst den Mann, der ihr am nächsten steht, vollkommen durcheinander, und dann den nächsten, wobei sie erfolgreich auf die jeweils gefährlichste Bedrohung zuerst reagiert. Sie explodiert förmlich und flieht dann, schneller und zielstrebiger als ihre Möchtegernkidnapper.
Leslie Bandles Geschichte »Warten auf eine Chance« ist aus verschiedenen Gründen nicht leicht zu lesen: Der Angriff dauert lange und ist furchtbar, und außerdem spielen rassistische Gefühle und Vorstellungen eine Rolle. Leslie hat überlebt, sie hat ihre Geistesgegenwart und ihren Verstand benutzt, um nicht getötet zu werden.
Trotz der gefährlichen Situationen, von denen du in diesem Kapitel lesen wirst, haben all diese Frauen überlebt und können jetzt davon berichten. Der Schlüssel zum Erfolg lag oft in der Vielfalt der von ihnen ausprobierten Verteidigungsvarianten – verbal, körperlich, Einsatz von Waffen. Die Geschichten werden selbst die größte Skeptikerin überzeugen.

Hier kommt die Macho-Frau ...

Dora Gonzalez

Dora Gonzalez lebt in Kalifornien und unterrichtet zweisprachig (in Spanisch und Englisch) Kinder im Vorschulalter aus Familien mit meist geringem Einkommen. Eines ihrer Ziele als Lehrerin ist es, den Kindern als starke Frau ein Vorbild zu sein.

> In meiner Klasse war einmal ein kleiner Junge, der wirklich böse auf mich wurde, weil ich ins Meer schwimmen ging. Er sagte, Frauen sollten nicht schwimmen, sie sollten überhaupt nichts dergleichen tun. Er erklärte mir, daß er mir, wenn er groß wäre, Arme und Beine abschneiden und dann weiter hinausschwimmen würde als ich. Der Junge war vier Jahre alt.
>
> Etliche Kinder denken anfangs ähnlich, aber sie ändern ihre Meinung, wenn sie mich und meine Arbeit länger erleben. Ich springe und laufe mit ihnen um die Wette. Ich zeige ihnen, daß es Frauen gibt, die nicht nur Spanisch können, sondern auch schwimmen und rennen und zugleich liebevoll und fürsorglich sein können.

Santa Paula, wo ich zur Schule ging, ist ein kleines Städtchen in Ventura County, Kalifornien. Eine Stadt für SchülerInnen – wenn etwas los ist, dann rund um sie und die Schule. Es gibt viele Partys, auf denen die Leute sich betrinken und Schlägereien anfangen. Santa Paula ist die Sorte Stadt, in der Kids gerne kämpfen.

Eines Abend ging ich zusammen mit meinem Cousin Victor zu einer Party bei einem Freund. Die Party war ziemlich groß, und es gab ein paar Fäßchen Bier. Es waren sowohl Leute da, die ich kannte, meist Jungen und Mädchen von der High School, als auch ältere Jungen, die sich gerne in der Nähe der High-School-Mädchen herumtrieben.

Victor war gerade erst von den Marines zurückgekehrt. Er war früher ein ziemlich aggressiver Typ gewesen und versuchte das jetzt zu überwinden, aber kaum waren wir auf der Party angelangt, da war er auch schon in einen Kampf verwickelt.

Die Sache war so: Drei feindselige Typen tauchten auf und fingen sofort an, auf einem ziemlich kleinen Kerl herumzuhacken.

Niemand kannte den Kleinen, und die anderen kannten wir auch nicht sonderlich gut; sie tauchten einfach ab und zu in der Stadt auf. Sie fingen draußen einen Streit mit dem Kleinen an, dann nahmen sie ihn mit ins Haus und brachten ihn ins Bad. Dort begannen sie, ihn in der Badewanne zusammenzuschlagen.

Mein Cousin Victor konnte nicht einfach herumstehen und zusehen. Er mußte hingehen und dem anderen helfen. Das war für ihn selbstverständlich. Die Leute standen einfach herum, ohne etwas zu unternehmen, ohne zu überlegen, was sie tun könnten. Also mischte Victor sich ein und holte den kleinen Kerl raus. Die drei wandten sich sofort Victor zu und wollten auf ihn losgehen, deshalb ging ich zu ihm. Er stand einfach da und wartete. Ich wollte verhindern, daß er irgend etwas tat, das ihn wieder ins Gefängnis bringen würde wie schon zweimal zuvor.

»Victor«, sagte ich, »komm weg hier. Wir müssen hier raus.« Die Typen kamen immer näher, und er stand immer noch da, bereit, es mit allen dreien aufzunehmen.

Als sie sahen, wie ich auf meinen Cousin zuging, änderten sie ihre Zielrichtung. Sie kamen jetzt auf mich zu, und ich erkannte, was sie vorhatten. Einer von ihnen griff nach einer Flasche. Mir wurde klar, daß es ziemlich gefährlich werden würde, und ich hatte Angst.

Ich dachte nur daran, meinen Cousin da herauszubekommen. Da ich seit anderthalb Jahren Karate machte, kannte ich ein paar Tritte. Die drei kamen hintereinander auf mich zu. Ich beschloß, mir den ersten vorzunehmen, wobei ich wußte, daß ich schnell sein und sie überraschen mußte. Sie erwarteten keinen Widerstand, und schon gar nicht von mir.

Ich hob mein Bein und trat den ersten Typen so fest wie möglich in sein Geschlechtsteil. Er krümmte sich, und der Schock stand ihm ins Gesicht geschrieben. Er konnte einfach nicht glauben, was ihm eben passiert war. Der zweite Typ kam heran. Ich holte zu einem Handkantenschlag aus und schlug ihn so hart auf die Nase, daß sie zu bluten anfing und er stehenblieb. Und wieder sah ich diesen völlig ge-

schockten Ausdruck im Gesicht des Angreifers. In der Zwischenzeit hatten sich andere Männer vorgewagt; sie ergriffen den dritten Typen und hielten ihn fest.
Ich bin erstaunt, wie selbstverständlich die Gewalttätigkeit der drei akzeptiert wurde. Niemand hatte daran gedacht, dazwischenzugehen und dem Jungen im Badezimmer zu helfen. Wir waren viele, wir hätten uns die drei greifen und sie außer Gefecht setzen können, aber keiner von den anderen war auf die Idee gekommen. Andererseits war es für mich eine der ermutigendsten Erfahrungen, die ich je gemacht habe; ich wußte jetzt, daß ich mich selbst verteidigen konnte, wenn ich nur schnell und genau genug war und nicht daran dachte, daß ich selbst verletzt werden könnte. In meinen Augen waren die drei in dem Moment keine Menschen, und sie spürten das. Sie hatten nicht die geringste Macht über mich, im Gegenteil, ich war mächtiger als sie gewesen, ich hatte sie überwältigt.
Mein Cousin war überrascht. Er erzählte die Geschichte überall herum. Er war unglaublich stolz darauf, daß ich so hatte reagieren können. Unsere Beziehung veränderte sich völlig. Als die beiden ältesten Kinder in der Verwandtschaft waren wir Widersacher gewesen, jetzt waren wir befreundet.
Nachdem die Geschichte sich in der Stadt herumgesprochen hatte, machten sich die Jungen zunächst über mich lustig: »Hier kommt die Macho-Frau!« Aber die Frauen, die mit mir sprachen, waren echt verblüfft darüber, daß ich so mit diesen Typen umgegangen war, denn sie waren dafür bekannt, überall Ärger zu machen. Später habe ich einen von ihnen wiedergesehen, aber er wagte sich nicht in meine Nähe.
Heute gehe ich ohne Angst überallhin, weil ich weiß, ich kann mich verteidigen. Gewöhnlich trage ich entsprechende Schuhe. Allerdings gehe ich eindeutig gefährlichen Situationen aus dem Weg. Wenn ich mich abends mit anderen irgendwo treffe, fahre ich allein mit dem Fahrrad hin. Ich spüre, wie mein Auftreten zeigt, daß ich auf mich selbst aufpassen kann.
Ich hätte nicht so gehandelt, wenn ich keinen Selbstverteidigungsunterricht gehabt hätte. Ich hatte den Kurs noch nicht einmal deshalb angefangen, um mich besser verteidigen zu können, sondern um fit zu bleiben. Ich hatte gar nicht daran gedacht, das Gelernte

einmal anwenden zu müssen. Aber jetzt weiß ich, wie wichtig der Kurs ist, weil er dich vorbereitet; du weißt zu treten, du weißt jemanden zu verletzen, du weißt dich zu wehren.

Ich will damit nicht empfehlen, andere Menschen zu verletzen. Aber Frauen werden angegriffen, und sie müssen wissen, wie sie zurückschlagen können, sie müssen im Ernstfall wissen, wie der andere zu verletzen ist, damit die Männer nicht glauben, sie könnten alles mit uns machen. Wenn ein Angreifer zum Beispiel so schwer verletzt wird, daß er kaum mehr gehen kann, wird er es sich zweimal überlegen, ob er wieder eine Frau überfällt; und er hätte nicht mehr dieses Machtgefühl, das ihm der Angriff auf andere gibt.

Für Frauen lateinamerikanischer Herkunft ist Selbstverteidigung doppelt wichtig. Wir werden als Volk aufgrund unserer ethnischen Herkunft in dieser Gesellschaft unterdrückt, und wir werden von unseren eigenen Männern unterdrückt.

Das ist ein gewaltiges Problem, das nur von vielen verschiedenen Seiten zugleich angegangen werden kann, zum Beispiel im Bereich der Erziehung und der Sozialarbeit. Du kannst es nicht allein mit einem Selbstverteidigungskurs lösen, weil viele Frauen dort gar nicht hingehen würden. Sie sind zu Hause, füttern ihre Kinder, und ihre Männer sagen ihnen, daß sie nirgendwo allein hingehen können.

In mexikanischen Familien arbeiten die Frauen hart. Sie ziehen ihre Kinder groß und arbeiten gleichzeitig auf den Feldern. Das macht sie kräftig. Sie sitzen nicht auf einem Podest, deshalb fühlen sie sich nicht so hilflos wie Frauen, die ihre Familie niemals durch *körperliche* Arbeit erhalten mußten. Wenn du mit Feldarbeit aufwächst, dann besitzt du ein gewisses Maß an Kraft. Du bist stark, du hast Sachen auf die Lastwagen geworfen und zentnerweise Lebensmittel geschleppt. Nicht alle Latina-Frauen arbeiten auf den Feldern, aber viele von ihnen haben ihre Mütter auf den Feldern arbeiten sehen, denn wir Latina-Frauen haben uns während der gesamten US-amerikanischen Geschichte auf den Feldern abgearbeitet.

Ich habe gesehen, wie meine Großmutter Leute anschrie, die ihre Töchter, sie selbst oder mich beleidigt hatten. Ich habe gesehen, wie sie es mit Männern aufnahm, mit ganzen Gruppen von Männern an der Straßenecke; wahrscheinlich habe ich deshalb keine Angst gehabt, mich mit mehr als einem Mann auf einen Kampf einzulassen. Ich habe sie sagen hören: »Ich verbiete dir, vor meinen Töchtern so zu reden«, oder vor ihrer Enkelin oder vor sonst jemandem, der ihrer Meinung nach beleidigt wurde. Wenn sich jemand oft genug für dich eingesetzt hat, dann bekommst du schließlich selbst das Gefühl, es wert zu sein, verteidigt zu werden.

Zeugnis einer Sozialhilfeempfängerin

Juana Maria Paz

Juana Maria Paz ist 33, in New York geboren, Puertorikanerin, Lesbe, Mutter und Sozialhilfeempfängerin. Sie hat Bücher, Theaterstücke und Kritiken veröffentlicht und als Ansagerin und Produzentin für Fernsehen und Rundfunk gearbeitet. Sie führt ein Geschäft mit handgenähten Kleidern aus ihrer Heimat. Die Themen, über die sie heute schreibt, drehen sich um Gefängnis, Armut und Bildung. Sie koordiniert ein Leseprojekt im Gefängnis von Fayetteville, Arkansas, wo sie mit ihrer dreijährigen Tochter Ann lebt.

Vor ungefähr zehn Jahren begann der Mann, mit dem ich zusammenlebte, mich so regelmäßig und brutal zu schlagen, daß ich um mein Leben und das meines neun Monate alten Babys, Mary Ann, fürchtete. Wir lebten in einem kleinen Häuschen an der Küste Floridas, und ich versorgte uns alle drei von meiner Hinterbliebenenrente, mit deren Hilfe ich zum ersten Mal aufs College gehen konnte.

Eines Tages im Juni gab mein Freund Mark einige erstaunliche Dinge zu: Er hatte absichtlich jede Nacht mit mir geschlafen, bis ich schwanger wurde, und mich während unserer ganzen Beziehung durch ein ausgefeiltes Netz von Lügen und Betrügereien manipuliert. Er lachte und sagte, das sei leicht gewesen, denn ich würde nach einem Moralkodex leben, so daß er meine Reaktionen in jeder Situation vorhersagen konnte. Und er sagte, er würde mich nicht lebend gehen lassen. Ich drohte, ihn zu verlassen, und er drohte, uns alle umzubringen, einschließlich Baby und Hund.

Ich wußte, er meinte es ernst in jener Nacht, als er mich durchs Haus zerrte, mit einer Hand die Fenster schloß, um den Lärm zu dämpfen, und mir mit der anderen den Mund zuhielt. Im einen Arm hielt ich das Baby, mit dem anderen versuchte ich, seinen Griff zu lockern, damit ich atmen konnte. Ich konnte mich lange genug losreißen, um Zeter und Mordio zu schreien, und in wenigen Minuten war die Polizei da und untersuchte mich auf äußerliche Verletzungen. Sie drängten mich, eine Aussage zu machen, aber mein Mund war innen verletzt, und ich konnte nicht sprechen. Sie versicherten mir, meine Nachbarn würden auf mich aufpassen, und schärften mir ein, im Notfall um Hilfe zu schreien, dann würde sie jemand rufen.

Sie gingen, und Mark entschuldigte sich. Er wollte tatsächlich mit mir schlafen. Ich weigerte mich. Er vergewaltigte mich am nächsten Tag. Als alles immer schlimmer wurde, fing ich an, Pläne zu machen, um die Stadt zu verlassen. Ich hatte alles zusammengepackt und wartete auf einen Wagen zùr Bushaltestelle, als er betrunken und mit einem geladenen Gewehr bewaffnet nach Hause kam. Er hielt mich vier Stunden lang gefangen, trat und schlug mich so oft nieder, daß ich mich kaum mehr erinnern kann, wie oft.

Er wollte mich umbringen, aber ich glaube, er hatte Angst, ohne mich zu leben. Er vergewaltigte mich, bis er keine Erektion mehr kriegte. Mary Ann weinte zuerst, aber ich schloß die Tür, damit sie uns nicht beobachten konnte, und sie setzte sich schließlich in ihren Laufstall und spielte auf ihrem roten Spielzeugklavier.

Mark beschloß, ich sollte noch ein Abendessen kochen, bevor er mich umbrachte. Auf dem Weg zum Lebensmittelgeschäft rannte ich weg, obwohl er versichert hatte, er würde mir in den Rücken schießen, wenn ich auch nur eine falsche Bewegung machte. Als ich anfing zu schreien, verschwand er. Ich rannte zum Telefon und rief die Polizei an. Da ich mittlerweile wie das Opfer in einem Horrorfilm aussah und sie schon so viele Male angerufen hatte, glaubten sie mir meine Geschichte sofort. Sie fürchteten aber, ich würde meine Meinung später wieder ändern und mich weigern, Anzeige zu erstatten. Ich erklärte ihnen, daß es nur eine Möglichkeit für mich gab, lebend aus dieser Stadt herauszukommen – wenn sie ihn über Nacht im Gefängnis behielten. Der Bus nach Los Angeles fuhr nur einmal am Tag, und ich hatte ihn verpaßt.

Ich mußte in eine größere Stadt mit einem Sozialdienst für Notfälle. Ich entschied mich für Los Angeles, weil es weit weg war und an der Westküste lag. In einer großen Stadt konnte ich allein überleben, aber ich wollte nicht nach New York zurück.

Nach einer dreitägigen Busfahrt kam ich in Los Angeles an. Ich kannte keine Menschenseele dort. Ich bekam rasch Sozialhilfe, und niemand zweifelte an meiner Geschichte. Meine Blutergüsse wuchsen und schillerten in allen Farben. Mein Gesicht tat weh und war geschwollen. Hier stand ich also, eine junge Frau in einer fremden Stadt mit einem Baby, einem Koffer und noch frischen Spuren von Schlägen.
»Das kenne ich. Soweit war ich auch«, schienen mir die Frauen im Bus und auf der Straße mit ihren Augen zu sagen. Wo immer ich war, die Leute schienen zu wissen, daß ich auf der Flucht war.
Neun Monate lang blieb ich zu Hause und kümmerte mich um das Baby. Ich brauchte die Zeit, um die Wunden heilen zu lassen, es zu überwinden und zu vergessen. An manchen Tagen ging es mir zu schlecht, um aus dem Haus zu gehen. Wenn ich ausging, kam ich oft mit dem Kopf voll schrecklicher Bilder meines Mannes zu meiner mit Kakerlaken verseuchten Wohnung zurück. Ich sah ihn mit bier- und zorngerötetem Gesicht im Schatten lauern, ein Gewehr im Anschlag, und hörte seine hämischen Worte: »Hallo, Schätzchen … zieh dich aus!«
Daß es soweit kommen konnte! dachte ich, wenn ich mich wieder beruhigt hatte, und ich sagte mir, daß es nur meine alte Angst war, die wieder aufwallte und alles so realistisch erscheinen ließ. Nach gut einem halben Jahr war ich wieder bereit, es mit der Welt aufzunehmen – ich besuchte einen Kongreß über Sozialfürsorge und stürzte mich kopfüber in den Kampf um soziale Rechte.
Als der Kampf um soziale Rechte zu einem endlosen Kampf um die Veränderung eines unbeweglichen Systems ausuferte, ging ich zu anderen Themen über – Frauen, Schule, Feminismus, Schreiben, lesbisches Leben. Ich fing an, für lesbische bzw. feministische Publikationen zu schreiben.
Die Sozialhilfe bietet mir in meinem Leben einen sicheren Halt. Wenn sich meine Bücher nicht verkaufen, brauche ich mich nicht darum zu sorgen, womit ich morgen meine Miete bezahle. Wenn den Leuten, mit denen ich unentgeltlich zusammenarbeite, das, was ich mache, nicht gefällt, können sie mir nicht den Scheck entziehen. Ich möchte nie mehr im Leben von einem Mann oder Freund finanziell abhängig sein.

Lebend davongekommen

Py Bateman

Py Bateman ist eine der wohl bekanntesten Frauen der Selbstverteidigungsbewegung in den USA. Sie gründete die »Feminist Karate Union« in Seattle, Washington, und leitete von 1971 bis 1984 deren Ausbildungsprogramm. Heute ist sie Leiterin der landesweit bekannten Selbstverteidigungsorganisation »Alternatives to Fear« und Herausgeberin von *Fear into Anger*, einem Handbuch zur Selbstverteidigung. 16 Jahre ihres Lebens hat sie bereits dem Kampf gegen die Gewalt gegen Frauen gewidmet.
Am 26. Mai 1984 wurde Py Bateman zu Hause von einem Mann überfallen, der sie töten wollte. Nach dem Angriff schrieb sie die folgenden zwei Briefe an ihre ehemaligen Schülerinnen der »Feminist Karate Union« und an andere Frauen, die Kampfsport betrieben. Zwischen dem ersten und zweiten Brief liegt die Verurteilung des Angreifers.

12. Juni 1984

Liebe Schwestern,
wie viele von Euch schon gehört haben, wurde ich vor einiger Zeit bei mir zu Hause angegriffen. Ich erhole mich rasch und bin schon nicht mehr im Krankenhaus. Ich möchte für diejenigen, die noch nichts davon gehört haben oder nur Gerüchte, kurz schildern, was passiert ist.
Es war Samstag, der 26. Mai gegen halb zwei. Ich hatte eine Besorgung gemacht und war auf dem Weg nach Hause. Als ich die Hintertreppe meines Hauses hinaufging, packte mich ein Mann, der sich in einer Ecke meiner Veranda versteckt hatte, bei den Haaren und fügte mir sofort mit einem Messer einige Schnittwunden um die Augen zu. (Glücklicherweise wurden meine Augen nicht verletzt, und ich kann wieder normal sehen.) Er zwang mich, die Tür aufzuschließen und ihn hereinzulassen.

Sobald wir im Haus waren, nahm seine Gewalttätigkeit zu. Er versuchte, mir das Messer an den Hals zu setzen. Ich fing es ab, als es auf mich zukam, und nahm es ihm weg. Das Messer fiel zu Boden. Dann stieß ich mein Knie in sein Geschlechtsteil. Er klappte zusammen und fiel vornüber auf mich, griff nach meinem Hals und zerrte mich die Treppe hoch. Ich machte mir Sorgen, weil er nicht von mir abließ, und begann, mich weniger defensiv zu verteidigen; ich schlug ihn. Er schlug zurück, und wir kämpften im ganzen Haus. Er brachte 80 Pfund mehr als ich auf die Waage und war 30 Zentimeter größer. Wir fügten uns gegenseitig viele Verletzungen zu während dieses Kampfes – nicht mit einzelnen guten Schlägen, sondern als Folge vieler wiederholter Schläge.

Nach ungefähr 30 Minuten Kampf kam eine Freundin vorbei, und ich glaube, er ist abgehauen, weil er ihretwegen Angst bekam. Dank ihrer Geistesgegenwart und des raschen Handelns von Polizei und Notarzt wurde ich schnell in ein Krankenhaus gebracht. Ich mußte mich wegen der Verletzungen einer plastischen Gesichtsoperation unterziehen und außerdem einer Gehirnoperation wegen eines subduralen Hämatoms, das heißt einer Schwellung unterhalb der Hirnhaut.

Außer der phantastischen Unterstützung, die ich sofort hier in Seattle erhielt, sowohl in Form praktischer Hilfe als auch in Form des Beistandes während meines Heilungsprozesses, erreichten mich Karten und Briefe aus dem ganzen Land. Es war ein wunderbares Gefühl, von den Wünschen und der Anteilnahme so vieler Frauen begleitet zu werden – und von ihren eigenen Erfahrungen und Kämpfen zu hören.

Ich erhole mich rasch, und die Ärzte erwarten keine bleibenden Schäden an Augen oder Gehirn. Während meiner Genesung habe ich viel über das, was passiert ist, nachgedacht und darüber, was es für Frauenkampfsport und Selbstverteidigungskonzepte bedeutet.

Zunächst tat es mir leid, daß ich mich nicht, wie in meiner Lieblingsphantasie, verteidigt hatte, ohne selbst verletzt zu werden. Aber dann dachte ich daran, wie er das Messer benutzt hatte – zielbewußt und schnell. Und wie ich mit ein paar ziemlich riskanten Bewegungen reagiert hatte, als er mir das Messer an die Kehle setzen wollte. Also fand ich letztendlich, daß ich mich recht gut gehalten hatte – daß ich mein Leben gerettet hatte, weil ich gekämpft hatte.

Meine Ausbildung – und die Jahre, in denen ich selbst Ausbilderin war – kam mir bei diesem Angriff zugute. Nur anfangs brauchte ich ein paar Sekunden, um das, was geschah, als Realität anzuerkennen. Dann aber waren meine Gedanken ausschließlich mit der Suche nach Plänen beschäftigt, um dem Angriff ein Ende zu machen. Ich hörte nie auf zu denken, wurde nie von Angst überwältigt. Das verdanke ich mit Sicherheit meiner Ausbildung.
Wichtig war auch, daß ich auf unsere Auffassung von Selbstverteidigung vertraut habe. Wir haben immer wieder betont, wie wichtig die eigene Entschlossenheit ist; sie war es, die mich weiterkämpfen – und weiterdenken – ließ, als er nicht aufgab, als er noch gewalttätiger wurde. Wichtig war auch etwas anderes, von dem wir bislang nicht so viel wußten – die Biologie. Solange ich kämpfte, habe ich keine Schmerzen gespürt. Noch nicht einmal dann, als ich das Messer an der Klinge packte und mir dabei in die Hand schnitt. Mein Bewußtsein war beherrscht von der Entschlossenheit, lebend davonzukommen, und von Überlegungen über das Wie.
Ich mußte mich nicht nur mit dem Gegensatz von Wunschvorstellung und Wirklichkeit auseinandersetzen – der Wunschvorstellung des Triumphs über den leblosen Körper des Angreifers und der Wirklichkeit eines gnadenlosen Kampfes –, ich mußte auch darüber nachdenken, ob unsere Ansicht, daß wirksamer Widerstand einen Angreifer schnell abschreckt, falsch war.
Ich mußte mich selbst daran erinnern, daß keine individuelle Erfahrung, egal wie stark sie ist, etwas an dem, was wir über Gewalt gegen Frauen wissen, ändert. Die Gewalttätigkeit dieses Mannes befand sich am äußersten Ende der Skala, ebenso wie die Hartnäckigkeit, mit der er trotz meiner Hilferufe und meiner Gegenwehr weitermachte.
Unsere Vorhersage, daß die meisten Angreifer bei einem Kampf aufgeben werden, war nicht falsch; die Forschungsergebnisse beweisen das jenseits der individuellen Erfahrung. Selbst die Polizei, die nicht gerade zu den begeisterten Befürwortern von Frauenselbstverteidigung zählt, war davon überzeugt, daß dieser Angreifer zu einer Minderheit von Kriminellen gehört, die in erster Linie jemanden verletzen oder umbringen wollen und die anders reagieren als »normale« Kriminelle.

Zusammen mit den Karten und Briefen von Frauen, die sich nach einem Selbstverteidigungs- oder Karatekurs erfolgreich zur Wehr gesetzt hatten, half mir diese Erkenntnis vollständig über meine Zweifel hinweg und zu einem erneuten Bekenntnis zu meiner Arbeit der vergangenen 13 Jahre.

Frühjahr 1986

Liebe Schwestern,
mein Angreifer wurde zwei Monate später gefaßt. Er schien sich ungefähr sechs Wochen lang ruhig verhalten zu haben – um sich von den Verletzungen zu erholen, die ich ihm im Kampf zugefügt hatte, hoffe ich. Aber dann machte er sich an ältere Frauen heran und griff eine 86jährige Frau und ihren Sohn an, dann eine andere Frau und schließlich eine Frau Mitte 70.
Diese Frau brachte ihn schließlich hinter Gitter. Als sie eines Morgens aufwachte, saß er auf ihrem Oberkörper und würgte sie mit einem Strumpf. Irgendwie gelang es ihr, den Strumpf von ihrem Hals zu lösen. Sie konnte mir nicht sagen, wie, aber sie hatte es geschafft. Dann fing er an, sie zu schlagen und ihr die Finger in die Augen zu bohren. Sie behielt dabei einen klaren Kopf. Sie gab ihm ihre Scheckkarte und sagte ihm, er könne damit am Bankautomaten Bargeld bekommen. Sie nannte ihm die Zweigstelle. Als er mit der Karte gegangen war, rief sie die Polizei an. Die sicherte die Banken in der Gegend, und als er bei der angegebenen Zweigstelle auftauchte, nahmen sie ihn fest. Was für eine Geistesgegenwart diese Frau bewiesen hat!
Kurz bevor ich in den Zeugenstand gerufen werden sollte, bekannte sich der Mann schuldig und ersparte mir damit diese Tortur. Er bekam 20 Jahre für zwei tätliche Angriffe und drei schwere Einbruchsdelikte. Später erfuhr ich, daß er heroinsüchtig war. Ich nehme an, ich habe ihn bei einem Einbruchsversuch gestört. Ich denke, er hat versucht, mich umzubringen, damit ich ihn nicht identifizieren konnte, da er mit seiner Freundin zusammen in meiner unmittelbaren Nachbarschaft lebte.
Ich plädiere heute leidenschaftlicher denn je für Selbstverteidigungskurse. Ich weiß jetzt, daß Selbstverteidigung mehr ist als eine von vielen Reaktionen auf einen Angriff. Sie ist notwendig. Hätte ich

mich letztes Jahr nicht zu verteidigen gewußt, wäre ich dieses Jahr nicht hier. Ein solches Ausmaß von Gewalt ist selten, aber es gibt Situationen, in denen hast du keine Chance, wenn du nicht weißt, wie du zurückschlagen kannst.
Früher fürchtete ich, ich würde es mit der Selbstverteidigung übertreiben. Heute betrachte ich sie als unabdingbar. Meine anfängliche Gegenwehr war relativ vorsichtig gewesen. Ich ließ dem Mann viel Zeit, um aufzugeben und wegzugehen, bevor ich ihn aggressiv angriff. Ich schrie um Hilfe und versuchte wegzulaufen, bevor mir schließlich klar wurde, daß mir, um zu überleben, nichts anderes übrigblieb. Würde sich die Situation wiederholen, würde ich früher zurückschlagen.
Ich richte meinen Unterricht nicht mehr so sehr auf Defensive aus. Die Techniken haben sich nicht verändert, aber meine Strategie läuft jetzt darauf hinaus, dem Mann nicht mehr so viele Chancen zu lassen.
Selbstverteidigungskenntnisse sind notwendige Überlebenskenntnisse. Meine Ausbildung hat mir vieles gebracht – die Spannung des Wettbewerbs, das Streben nach Meisterschaft, Spaß an Höchstleistung, Freundschaften, die dabei entstanden sind. Schon deswegen ist Selbstverteidigung für mich wichtig, aber sie hat mir auch das Leben gerettet.

Mit Zuversicht und Stolz,
Py Bateman

Eine Geschichte vom Trampen

Kimberly Rosa

Kim Rosa wurde überfallen, als sie noch keine 20 war. Der Angreifer wurde freigesprochen. Einige Jahre nach dem hier beschriebenen Angriff zog Kim nach Nordkalifornien und studierte dort an der Universität Verwaltungsrecht. Als sie ein Referat über Vergewaltigung schrieb, nahm sie zum »Humboldt County Rape Crisis Center« Kontakt auf und fing an, dort unentgeltlich zu arbeiten; heute ist sie stellvertretende Leiterin dieses Projekts.

> Ich befand mich so ungefähr fünf Jahre lang in einer Art Schockzustand. Der traumatische Prozeß und der Freispruch waren vielleicht sogar schlimmer als der Angriff selbst. Aber so oder so, ich habe es überlebt, und das ist eindeutig mehr, als jemand anderes zulassen wollte.
>
> Ich habe mein Erlebnis bzw. diesen Vorfall nie als eine Erfolgsgeschichte betrachtet, außer im Hinblick darauf, daß ich überlebt habe; und darüber staune ich noch heute, denn das war wirklich ein Wunder.

Ich möchte zuerst – weil es so wichtig ist – etwas über das Gefühl sagen, mit dem ich ins Auto stieg. Ich kann das Gefühl nicht richtig beschreiben – irgend etwas sagte mir: »Tu's nicht.« Aber gleichzeitig wußte ich nicht und konnte mir nicht vorstellen, *was* ich nicht tun sollte. Die Botschaft war verwirrend, und ich ignorierte sie. Ich trampte bereits seit vier Jahren; eine andere Transportmöglichkeit gab es für mich nicht. Ich lebte allein und arbeitete in der nächsten Stadt, in Manhattan Beach.

Ich war auf dem Weg zu einer Freundin, um die Waschmaschine ihrer Eltern zu benutzen. Ich hatte einen Karton Wäsche bei mir. Als schließlich ein Mann anhielt, um mich mitzunehmen, war alles so wie immer, bis er, gerade als ich einsteigen und den Karton auf den Schoß nehmen wollte, den Vordersitz nach vorne kippte, damit

ich den Karton auf den Rücksitz stellen konnte. In diesem Moment sagte mir das Gefühl: »Tu's nicht!«
Als wir bei der Wohnung meiner Freundin am Ende der Straße angelangt waren, fuhr er zur Seite und zog einen Schraubenzieher hervor, hielt ihn gegen meine Rippen und sagte, ich solle mich auf den Boden legen. Ich war zuerst so geschockt, daß ich den Schraubenzieher packte, ihn zur Seite drückte und nach dem Türgriff tastete, um auszusteigen – nach dem Motto »Der spinnt wohl«. Aber es gab keinen Türgriff.
Der Schraubenzieher bohrte sich wieder in meine Rippen, und ich kauerte mich auf den Boden des Wagens und legte nach seinen Anweisungen meinen Kopf auf den Sitz mit dem Gesicht zur Tür. Als er losfuhr, hielt er mir den Schraubenzieher in den Nacken. Wir waren nur ein paar Meter vom Haus meiner Freundin entfernt.
Auf dem Weg zum Feld, auf dem wir schließlich landeten, sprach er mit mir. Dabei wurde klar, daß er mich vergewaltigen wollte. Ich fragte ihn, ob er mich umbringen würde, und er sagte, nein, er würde mich sogar zurückbringen, wohin ich wollte. Und das habe ich ihm geglaubt!
Als ich derart auf dem Boden des Wagens kauerte, fiel mir nichts anderes ein, als zu versuchen, mich zu erbrechen, indem ich den Finger in den Hals steckte. Es funktionierte nicht. Jedesmal, wenn ich mich bewegte, stieß er mir den Schraubenzieher etwas fester in den Nacken.
Als wir am Zielort ankamen, stiegen wir aus dem Wagen, und er begann, mich zu schlagen, zu treten und an den Haaren zu ziehen. Dann ging es wirklich zur Sache, und er vergewaltigte mich – da dachte ich immer noch allen Ernstes, er würde tun, was er gesagt hatte, und mich zurück zum Haus meiner Freundin bringen.
Als er den Schraubenzieher aus seiner Tasche zog und anfing, auf meine Brust einzustechen, merkte ich, daß ich vielleicht etwas anderes tun müßte, als das Ganze einfach nur zu überstehen. Als sein Arm wieder herunterkam, um erneut auf mich einzustechen, sah ich, daß der vordere Teil des Schraubenziehers nicht mehr im Griff steckte. Ich blickte an mir hinunter und sah, daß er aus meiner Brust ragte. Das passierte alles innerhalb von Sekunden.
Er hatte noch nicht gemerkt, was passiert war, und so zog ich die

Spitze heraus, legte sie hinter mich und versuchte, sie so unauffällig wie möglich zu vergraben.
Als sein Arm herabkam und er merkte, daß die Spitze fort war, warf er den Griff weg und legte seine Hände um meinen Hals und würgte mich. Jetzt wußte ich, ich würde sterben, es sei denn, ich unternahm irgend etwas, um weiterzuleben.
Ich glaube, es war der Adrenalinstoß, der mir die Kraft gab, das zu tun, was ich als nächstes tat, denn ich spürte im wahrsten Sinne des Wortes das Leben aus mir weichen. Ich bäumte mich ein letztes Mal auf, vor allem mit meinen Beinen, und warf ihn von mir herunter. Woher ich die Kraft nahm, ist mir bis heute ein Rätsel.
Ich stand auf und versuchte wegzulaufen, aber ich konnte mich nicht aufrechthalten; meine Beine waren wie Pudding. Dann spürte ich einen starken Schlag auf den Kopf, mein Körper fiel zu Boden, und ein weiterer Schlag traf meinen Kopf. Danach erinnere ich mich an nichts mehr, bis ich aufwachte.

Ich kam zu mir, kroch zur Straße und lag da und erbrach mich, bis ein paar Kinder vorbeikamen und mich nach Hause zu ihrer Mutter brachten. Sie rief einen Krankenwagen und die Polizei.
Ich arbeite jetzt in einer Notruf- und Beratungsstelle für vergewaltigte Frauen. Ich glaube, das Gefühl, das ich hatte, als ich in den Wagen stieg, war von unschätzbarem Wert. Ich glaube, jede Frau hat einen sechsten Sinn, aber man bringt uns nicht bei, auf ihn zu achten, oder schreibt ihn als »weibliche Intuition« ab.
Ich bin stolz auf die Kraft, die ich in dem einen Moment gehabt habe; sie hat mir das Leben gerettet. Erst jetzt betrachte ich das, was ich erlebt habe, als eine Erfolgsgeschichte. Ich habe es überlebt, und das war wirklich ein Wunder.

Warten auf eine Chance
Leslie Bandle

Leslie Bandle ist 29 und liebt das Leben. Während der letzten acht Jahre ist sie durch die ganze Welt gereist und hat dabei viele Abenteuer erlebt. Zur Zeit arbeitet sie als Verkaufsleiterin eines Elektronikunternehmens und steht am Beginn des fünften Jahres einer lustvollen und erfüllten Beziehung zu einem Menschen, mit dem sie gemeinsam alt werden möchte.

> Irgendwann nach dem Angriff sagte ich einmal zu einer Mitpraktikantin, daß ich das Zimmer des Mannes nie hätte betreten dürfen. Sie hielt mir sofort eine Standpauke und erklärte mir, wenn ich darüber hinwegkommen wollte, müßte ich mir klarmachen, daß ich schuldlos sei. Ich sah ein, daß sie absolut recht hatte. Von diesem Moment an fühlte ich mich nie mehr für das Geschehene verantwortlich.

Diese Chance konnte ich mir einfach nicht entgehen lassen. Nach vielen Vorstellungsgesprächen und einem längeren Referat wurde ich endlich dazu auserwählt, ein Praktikum bei einem Kongreßabgeordneten zu machen. Ich würde nach Washington, D. C., gehen, um mit ihm und seinem Team zusammenzuarbeiten. Das war der Traum aller PolitologiestudentInnen.

Ich kam mit ausgesprochen wenig Geld, dafür aber einer Menge Begeisterung für meine neue Aufgabe in Washington an und machte mich sofort daran, mir eine Bleibe zu suchen, was sich jedoch in einer Stadt, die ich kaum kannte, als schwierig erwies.

Nachdem ich mir verschiedene Zimmer angesehen hatte, die sich nur als Slumlöcher bezeichnen ließen, gab ich es schließlich auf und zog in eine Jugendherberge. Eine Freundin hatte dort vier Monate lang gewohnt und eine wundervolle Zeit verbracht. Aber von dem Augenblick an, in dem ich das Haus betrat, hatte ich Angst.

Als ich das Licht in meinem Zimmer anmachte, sah ich, wie einige

Kakerlaken eiligst in den Wandrissen verschwanden. Der Teppich war mit Brandstellen von Zigaretten übersät, und mein Bett war eher eine Art Feldbett.

Ich brauche wohl kaum zu betonen, wie unwohl ich mich fühlte, vor allem, als ich feststellte, daß meine Mitbewohnerinnen für die nächsten vier Monate ständig wechseln würden. Offensichtlich gab es außer mir keine weiblichen Gäste, die einen ebenso langen Aufenthalt planten.

Von der Herbergsleitung erfuhr ich, daß es noch einen männlichen Gast gab, der ebenfalls Praktikant war und mindestens drei Monate bleiben wollte. Ich traf ihn an meinem zweiten Tag im Treppenhaus der Herberge. Ich freute mich, als ich ihn sah, da ich mich einsam und in meiner neuen Umgebung unwohl fühlte. Er hielt ein Dampfbügeleisen in der Hand und bat um ein Streichholz.

Sein Name war Mark, und er sagte, er wohne seit einer Woche dort und fühle sich etwas einsam. Das interessierte mich. Er war ein potentieller Freund und machte das gleiche Praktikum wie ich. Er lud mich zum Fernsehen und zu einem Bier auf sein Zimmer ein. Ich sagte, ich würde vielleicht zum Fernsehen kommen, da abends in der Jugendherberge nicht viel los war, und daß ich einen Freund gut gebrauchen könnte. Dabei betonte ich das Wort »Freund«, um keinen falschen Eindruck zu erwecken.

Etwas später klopfte ich an seine Tür. Er öffnete und stand in Unterhosen vor mir. Ich dachte sofort, Mark erwartet mehr, als ich zu geben bereit bin. Aber dann merkte ich, daß er in Wirklichkeit abgeschnittene Polyesterhosen trug und keine Unterhose. Ich ging hinein und setzte mich ihm gegenüber aufs Bett.

Mark sagte, er könne mir kein Bier anbieten, weil er selbst alles ausgetrunken habe, bevor er zur Arbeit gegangen sei. Ich weiß noch, ich dachte, wie merkwürdig es sei, vor der Arbeit Bier zu trinken, und meine Befürchtungen wuchsen. Aber dann unterhielten wir uns zwanglos über die enormen Unterschiede zwischen meinem verdreckten und seinem hübschen Zimmer.

»Mein Zimmer ist schön, aber es hat deswegen nicht weniger Kakerlaken!« sagte er. »Ich habe wirklich Angst davor, daß das Zimmermädchen oder einer von diesen Typen, die auf der Durchreise sind, meine Sachen durchwühlen. Die meisten von denen sind völ-

lig abgebrannt und sehen nicht sehr vertrauenerweckend aus.« Natürlich schloß ich mich sofort seinen Ängsten an.
Mark erzählte mir, er sei sehr schüchtern und würde nur selten jemanden auf sein Zimmer einladen, im Unterschied zu seinem Freund, mit dem er auf dem College ein Zimmer teile und der ständig Besuch habe. Und er erklärte mir weiter, sein Freund sei infolgedessen ausgeraubt worden. Dann betonte er nochmals, wie besorgt er sei, sein Gepäck hierlassen zu müssen, wenn er arbeite, da er sicher sei, das Zimmermädchen oder seine potentiellen Mitbewohner würden etwas stehlen.
Dann drückte er sein Erstaunen darüber aus, daß ich ihm genügend Vertrauen geschenkt hatte, auf sein Zimmer zu kommen, denn er hatte geglaubt, unsere Unterhaltung im Treppenhaus hätte ihn wie einen Mann mit falschen Absichten erscheinen lassen. Ich sagte, ich hätte ihm vertraut, weil er höflich gewesen sei, ebenfalls ein Praktikant und ungefähr in meinem Alter und weil er möglicherweise für die Dauer meines Aufenthaltes hier ein Freund sein könnte. Er sagte, ich solle nie jemandem trauen.
Mark erzählte, er habe in der Jugendherberge noch eine andere Frau kennengelernt, sie aber nicht auf sein Zimmer eingeladen, weil er eben keine Leute auf sein Zimmer einlade. Er erklärte, bei mir sei das anders, weil ich so bodenständig erschiene; das gebe ihm ein Gefühl von Sicherheit. Er erzählte weiter, er habe sich gerade nach zwei Jahren von seiner Freundin getrennt, und er erwähnte auch, daß ihn auf seinem Weg nach Washington eine Frau abgewiesen habe. Nachdem er den Bus verpaßt hätte, sei er getrampt, und eine Frau habe angehalten, um ihn mitzunehmen, es sich dann aber anders überlegt und sei davongebraust. Er schien sich sehr darüber zu ärgern, denn seiner Meinung nach habe sie keine Veranlassung dazu gehabt.
Wir unterhielten uns weiter über Tanzen, über seine Einsen an der Uni und über unser Praktikum. Ich fing tatsächlich an, mich bei meinem neuen Freund wohl zu fühlen.
Ungefähr gegen halb zwölf stand ich auf, um zu gehen, wobei ich erklärte, ich müsse jetzt schlafen gehen, weil ich früh zur Arbeit müßte. Als ich auf die Tür zuging, spürte ich plötzlich einen gewaltigen Schlag auf meinen Kopf. Mir war nicht klar, was passiert war.

Ich dachte spontan, die Decke sei eingestürzt, und blickte suchend hoch. Als ich mich umdrehte, sah ich, wie Mark das Bügeleisen in der Hand hielt und es erneut auf mich heruntersausen ließ. RUMMS! Ich konnte hören, wie das Bügeleisen auf meinem Kopf auftraf. Einen winzigen Augenblick lang war ich so verwirrt, daß ich dachte, er wolle mich vielleicht vor etwas beschützen. Dann schlug er zum dritten Mal zu, und ich begriff endlich: Der Typ wollte mir etwas antun!

Eine Woge widersprüchlicher Gefühle wallte in mir auf. Ich war verblüfft, erschrocken, verwirrt und geschockt. Ich hob meine Arme, um mich vor den Schlägen zu schützen, die weiter auf meinen Kopf niederprasselten. Ich griff nach dem Türknopf und wollte ihn gerade drehen, als er mich am linken Arm packte und wegriß. Ich ärgere mich noch heute darüber, daß ich es fast geschafft hatte. Er fuhr fort, auf mich einzuschlagen, und ich fragte mich, warum ich nicht das Bewußtsein verlor. Aus seinem Gesichtsausdruck schloß ich, daß er sich das auch fragte. Meine Abwehr schien kaum etwas zu nützen; jeder Schlag traf mich voll am Kopf. Nach ungefähr zehn solcher Schläge fiel ich schließlich aufs Bett.

»Bitte, tu mir nicht weh, bitte tu mir nicht weh, bitte tu mir nicht weh«, flehte ich ihn an und umklammerte seine Handgelenke, während er sich über mich beugte. »Du bist wirklich ein netter Typ, ich mag dich, bitte tu mir nicht weh«, sagte ich, um seinen Gewaltausbruch zu zügeln. Ich dachte, er glaube vielleicht, ich möge ihn nicht, und das sei der Grund für seinen Angriff.

»Du kannst mein Geld haben, wirklich, du kannst mein Geld haben«, sagte ich. Ich dachte wirklich, er wolle mein Geld.

»Ich will dein Geld nicht ... Zieh dich aus!« murmelte er. Ich war vollkommen überrascht. Bis zu diesem Moment war mir nicht in den Sinn gekommen, daß er mich vergewaltigen wollte. Um die Wahrheit zu sagen, es war mir überhaupt nie in den Sinn gekommen, ich könnte je vergewaltigt werden. So etwas passierte nur anderen Frauen, nicht mir. Herzlich willkommen in der Welt, dachte ich bei mir. Mir fielen die Filme ein, in denen Frauen vergewaltigt und ermordet wurden. Die Vorstellung war entsetzlich – ich war sicher, daß ich dies nicht überleben würde.

Ich umklammerte immer noch seine Handgelenke, und er hielt im-

mer noch das Bügeleisen in seiner rechten Hand. Plötzlich riß er sich los und stellte das Bügeleisen am Kopfende des Bettes ab. Dann fing er an, Knopf und Reißverschluß meiner Hose zu öffnen.
»He, ich hab meine Periode«, sagte ich in der Hoffnung, das würde ihn von der Vergewaltigung abschrecken. Er ignorierte das und sagte, ich solle mich längs aufs Bett legen, mit dem Kopf zum Fußende. Als ich mich aufrichtete, um herumzurücken, sah ich dort, wo mein Kopf gelegen hatte, eine Blutlache und sagte: »Mein Gott, ich blute.« Er ignorierte auch das.
Er zog meine Hosen bis unter die Knie herunter, hieß mich die Beine anwinkeln, zog meinen Tampon heraus und vergewaltigte mich. Er sah nicht so aus, als würde es ihm Spaß machen. Er sah aus und hörte sich an, als habe er Schmerzen.
Ich spürte immer noch, wie mir das Blut über Nacken und Schultern rann. Ich atmete tief und schnell, bis ich das Bewußtsein zu verlieren drohte. Dann wurde mir klar, daß ich nur überleben würde, wenn ich bei Bewußtsein blieb. Ich hielt eine Sekunde lang den Atem an und sagte mir, bleib ruhig. Dann begann ich zu überlegen, wie ich aus dieser Situation herauskommen könnte. Ich kam zu dem Schluß, daß die Chance am größten wäre, wenn ich im richtigen Moment zur Tür rannte. Ich mußte ihn etwas besänftigen, um seine Wachsamkeit einzuschläfern und dann handeln zu können.
Er war beunruhigend still, also versuchte ich, ihn zum Reden zu bringen. »Wie fühlst du dich?« fragte ich.
»Gut«, brummte er. »Und du?«
»Gut«, antwortete ich.
»Hast du schon mal mit einem Schwarzen gebumst?« fragte er.
»Nein, ich bin nur mit einigen ausgegangen«, sagte ich.
Er wies mich an, meine Beine über seine Hüften zu legen, und ich gehorchte. Er tat mir weh. Dann sagte er: »Besser, du erzählst das keinem.«
»Keine Angst, ich werde es keinem erzählen«, sagte ich.
»Das ist auch gut so, du weißt, was sonst passiert«, drohte er mir.
»Ja«, sagte ich. Ich fühlte mich etwas besser, weil ich ihn zum Reden gebracht hatte, aber seine Worte waren genauso angsteinflößend wie sein Schweigen.
Schließlich hörte er auf, mich zu vergewaltigen und befahl mir: »Leg

dich mit dem Bauch auf den Boden!« Ich setzte mich auf und ließ mich dann neben dem Bett, das der Tür am nächsten war, auf dem Boden nieder.

»Nein, ich will, daß du dich zwischen die beiden Betten auf den Boden legst!« verlangte er.

Ich stand auf und kroch langsam über das Bett, aber als ich das Bügeleisen auf dem Bett sah, erstarrte ich vor Schreck.

»Nein«, murmelte ich. Ich war überzeugt, er würde mir endgültig den Schädel einschlagen, wenn ich mich zwischen die Betten legte. Zu meiner großen Erleichterung stellte er das Bügeleisen auf die Kommode. Ich kroch auf den Boden, und er sagte: »Leg dich flach hin, leg die Hände unter den Kopf und dreh ihn nach rechts.« Er legte meinen Kopf so, wie er ihn haben wollte, wobei er einen Moment innehielt, um mein Gesicht zu berühren.

Ich durfte nicht so liegenbleiben, weil ich aus dieser Position nicht genau beobachten konnte, was er weiter tun würde. Ich war überzeugt, er würde mich gleich töten. Um mich selbst zu beruhigen, beschloß ich, mir das Schlimmste, was passieren konnte, vorzustellen, und das war, ermordet zu werden. Irgendwie erleichterte mich das. Ich ließ mich treiben, dachte an meine beste Freundin, deren Geist mich begrüßen würde, und an meinen Hund Bonnie, der gerade gestorben war. Dann dachte ich an das absolute Nichts, und die angenehmen Gedanken an den Tod zerbarsten. Ich hatte immer noch meine Zweifel an einem Leben nach dem Tod und schaltete zurück auf Überleben. Ich dachte an meine Eltern und an die Polizeiphotos, die man ihnen von mir zeigen würde: wie ich totgeprügelt zwischen zwei Betten in einem dreckigen Hotel lag. Ich konnte den Gedanken nicht ertragen, wie sie sich vorstellen würden, was ich durchgemacht hatte, bevor ich starb.

Er drückte meinen Kopf wieder hinunter und ging auf die Kommode mit dem Bügeleisen zu. Ich stützte mich rasch auf die Ellenbogen, um zu sehen, was er tat, denn ich war sicher, er wollte das Bügeleisen holen. Aber er sagte nur: »Ich will bloß den Fernseher ausmachen.« Dann kam er zurück und knipste die Nachttischlampe aus. Wenn ich an alles zurückdenke, dann war die Zeit im Dunkeln die schlimmste. Ich konnte nicht sehen oder vorhersagen, was kommt. Ich hatte panische Angst.

Er setzte sich auf mich drauf und versuchte, von hinten in mich einzudringen. Dann sagte er: »Das funktioniert nicht«, stand auf und machte das Licht an.
»Was meinst du?« sagte ich. Meine Hoffnungen stiegen wieder. Vielleicht wollte er mich nur noch mal vergewaltigen und würde mich dann gehenlassen.
»Ich bringe dich zurück auf dein Zimmer«, antwortete er.
Er fing an, sich anzuziehen, und ich fragte: »Kann ich aufstehen?«
»Nein«, sagte er. Dann brachte er mir schließlich meine Hose, und ich stand auf und zog sie an.
»Zieh deine Hose wieder runter und leg dich wieder hin, wo du eben gelegen hast. Auf den Bauch!« befahl er plötzlich. Meine Hoffnungen schwanden wieder, aber ich gehorchte.
Als ich auf dem Boden lag, schaltete er wieder das Licht aus und stand einfach da zwischen meinen Beinen. »Warum hast du das Licht ausgemacht?« fragte ich. Ich hielt es im Dunkeln nicht aus; das machte mir angst. Ich preßte meine Fußgelenke gegen seine Beine, damit ich merkte, wenn er das Bügeleisen holen wollte. Er beugte sich wieder hinunter, richtete meinen Kopf auf und betastete mein Gesicht. Dann machte er das Licht wieder an.
»Kann ich aufstehen und mich anziehen?« fragte ich voller Hoffnung.
»Warte noch eine Minute«, sagte er. Ich wartete eine Minute, dann stand ich auf und zog meine Hose hoch. Während ich sie hochzog, bemerkte ich: »Igitt, sieht der Tampon ekelhaft aus!« Er beugte sich vor und schmiß ihn weg.
»Hör mit der coolen Tour auf«, sagte er knurrend; meine Bemerkung hatte ihn nur irritiert.
»Hör zu, wenn du mir nichts tust, dann schwöre ich, ich werde es niemandem erzählen«, versuchte ich ihn zu überzeugen. Er antwortete nicht. Er starrte mich ausdruckslos mit leicht geöffnetem Mund an.
»Das würde ich dir auch nicht raten«, sagte er schließlich.
»Meine Hand drauf«, sagte ich. Darauf reagierte er, und wir schüttelten uns die Hand.
Ich griff nach meiner Jacke und zog sie an. Als ich die Kapuze über meinen Kopf zog, erklärte ich ihm: »Ich zieh sie über, damit nie-

mand meinen Kopf sieht, wenn ich rausgehe.« Er sollte sich sicher fühlen, daß ich niemandem etwas erzählen würde. Ich wollte gerade losgehen, als er sagte: »Warte noch!« Ich bat ihn in möglichst beiläufigem Ton, meine Handtasche zu suchen, und dann brachte ich ihn dazu, alles einzusammeln, was herausgefallen war.
Plötzlich schaltete er wieder das Licht aus. Völlig verzweifelt fragte ich: »Warum hast du das Licht ausgemacht?«
»Ich will nicht, daß jemand uns herauskommen sieht.« Meine Hoffnung schwand, jetzt war ich sicher, daß er versuchen würde, mich umzubringen.
Er legte mir seinen linken Arm um die Schultern und preßte seine linke Hand auf meinen Mund. Er sah sich überall im Zimmer um, als wir uns auf die Tür zubewegten. Ich preßte mich an seine Seite, damit ich spürte, ob er sich vorbeugte, um nach dem Bügeleisen zu greifen. Als wir uns der Tür näherten, fühlte ich, wie er sich zur Kommode hinüberbeugte, und ich wußte, er plante die nächste Attacke. Auch ich bereitete mich psychisch und physisch auf den Moment vor.
Plötzlich stach er mir mit einem Jagdmesser in die Brust. Mein Kopf war Tausende von Meilen entfernt. Ich dachte an all die Filme, die ich gesehen hatte. Dies war die Szene, in der das Mädchen erstochen wird. Glücklicherweise handelte mein Körper, während mein Kopf auf Urlaub war. Meine Hände griffen genau in dem Moment, in dem das Messer in meinen Leib drang, nach der zustechenden Hand. Er versuchte unter gewaltiger Anstrengung, den Druck zu vergrößern, um mir das Messer ganz in die Brust zu stoßen, und ich kämpfte dagegen an. Ich versuchte, das Messer herauszuziehen, aber dazu mußte ich umgreifen. In dem Moment stieß er wieder zu.
Ich wehrte ihn mit beiden Armen ab, zog das Messer heraus und stieß seine Hand, seinen Arm und das Messer weg, bis ich meine Arme vollkommen ausgestreckt hielt. Ich ließ meine linke Hand nach unten gleiten und öffnete die Tür. Als sie sich öffnete, warf ich mich gegen ihn. Ich befreite mich mit einem Ruck von der Hand auf meinem Mund und schrie um Hilfe. Der Schrei überraschte ihn, und er ließ mich los.
Ich kann kaum beschreiben, was ich fühlte, als ich aus dem Zimmer herausstürzte und den Gang hinunterlief. Ich wußte, ich hatte es

überstanden. Ich fühlte mich so frei und so glücklich; und ich wußte, ich hatte Glück gehabt. Als ich lief, hatte ich das Gefühl, unglaublich schnell und weit rennen zu können. So als ob ich mit jedem weiteren Schritt fliegen würde.

Nachwort der Herausgeberinnen:

Mark wurde noch am selben Tag festgenommen. Ein Jahr später behauptete er vor Gericht, sie hätte an seine Tür geklopft und gefragt: »Hast du schon mal mit einer weißen Frau gebumst, wenn sie ihre Periode hat?« Dann hätte sie sich ausgezogen, und sie hätten miteinander geschlafen. Danach hätte sie eine rassistische Bemerkung gemacht, und er wäre wütend geworden. Er gab zu, sie mit dem Bügeleisen auf den Kopf geschlagen und mit dem Messer bedroht zu haben.

Die ausschließlich aus Schwarzen bestehende Jury sprach Mark wegen schwerer Körperverletzung mit einer tödlichen Waffe (Bügeleisen und Messer) schuldig. Sie sprach ihn nicht wegen versuchten Totschlags oder bewaffneter Vergewaltigung schuldig. Der Vorsitzende der Jury erklärte Leslie nach dem Prozeß, daß sie ihr geglaubt hätten, aber einen jungen Schwarzen nicht für den Rest seines Lebens ins Gefängnis schicken wollten.

Mark wurde nie rechtskräftig verurteilt und befindet sich zur Zeit wegen technischer Verfahrensfehler während des Prozesses auf freiem Fuß.

Das Urteil und die Äußerung des Vorsitzenden konfrontieren uns mit dem Rassismus in unserer Gesellschaft. Die Entscheidung der Jury muß vor dem Hintergrund eines rassistischen Strafrechtssystems gesehen werden. Die Statistiken besagen, daß ein viel größerer Prozentsatz von nichtweißen Männern wegen Vergewaltigung verurteilt wird als von weißen. (Siehe auch »Einige Bemerkungen über Rassismus«.)

Asiatisch, weiblich und kampflustig

Cindy Nakazawa

Cindy Nakazawa (Name geändert) ist Amerikanerin japanischer Herkunft, um die 30 und lebt in Nordkalifornien. Sie ist Trägerin des Schwarzen Gürtels dritten Grades in Aikido und arbeitet als Ausbilderin an verschiedenen Aikido-Schulen in San Francicso und Umgebung.

> Du mußt nicht unbedingt eine Kampfsportart erlernen, um dich verteidigen zu können. Aber du mußt wissen, wann es Zeit ist zu kämpfen, und du mußt im Falle eines Angriffs einen kühlen Kopf bewahren. Vielen Frauen genügt dafür ein psychologisches Training. Eine Kampfsportausbildung aber ist ideal, weil sie Körper und Geist schult.

Als ich zum ersten Mal angegriffen wurde, war ich ungefähr 15. Ich stieg aus dem Bus und überlegte gerade, ob ich zum Aikido-Training oder nach Hause gehen sollte, um ein Nickerchen zu machen, weil ich völlig ausgelaugt war. Aber da kam plötzlich dieser Kerl angerannt (ich hatte ihn nicht einmal gehört, weil er Turnschuhe anhatte) und schlang von hinten seine Arme um mich.

Ich war so müde, daß ich mich nur entspannte, sofort vorbeugte, und schon flog er über mich hinweg. Ich dachte, da macht sich jemand einen Spaß, vielleicht mein Bruder oder sonst jemand, den ich kannte. Ich sah also hin, sah den Typen auf der Straße liegen und dachte, komisch, das ist gar nicht mein Bruder. Er blickte zu mir auf; ich glaube, er war genauso überrascht wie ich. Dann sah ich aus dem Augenwinkel jemand anderes herankommen und dachte, du lieber Gott, ich werde angegriffen, am hellichten Tag angegriffen!

Ich befand mich an einer Straßenecke. Aber keiner der Autofahrer hielt an, um zu sagen: »He da, laßt die Frau in Ruhe!« Also, dachte ich, zeig's ihnen.

Der erste Typ lag auf dem Boden und würde wohl nicht so schnell wieder aufstehen, also drehte ich mich um und trat den anderen Typen in den Magen, was prima klappte. Ich trug eine Schultertasche, und sie hatten es glücklicherweise nur darauf abgesehen. Der zweite Typ riß sie mir weg, und beide rannten davon, und ich dachte, die haben wohl keinen Bock zu kämpfen.
Ich hatte Schuhe mit Plateausohlen an und rannte hinter ihnen her, wobei ich kein Schimpfwort ausließ. Ich war so wütend, ich wollte sie wirklich einholen, aber dann sagte mir mein Verstand, das ist bescheuert, bloß wegen einer Handtasche. Also drehte ich mich um und fragte mich, wo sind eigentlich all die besorgten Bürger dieser Stadt? Sie fahren alle einfach vorbei und gucken zu, was da passiert.
Als die Polizei kam, erfuhr ich, daß zwei Männer, auf die meine Beschreibung paßte – ungefähr siebzehn oder achtzehn –, an diesem Tag bereits drei andere Frauen überfallen und zusammengeschlagen hatten, bevor sie ihnen die Tasche wegnahmen. Zwei der Frauen waren schon älter, sie lagen verletzt im Krankenhaus. Die andere war eine kleine Asiatin wie ich. Die Polizisten wunderten sich, daß ich unverletzt war, und fragten, warum die beiden mich nicht auch zusammengeschlagen hätten.
Am nächsten Tag erzählte ich meinem Lehrer davon, und er sagte: »Wenn du von zweien angegriffen wirst, solltest du klüger sein. Du hättest den einen Typen erst auf die Fahrbahn stoßen sollen, dann hättest du nur noch einen im Rücken gehabt.« Aber er war trotzdem stolz auf mich, weil ich unverletzt war und meinen Verstand benutzt hatte. Damals entschloß ich mich, nie wieder hochhackige Schuhe zu tragen, weil ich damit nicht rennen kann und leicht das Gleichgewicht verliere. Nach dieser Geschichte warf ich sie weg. Ich hatte sie sowieso nie besonders gern getragen. Sollte ich nochmals überfallen werden, wäre ich jetzt zumindest in der Lage, etwas anderes zu tun, als in der Gegend herumzutrippeln.
Einige Jahre später arbeitete ich nachts als Röntgenassistentin in einem großen Krankenhaus. Ich hatte immer schon das Gefühl gehabt, das sei nicht ganz ungefährlich, denn die Röntgenstation liegt vollkommen isoliert. Sie ist offen, die Leute können, ohne gesehen zu werden, durch sechs oder sieben verschiedene Eingänge herein-

spazieren, und es gibt dort alle möglichen unheimlichen Ecken und dunklen Räume. Ich mußte die ganze Arbeit in der Dunkelkammer erledigen. Außer mir war nur noch der Radiologe auf der Station, und der schlief in einem abgeschlossenen Zimmer.
Eines Abends, ich hatte gerade einen Fall erledigt und die Patientin wieder hinunter zur Notaufnahme geschickt, ging ich zurück in die Registratur, um den Papierkram zu erledigen, und setzte mich auf einen Stuhl, neben dem noch andere standen. Der Typ muß in dem Zimmer auf mich gewartet haben. Er warf mir eine Decke über den Kopf, packte mich am Hals und drückte mich auf die Stühle herab. Das erste, was mir durch den Kopf schoß, war, das ist nicht Sid, der Botenjunge, der würde mir das nicht antun. Ich hörte, wie der Typ sagte: »Runter mit den Händen an die Seite!« Meine Hände hatten spontan nach meinem Hals gegriffen, weil er mir die Luft abschnürte, aber er sagte, ich solle meine Hände herunternehmen.
»Das tu ich nicht, du Arschloch«, sagte ich. Ich ergriff einfach seinen kleinen Finger und bog ihn ganz zurück, damit er losließ. Mir war klar, daß ich nicht hochkommen konnte, weil der Druck auf meinen Hals zu groß war. Also mußte ich nach unten ausweichen. Ich trat die Stühle unter mir weg, fiel auf den Boden und rollte mich zu einem Ball zusammen. Ich befand mich direkt vor seinem Geschlechtsteil und dachte, das sei ein gutes Ziel. Ich stieß ihm meine Faust direkt in die Eier, und er flog fast anderthalb Meter zurück, geradewegs in meine hölzernen Aikido-Trainingswaffen. Ich brachte sie meist mit, weil es oft nichts zu tun gab.
Als er hinfiel, glitt mir mein Holzschwert entgegen. Ich nahm es auf und hieb damit auf ihn ein. Ich verfolgte ihn, und als er einen Stock in meiner Hand sah, rannte er schnurstracks aus dem Zimmer heraus und ich hinter ihm her. Er lief hinter den Vorhang eines Notausgangs, den nur Leute kennen konnten, die dort arbeiteten.
Der Typ, dachte ich, kennt sich hier aus. Ich rief nach den Wachleuten und hatte Glück, denn sie waren in der Nähe und innerhalb von Sekunden da. Ich zeigte ihnen, durch welchen Ausgang er verschwunden war. Später hörte ich, daß er nach unten gelaufen und mitten durch die Notaufnahme hinausgerannt war.
Ich bin wütend, weil sie ihn nicht geschnappt haben; er war schneller als sie. Er war einfach direkt in den Golden Gate Park gelaufen.

Die Wachleute hatten zwar Unterstützung von der Polizei bekommen, aber im Park hängte er sie ab.
Als die Polizei meine Aussage aufnahm, fragte sie: »Wollen Sie nicht zur Untersuchung in die Notaufnahme?« Sie dachten, ich sei verletzt. Ich spürte aber überhaupt nichts, schließlich war ich im Training schon schlimmer herumgestoßen worden als hier. Ich dachte, na ja, mein Nacken tut weh, aber er wird schon in Ordnung sein, und sagte: »Ich muß die restliche Arbeit erledigen. Meine Schicht ist noch nicht um, es ist erst fünf, ich hab noch drei Stunden.«
Mir war das ganze psychologische Zeug, das so einem Angriff folgt, nicht klar, bis die von der Polizei sagten: »Wir brauchen Ihre Aussage, also erzählen Sie uns, was passiert ist.« Ich ... das ist echt verrückt. Immer wenn ich anderen davon erzählen wollte, fing ich am ganzen Leib an zu zittern. Später dachte ich, wenn er ein Messer gehabt hätte, wäre ich jetzt tot, oder wenn er eine Schußwaffe gehabt hätte, wäre ich vielleicht auch tot. Fast ein Jahr lang habe ich nur höchst ungern darüber gesprochen.
Meine LehrerInnen sagten: »Du darfst dir nicht vorstellen, was eventuell hätte passieren können, du mußt daran denken, was tatsächlich passiert ist, wie du damit umgegangen bist, und daß dir, Gott sei Dank, nichts passiert ist.« Es war ziemlich schwer, darüber hinwegzukommen, aber nicht so schwer, als wenn er mich vergewaltigt hätte. Ich habe Freundinnen, die vergewaltigt wurden, und ich dachte, Gott sei Dank ist dir das nie passiert. Es macht mich trotzdem immer noch wütend, und manchmal denke ich, ich würde ihn umbringen, wenn ich die Möglichkeit dazu hätte.
Von der Polizei erfuhr ich, daß ich zu einer der meistgefährdeten Kategorien zähle: klein, asiatisch, weiblich. Das zieht die Männer geradezu an, denn sie verbinden asiatisch mit unterwürfig, checken, daß du klein bist, okay, checken, daß du weiblich bist, okay, und denken automatisch – kein Problem. Wer also zur Kategorie klein, asiatisch, weiblich gehört, sollte meiner Meinung nach irgendeine Art von Körpertraining machen, denn die Welt ist hart. Es ist furchtbar, aber wahr – wir sind Freiwild, und es könnte leicht passieren, daß du eines Tages vor einer Ladung geballter Aggressivität stehst, ohne zu wissen, was zu tun ist, wenn du dich nicht vorher geistig und körperlich darauf vorbereitet hast.

Die Polizei meinte, mir sei wahrscheinlich wegen meiner aggressiven Reaktion nichts passiert. Als der Angreifer auf mich losging, sah er sich plötzlich mit einer Frau konfrontiert, die sich nicht einfach fügte. Angreifer ziehen leichte Opfer vor, also geben sie auf, weil sie Angst haben, einen Kampf zu verlieren.

Ich trainiere heute u. a. eine sehr kleine Frau aus Puerto Rico. Sie kam eines Tages in die Schule hineinmarschiert und sagte: »Bringen Sie mir was bei, das ich sofort auf der Straße anwenden kann.« Ich sah sie an und sagte: »Wissen Sie, es gibt Frauen, die haben siebzehn Jahre Kampfsporttraining hinter sich, waren aber zu keiner Reaktion fähig, weil sie im ersten Moment des Angriffs wie gelähmt waren. Und wenn Sie nicht sofort reagieren, sind die Chancen, davonzukommen, mehr als gering. Ich kann Ihnen keine Tricks beibringen. Ich kann Ihnen nur sagen, wenn Sie bei mir oder irgendeiner anderen guten Ausbilderin trainieren, dann lernen Sie, innerhalb von Sekunden zu reagieren.« Kampfsport eignet sich besonders für Menschen mit geringer Körpergröße, weil er die Fähigkeit zum richtigen Timing und zur Selbstkontrolle schult.

Aikido ist Teil meines Lebens geworden, etwas, das ich zur Selbsterfüllung brauche. Bei Aikido gibt es nur einen Konkurrenzkampf – den, den du mit dir selbst führst: über deine Ziele und das, was du damit erreichen willst. Auch das finde ich an Aikido gut – es gibt keine zwischenmenschliche Konkurrenz.

Du lernst, wer du bist und wie stark dein Wille wirklich ist. Wenn ein Angreifer auf entschiedene Abwehr stößt, überlegt er es sich gut, ob er weitermacht. Ich war früher ein ausgesprochen zurückhaltender Mensch, sehr ängstlich und sehr schüchtern; Aikido hat mich, denke ich, ziemlich verändert. Vor allem bei meiner Arbeit trete ich viel selbstbewußter auf, ich weiß genau, was ich am besten kann und wie ich es am effektivsten mache. Wenn mir heute ein Arzt blöd kommt, wenn er reinkommt und seine Show abzieht und versucht, mir in meinem Bereich Vorschriften zu machen, dann kriegt er es direkt zurück, weil ich genau weiß, was ich tue.

Kampf auf dem Friedhof

Rashida

Rashida ist 30 Jahre alt und afro-kubanischer Herkunft. Sie ist lesbisch und bezeichnet sich als Heidin. Zur Zeit bereitet sie sich auf ihr Psychologieexamen vor und arbeitet unentgeltlich als Praktikantin bei Chrysalis, einem Frauenzentrum in Minneapolis-St. Paul in Minnesota.

> Ich glaube, Selbstverteidigung erwächst aus vollkommener Bewußtheit auf allen Ebenen des Seins. Ich lerne die Kunst des Kampfes nicht nur wegen der Techniken, sondern auch wegen der geistigen und spirituellen Disziplin, die daraus hervorgeht. Im Rahmen einer ganzheitlichen Therapie setze ich mich außerdem mit meinen emotionalen Problemen auseinander – eine andere Art der Selbstverteidigung und Selbstverwirklichung.

An jenem Abend war ich keinen Häuserblock von meiner Wohnung entfernt, als ein Wagen mit fünf jungen Männern neben mir anhielt. Zwei von ihnen sprangen heraus, packten mich und zogen mich auf den Rücksitz. Je einer saß links und rechts neben mir, so daß ich nicht an den Türgriff herankam.

Sobald sie mich im Wagen hatten, hörte ich auf, mich zu wehren. Zuerst hatte ich große Angst. Ich bin eher ein zurückhaltender Mensch, dem beigebracht worden war, Kompromisse zu machen, anstatt Gewalt anzuwenden – eine ungewöhnliche Einstellung für die rauhen Sitten in meinem Wohnbezirk. Aber als ich in dem Wagen saß, da wurde ich wütend. Diese Männer hatten mich in eine Situation gebracht, in der es keine Kompromisse gab. Ich konnte entweder kämpfen und entkommen oder einwilligen, von »Männern«, die kaum älter waren als ich, mehrfach vergewaltigt zu werden.

Ich blieb ruhig sitzen, während wir zu einem alten Friedhof hinter der Kirche und meiner früheren Grundschule fuhren. Ich weiß nicht mehr, worüber sie während der Fahrt sprachen. Meine Wut half mir, mich zu entspannen, in einen Zustand zu gleiten, den ich »Kampfbereitschaft« nenne. Als sie den Wagen mitten auf dem dunklen Friedhof anhielten, war ich bereit.

Sie stiegen aus, außer dem Typen zu meiner Rechten. Er legte seinen Arm um meine Schultern, damit ich sitzen blieb. Die anderen standen draußen und zogen ihre Hosen aus. Als einer von ihnen auf den Rücksitz zu mir kam, schlug ich zu.

Ich biß in den Arm, der mich zurückhielt, stieß dem Typen hinter mir meinen rechten Ellbogen in den Unterleib und trat nach dem anderen, der auf mich zukam – alles gleichzeitig. Der Kerl, der mich hielt, ließ los, und der andere vor mir stieg verletzt aus. Ich sprang rasch aus dem Auto und rannte los. Die anderen waren viel zu überrascht, um mich schnell genug festzuhalten. Einer rannte hinter mir her, aber ich hörte, wie er zurückgerufen wurde.

Gegenüber dem Friedhof stand ein Haus mit einer hohen, dichten, buschigen Hecke. Als der Wagen den Friedhof verließ, versteckte ich mich dort und beobachtete ihn durch die Büsche. Der Wagen hielt für einige Sekunden am Friedhofstor an, und ich konnte hören, wie die Männer drinnen miteinander stritten. Schließlich brausten sie davon.

Ich wartete noch eine Weile, nachdem der Wagen verschwunden war, dann rannte ich zu einer Klassenkameradin, die in der Nähe wohnte, wobei ich weiter Ausschau hielt, falls der Wagen um die Ecke zurückkommen sollte. Als ich das Haus erreichte, hämmerte ich gegen die Tür. Elisa, meine Klassenkameradin, öffnete und fragte, was los sei. Dann sah sie mich genauer an, merkte, daß ich zu sehr außer Atem war, um zu antworten, und ließ mich herein.

Ihre Mutter, eine zierliche Deutsche, kam herbei und hörte zu, als ich erzählte, was passiert war. Noch bevor ich fertig war, verließ sie den Raum und kam mit einem Gewehr zurück, das fast so groß war wie sie. Als Elisa und ich sie damit sahen, mußten wir beide lachen.

Dann wurde mir plötzlich bewußt, was tatsächlich hätte passieren können. Ich fing an zu weinen. Ich hatte Asthma und bekam einen Anfall. Elisas Mutter stellte das Gewehr neben der verschlossenen Haustür ab, befahl Elisa, bei mir zu bleiben, und ging hinaus, um die

Polizei anzurufen. Als sie zurückkam, brachte sie eine Tasse Tee, zwei Antihistamintabletten und eine Schachtel Kleenex mit.

Als die Polizei eintraf, hatte ich mich schon einigermaßen beruhigt. Sie nahmen meine Aussage auf, fragten mich, ob ich einen Arzt brauchte, und fuhren mich nach Hause.

Meine Mutter arbeitete als Nachtwächterin, war also nicht zu Hause. Ich habe ihr nicht erzählt, was passiert war, weil ich dachte, sie würde sich nur unnötig aufregen. Aber ich hatte nicht mit dem Beamten in Zivil gerechnet, der am nächsten Morgen vor der Tür stand. Er teilte uns mit, daß ein junger Mann in die Notaufnahme gekommen sei, der an seinem rechten Arm eine tiefe, von einem Menschen stammende Bißwunde gehabt habe, die genäht werden mußte. Ob meine Mutter ihn anzeigen wolle?

Meine Mutter regte sich über die ganze Geschichte furchtbar auf, und auch über mich, weil ich ihr nichts erzählt hatte, aber sie entschied sich gegen eine Anzeige. Sie wollte »die Sache nicht noch schlimmer machen«. Ich habe diese Männer nie wiedergesehen, aber es ärgert mich immer noch, daß sie nach all dem, was sie mit mir vorgehabt hatten, einfach so davongekommen waren. Ich würde heute niemandem mehr erlauben, mir Würde und Selbstbestimmungsrecht zu nehmen.

VI Teamarbeit

Einleitung

> Wir müssen uns wehren
> In großer Zahl
> Uns wehren
> Ich schaff's nicht allein
> Uns wehren
> In großer Zahl
> Zusammen für ein sicheres Heim.
> *Holly Near, ›Uns wehren‹*

Wenn eine Frau angegriffen wird, ist sie allein – so jedenfalls will es der Mythos. Die klassische Fernseh- oder Kinoversion zeigt uns eine einsame Frau, die auf hohen Absätzen und in einem Kleid, das ihre Bewegungsfreiheit einschränkt, durch eine dunkle Gasse stöckelt. Plötzlich wird sie von einem maskierten Fremden angefallen, der ihr höchstwahrscheinlich ein Messer an die Kehle hält. Falls es ihr gelingt zu schreien, hört sie niemand. Sollten doch Leute in der Nähe sein, sehen sie gleichgültig zu.

Die Geschichten in diesem Kapitel stammen von Frauen, die andere Menschen riefen, um ihnen beim Angriff selbst zu helfen oder dabei, mit den Folgen fertig zu werden. Im Kapitel »Phantasievolle Waffen« griffen Frauen nach »Zufallswaffen« – Dingen, die zufällig in Reichweite waren – oder nach echten Waffen, die sie bewußt für den Fall griffbereit hielten. Auf ähnliche Weise greifen die Frauen hier zur Teamarbeit als Waffe, wenn sie Frauengruppen oder FreundInnen um Hilfe bitten oder Menschen, die zufällig in der Nähe sind.

Ein Angriff kommt immer unerwartet; das heißt aber nicht, daß seine potentielle Abwehr ebenfalls unvorbereitet ist. Keine Frau möchte daran denken, überfallen zu werden. In unserer Gesellschaft ist Gewalt eine furchtbare Realität, und es ist verständlich, daß wir lieber unsere Augen davor verschließen. Aber was würdest du und deine beste Freundin tun, wenn ihr zusammen auf der Straße angegriffen werdet? Ihr würdet dem Angreifer doch sicher gern als geeinte Front entgegentreten. Nicht, daß eure Reaktionen wie ein Drehbuch ausgearbeitet und in dem Moment entsprechend befolgt werden könnten; die beste Verteidigung besteht aus flexiblem Denken und Handeln sowie aus einem Repertoire von Reaktionsmöglichkeiten. Selbstverteidigung heißt jedoch auch, vorbereitet zu sein. Zu zweit gibt es mindestens zwei mögliche Reaktionen auf einen Angriff – die sich aber gegenseitig widersprechen können.

So glauben zum Beispiel einige Frauen an Gewaltlosigkeit, während andere bereit sind, jemanden in Notwehr zu verletzen oder sogar zu töten. Es ist wichtig, mit deinen Freundinnen über verschiedene Strategien zu sprechen. Was würdet ihr zum Beispiel tun, wenn ein Mann auf euch zukommt und versucht, euch zu schlagen? Du würdest vielleicht zurückweichen oder weglaufen, aber deine Freundin bleibt vielleicht stehen, wehrt den Hieb ab und schlägt zurück. Wenn du mit anderen zusammenlebst, wäre es vielleicht angebracht, auch für den Fall eines Angriffs zu Hause eine Verteidigungsstrategie zu entwickeln. Ihr könntet zum Beispiel zusammen überlegen, welche Fluchtwege am besten sind oder wie die verschiedenen Möglichkeiten der jeweiligen Zimmer am vorteilhaftesten zu nutzen sind.

Wie in allen Fällen von Selbstverteidigung gibt es auch hier kein Richtig oder Falsch. Wichtig ist, mit anderen darüber zu reden und eure Stärken und Schwächen herauszufinden. Teilt euch eure Ängste mit. Vielleicht hat die eine am meisten Angst vor einem Gruppenüberfall, während ihre Freundin beim Anblick von Waffen in Panik gerät. Aus solchen Gesprächen könnt ihr nicht nur lernen, was ihr gegenseitig voneinander zu erwarten habt; sie können auch die furchtbaren Ängste aufbrechen, die uns schon bei der bloßen Vorstellung eines Angriffs befallen. Sich einen Angriff sowie eine wirksame Gegenwehr vorzustellen, nimmt dem Angriff bereits einen Teil seines Schreckens. Indem ihr euch vorstellt, wie ihr einen Angriff abwehrt, findet ihr Auswege. Das Besprechen von Abwehrstrategien kann euch auch mit euren tiefsten Ängsten konfrontieren und euch dazu bringen, euch damit auseinanderzusetzen. Angst ist eine gesunde Reaktion auf Gefahr; sie kann auch ein mächtiger Energiespender sein – solange ihr sie *nutzt* und nicht zulaßt, daß sie Kopf und Muskeln lähmt. Selbst die angsteinflößendsten Situationen lassen sich erfolgreich bewältigen. Die Polizei aus Placer County berichtet von zwei Frauen in Placerville, Kalifornien, die 1985 »einen mit einem Gewehr bewaffneten Mann, der ihr Zelt ausraubte, bissen, würgten und schlugen«. Gemeinsamkeit gibt Sicherheit und Macht.

Wie steht es nun mit den gleichgültig Zuschauenden? Natürlich gibt es Menschen, die in einen Überfall nicht hineingezogen werden wollen – vor allem in Großstädten, wo sie vielleicht täglich ZeugInnen von Gewalttätigkeiten werdèn. Du kannst nicht damit *rechnen*, von Leuten, die zufällig in der Nähe sind, Hilfe zu bekommen. Aber es gibt auch moderne Heldengeschichten über Menschen, die zufällig anwesend waren und jemandem in Not sofort beistanden. So berichtete zum Beispiel die *San Jose Mercury News* im Januar 1985 von Monica Jones, die einen Angreifer in die Flucht schlug, als er ein zwölfjähriges Mädchen aus der Nachbarwohnung vergewaltigen wollte. »In dem Moment denkst du nicht daran, daß dir was passieren kann«, sagte sie. »Wenn jemand verletzt wird, kann ich nicht einfach meine Tür zumachen.«

Die Leute können auch zur Hilfe ermutigt werden. In »Aufruhr auf dem Campingplatz« gelingt es D. P. und ihrer Freundin, sämtliche Leute auf einem Campingplatz zur Verfolgung eines Mannes zu mobilisieren. Sie sprachen die Leute auf dem Platz direkt an; sie sagten ihnen einfach, sie seien angegriffen worden, baten um Hilfe und gaben ihnen klare Instruktionen, was sie tun sollten. In »Zwei mutige Frauen« erhielten Chris Weir und ihre Freundin zunächst keine Hilfe von ihren NachbarInnen, als sie auf der Straße mit einem Messer angegriffen wurden. Aber als sie ihre NachbarInnen beim Namen riefen, gingen nach und nach die Hausbeleuchtungen an. Das heißt natürlich, daß die beiden Frauen sich die Mühe gemacht hatten, die Namen ihrer NachbarInnen kennenzulernen – eine wichtige Selbstverteidigungsmaßnahme im eigenen Wohnbezirk.

Wenn du angegriffen wurdest, denk an die anderen Frauen und wie du sie vor einem Angriff schützen kannst. Das heißt zum Beispiel, die Polizei zu benachrichtigen oder den örtlichen Frauennotruf und die Beschreibung des Mannes durchzugeben. Manche Organisationen hängen »Steckbriefe« aus – Beschreibungen von Angreifern in der Gegend, einschließlich (falls bekannt) Name und Adresse des Mannes, was er getan hat, wie er aussieht und wo er sich normalerweise herumtreibt. Wenn möglich, sollte dieser Aushang mit einer Zeichnung oder einem Foto des Mannes versehen sein, und er sollte sorgfältig formuliert werden, damit er keine Informationen enthält, die auf die Identität der überfallenen Frau hindeuten.

In »Flucht aus dem Fahrstuhl« kann Tamar Hosansky ihrem potentiellen Vergewaltiger zwar entkommen, aber ihr wird schnell klar, daß auch andere Frauen in Gefahr sind, und daher trifft sie Maßnahmen, damit er nicht aus dem Gebäude entkommen kann.

Es gibt noch weitere Möglichkeiten, Hilfe von anderen zu erhalten:

- Ruf »FEUER!« und nicht »HILFE!« oder »VERGEWALTIGUNG!«. Manche Leute haben vielleicht zuviel Angst, sich einzumischen, wenn ein Mensch einen anderen angreift, aber die meisten Menschen sind bereit, alles mögliche zu tun, wenn es brennt – vor allem in ihrem eigenen Haus. Es ist egal, was du rufst – du mußt nur ihre Aufmerksamkeit wecken und ihnen dann sagen, was sie tun sollen.

- Wenn dir auf der Straße etwas passiert, lauf zum nächstliegenden Haus oder Laden. Hämmere gegen die Tür und mach den Leuten drinnen klar, daß du ihre Hilfe brauchst. Noch mal – sage und tue alles, was dir die Tür öffnet. Sollten die Leute zögern, dich hereinzulassen, fordere sie auf, die Polizei zu rufen.

- Mach eine Szene. Dein Leben könnte in Gefahr sein, also ist das nicht der Zeitpunkt, dich dem Knigge entsprechend zu verhalten. Wenn du auf der Straße bist, lauf auf die Fahrbahn und halte ein Auto an.

- Wenn du mit anderen zusammenlebst, entwirf mit ihnen einen Verteidigungsplan für das Haus. Plant eure Fluchtwege, redet darüber, was ihr tun würdet, wenn ihr getrennt werdet, überlegt, welche möglichen Waffen vorhanden sind und an wen ihr euch in der Nachbarschaft um Hilfe wenden könntet. Haltet eine Liste mit wichtigen Telefonnummern an einem leicht zugänglichen Ort bereit.

• Wenn dich jemand angreift, den du kennst oder der gar ein Familienmitglied ist, dann rede später mit anderen darüber. Erzähl deiner Familie, deinen FreundInnen, seinen FreundInnen davon. Sie sollen wissen, daß du nicht gewillt bist, das, was passiert ist, hinzunehmen, und bitte sie um Unterstützung. Wenn du am Arbeitsplatz belästigt wirst, rede mit deinen Kolleginnen darüber. Du bist vielleicht nicht die einzige, die solche Erfahrungen macht.

Das letzte der oben aufgelisteten Mittel trifft den Angreifer an seiner empfindlichsten Stelle. Männer, die Frauen angreifen, wollen auf keinen Fall die Aufmerksamkeit anderer erregen; sie wollen ihre schmutzigen Taten im verborgenen begehen, abgeschirmt vor den Augen der Gesellschaft. Darum sind *Konfrontationen* – eine Art *geplanter* Teamarbeit – so wirksam.

Konfrontation bedeutet, daß eine Frau zusammen mit anderen zum Angreifer hingeht und ihm sagt, was sie von ihm hält und wie er sich in Zukunft ihrer Meinung nach zu verhalten hat. Sie macht ihm klar, daß er ein zweites Mal nicht so davonkommen wird, daß die anderen über ihn Bescheid wissen und er beobachtet wird. Dieses Vorgehen stärkt die angegriffene Frau und schreckt den Mann von weiteren Gewalttätigkeiten ab.

Antivergewaltigungsgruppen, die Frauen bei solchen Konfrontationen unterstützen, stellen oft fest, daß sie über Männer, die auf diese Weise mit ihrer Tat konfrontiert wurden, keine Beschwerden mehr hören. In einem Fall in Santa Cruz rief sogar der Anwalt des Mannes beim Frauennotruf an, um zu hören, ob sich sein Mandant anständig benimmt. Der Mann, so erklärte der Anwalt, habe gesagt, die Konfrontation gehöre zu den tiefgreifendsten Erfahrungen seines Lebens, und er wolle so etwas niemals wieder tun.

Eine typische Konfrontation sieht so aus: Die angegriffene Frau holt eine Gruppe Freundinnen, Familienmitglieder, KollegInnen und/oder andere Menschen zu ihrer Unterstützung zusammen. Sie überlegen gemeinsam, wie sie den Angreifer mit dem Geschehen konfrontieren können. Das kann, wie im Fall von Nikkis Geschichte »Die Konfrontation«, in aller Öffentlichkeit geschehen, zum Beispiel in einem Restaurant oder am Arbeitsplatz. Eine Konfrontation bewirkt zweierlei: Sie erlaubt der Frau, ihrem Zorn gefahrlos Ausdruck zu verleihen, und der Mann wird für seine Taten zur Rechenschaft gezogen – vor seinem Freundes- und Bekanntenkreis, seinen KollegInnen oder seiner Familie. Im Idealfall sollte der Mann von Menschen, die er kennt und denen gegenüber er sich verantwortlich fühlt, zur Rechenschaft gezogen werden. Kinder können Erwachsene konfrontieren. Frauen können Angreifer am Telefon, an ihrem Arbeitsplatz oder in der Schule zur Konfrontation zwingen.

Zustimmung oder Ablehnung durch den eigenen Bekanntenkreis kann das Verhalten nachhaltig beeinflussen. In manchen Gesellschaften, wie zum Beispiel in China, ist es gang und gäbe, die Gemeinschaft in die Verbrechensprävention einzubeziehen. In einigen Teilen Westafrikas wurden und werden die Hütten von Frauen gebaut. Wenn ein Mann eine Frau vergewaltigt hat, reißen die Frauen der Dorfgemeinschaft die Hütte des Mannes ein. In unserer Gesellschaft, in der die Alltagsbeziehungen der Menschen untereinander weniger eng sind, bietet die Konfrontation die Möglichkeit, die Isolation zu durchbrechen, die unser Leben so gefährlich macht.

Eine Konfrontation wird bis in alle Einzelheiten geplant und setzt bei allem die Zustimmung der angegriffenen Frau voraus. Vor der Konfrontation entscheiden alle in der Gruppe einzeln, wie sie sich verhalten und was sie sagen wollen. Alle müssen ganz genau wissen, was sie zu tun haben, wenn der Mann zum Beispiel zu fliehen versucht oder gewalttätig wird.

Falls er droht, jemanden zu schlagen oder ähnliches, muß eine dafür zuständig sein, seinen linken Arm zu packen, eine seinen rechten Arm, eine sein linkes Bein, eine sein rechtes Bein und wieder eine andere seinen Kopf.

Normalerweise verlangen Konfrontationen aber wenig oder gar keinen körperlichen Kontakt; die meisten Männer sind in einer solchen Situation viel zu überrascht und zu verlegen, um reagieren zu können. Und da eine Konfrontation nicht lange dauert – meist ein paar Minuten bis zu einer halben Stunde –, ist die Gruppe schon wieder weg, bevor er sich einen Fluchtplan ausdenken oder jemanden verletzen kann.

Bei den meisten Konfrontationen sind die »Konfrontierenden« allesamt Frauen. Das wirkt dem Mythos entgegen, ein Angriff auf eine Frau könne nur durch eine Gruppe wehrhafter Männer gerächt werden – während die Frau, der das Unrecht angetan wurde, zu Hause bleibt, unfähig, etwas zu ihrem eigenen Schutz zu unternehmen. Wenn Männer helfen wollen, dann sollten sie sich im Hintergrund halten, vielleicht Flugblätter mit Namen, Adresse, Beschreibung von Mann und Verbrechen verteilen. Der Zweck einer Konfrontation besteht darin, *die Frau zu stärken*; deshalb sollte es weder zu einer Auseinandersetzung zwischen Angreifer und Überlebender kommen, noch sollte dem Mann Gelegenheit zur Begründung seines Verhaltens gegeben werden. In der Regel ist es am besten, den Mann erst gar nicht zu Wort kommen zu lassen. Die wirksamsten Konfrontationen sind knapp und präzise.

Eines der wichtigsten Ergebnisse einer Konfrontation ist, daß der Angreifer nicht mehr anonym ist; er wurde erkannt, er würde kein weiteres Mal davonkommen. Und das sollte ihm kurz und bündig mitgeteilt werden: »Wir wissen, wer du bist. Wir wissen, wo wir dich finden können. Du kannst so mit Frauen nicht umgehen. Wir lassen das nicht mehr zu.«

Um eine solche Konfrontation zu planen, bist du nicht unbedingt auf eine Hilfsorganisation angewiesen, aber es ist nützlich, mit den örtlichen Antivergewaltigungs- oder Notrufgruppen zu sprechen, um Ideen zu sammeln.

Wir Frauen können uns auf viele Arten zusammenschließen, um uns selbst und anderen zu helfen. »Take Back the Night«-Demonstrationen (Demonstrationen, die unter dem Motto »Wir fordern die Nacht zurück« nachts oder abends stattfinden, um dagegen zu protestieren bzw. darauf aufmerksam zu machen, daß sich Frauen nach Einbruch der Dunkelheit besonders unsicher fühlen), Frauenhäuser und Selbstverteidigungskurse – das alles kann dazu beitragen, die traditionelle Isolation von Frauen, die angegriffen wurden, aufzubrechen. Wenn du in deinem Wohnbezirk etwas tun willst, es dort aber keine Frauengruppen gibt, dann ergreife die Initiative und baue selbst etwas auf.

Neben der unmittelbaren Reaktion auf einen Angriff gibt es noch einen weiteren Aspekt in der Selbstverteidigung – die Folgen. Eine Frau, die vergewaltigt oder angegriffen wurde, muß für den Rest ihres Lebens mit den Narben leben. Aber es ist nie zu spät, sich beim Heilen der Wunden Hilfe zu holen. In »Kampf mit den Dämonen« entschloß sich Ann Simonton zu einem Selbstverteidigungskurs, der ihr half, sich mit den von ihrer Vergewaltigung verbliebenen Qualen und Ängsten auseinanderzusetzen. Sie entschied sich mutig für die Teamarbeit, anstatt in fortwährender Isolation zu verharren.

Wir möchten auch dich dazu ermutigen, die Isolation zu durchbrechen. Auch du kannst, wie die Frauen in diesem Sammelband, deine Erlebnisse mit anderen austauschen. Lern deine Nachbarinnen kennen. Rede in deiner Familie und mit deinen Freundinnen über Selbstverteidigung.

Hier einer der beliebtesten Rufe der »Take Back the Night«-Demonstrationen:

Mujeres unidas	*Frauen vereint*
jamás serán vercidas	*sind unschlagbar.*

Aufruhr auf dem Campingplatz

D. P.

D. P. hat über zwölf Jahre in der Bewegung gegen Vergewaltigung gearbeitet. Seit kurzem organisiert sie im Rahmen des »Child Assault Prevention Project« Kurse für Grundschulkinder zur Verhinderung sexuellen Mißbrauchs.
Der hier beschriebene Vorfall ereignete sich, als D. P. zum ersten Mal seit fast zehn Jahren zum Zelten fuhr. Es war auch das erste Mal seit sechs Jahren, daß ihr Hund ins Wasser ging.

> Ich tat zwei Dinge, von denen ich nicht wußte, daß ich sie beherrschte. Schreien war das eine. Ich hatte es geübt, aber vor vielen Jahren hat es einmal eine Situation gegeben, in der ich wirklich schreien wollte und nicht konnte. Jetzt weiß ich, daß ich schreien kann. Ich dachte auch, ich könnte nicht besonders schnell laufen, aber ich war barfuß und rannte wie der Blitz und kam nicht außer Atem, bis ich der Polizei alles gesagt hatte. Erst dann war ich erschöpft.

J. und ich und mein alter Hund waren auf einer Campingreise. Wir waren unten am Fluß, und ich wollte den Hund dazu bewegen, ins Wasser zu gehen. Also entschloß ich mich, zurück zu unserem Zeltplatz zu gehen und meinen Badeanzug anzuziehen. Ich ließ J. unten am Fluß zurück, damit sie auf den Hund aufpaßte. Als ich den Strand verließ, bemerkte ich in einiger Entfernung einen Mann, der Bier trank. Er schien die Frauen am Strand zu beobachten, deshalb paßte ich auf, wo er hinging und was er tat. Er betrat denselben Weg, auf dem ich mich befand, und folgte mir. Ich wurde ein wenig mißtrauisch, weil er genau wie ich die falsche Abzweigung nahm, obwohl das vielen Leuten versehentlich passierte.
Als ich mich dem Campingplatz näherte, war er immer noch hinter mir. Ich wollte sehen, was er tun würde, also ging ich auf einen fremden Zeltplatz zu. Ich wollte unseren Zeltplatz nicht preisgeben.

Ich wartete, um zu sehen, ob er vorbeiging. Er tat es nicht. Also ging ich den Weg ein Stück zurück und sah ihn hinter einem großen Baum stehen.

»Was machen Sie da? Warten Sie auf jemanden?« schrie ich zu ihm hinüber. Er sollte wissen, daß ich ihn sah und daß er sich nicht sonderlich geschickt versteckte.

»Ich warte darauf, daß das Klo frei wird«, war seine Antwort. Später fand ich heraus, daß die Toiletten die ganze Zeit über frei waren.

»Zelten Sie hier?« fragte ich ihn dann. Ich wollte soviel wie möglich über ihn herausbekommen.

»Ja.«

»Wo denn?«

»Ach, ich weiß nicht genau, irgendwo da drüben.«

Es sah so aus, als würde er noch eine Weile bei dem Baum stehenbleiben, also schlenderte ich langsam in die Nähe unseres Zeltplatzes und sah mich nach irgendwelchen potentiellen Waffen um. Das einzige, was mir in diesem Moment einfiel, war ein stumpfes Messer, das wir kürzlich zum Käseschneiden benutzt hatten – ohne allzu großen Erfolg.

Ich wollte nicht bei unserem Zelt bleiben, solange er hier herumlungerte, also ging ich zum Hauptweg zurück, wo mehr Menschen waren. Er kauerte jetzt hinter den Büschen. Als er mich sah, duckte er sich noch tiefer. Ich habe keine Ahnung, aus welchen Filmen er gelernt hatte, sich unsichtbar zu machen, es gelang ihm jedenfalls nicht sonderlich gut.

Als ich den Campingplatz wieder verließ und mich dem Mann näherte, stand er auf und kam auf mich zu. Er war groß – ich bin eins fünfundfünfzig, und er war ungefähr eins achtzig.

»Sie sollten besser verschwinden«, rief ich ihm zu.

»Warum sollte ich?«

»Verschwinden Sie einfach!«

Dann grapschte er nach meiner Brust, und ich schrie: »Hau ab!« Er versetzte mir einen Fausthieb an die Schläfe, was mich erst recht wütend machte.

Ich hielt immer noch mein kleines Messer in der Hand und überlegte, ob es eine Möglichkeit gab, es wirksam einzusetzen. Ich war einfach froh, es dabeizuhaben – in gewisser Weise unterstützte es mein Nachdenken und beförderte die Erkenntnis, daß es sich hier um eine gefährliche Situation handelte. Allerdings war es, realistisch gesehen, kaum als gute Waffe einzusetzen, es sei denn, ich hätte fünf Minuten Zeit zu sägen. Aber dadurch, daß ich es in der Hand hielt, war meine Hand zur Faust geballt, und ich dachte weiter über meine Verteidigung nach.

Ich schrie ihn wieder an, er solle verschwinden, und er ging langsam zurück, drehte sich dann aber erneut um und trat nach mir. Ich stand zu weit weg, um ernstlich verletzt zu werden. Ich stieß jetzt den Grundschrei aus, den ich im »Child Assault Prevention Project« gelernt hatte, den lauten Kampfsportschrei, den ich den Kindern beigebracht hatte, und dann begann ich um Hilfe zu rufen. Er wich zurück und haute schließlich ab.

Ich rannte hinter ihm her und entdeckte, daß »Hilfe!« ein ziemlich wirksamer Ruf war, um Aufmerksamkeit zu erregen. Als ich an ein paar Leuten vorbeilief, schrie ich: »Hilfe, der Mann hat mich angegriffen!« Kurze Zeit später merkte ich, daß uns ungefähr acht Leute, meistens zu zweit oder zu dritt, folgten. Es war einfach toll.

Als ich eine Weggabelung erreichte, hatte ich den Typen aus den Augen verloren. Gleichzeitig hatten mich ein paar der Männer eingeholt und sahen sich nach ihm um. Ein Mann und eine Frau spielten in der Nähe Frisbee, und ich fragte sie: »Haben Sie eben einen Mann vorbeirennen gesehen? Er hat mich angegriffen.« Sie antworteten: »Ja, er ist da lang«, und wiesen mir die Richtung; ein wenig später sah ich, daß sie sich ebenfalls der Verfolgungsjagd angeschlossen hatten! Es war ein bißchen wie Slapstick; mit Luftaufnahmen hätte es einen wunderbaren Film abgegeben.

Ich dachte, er sei uns entkommen, aber als wir um die nächste Ecke bogen, entdeckten wir ihn, als er sich wieder zu verstecken suchte. Er war in eine Sackgasse geraten und versuchte nun, sich hinter einigen Büschen zu verbergen – ohne Erfolg. Als er unsere Gruppe kommen sah, versuchte er auszubrechen und rannte ins hohe Unterholz. Die beiden Männer, die dicht hinter ihm waren, hielten an und sahen sich um. »Hinterher«, rief ich, »er hat mich überfallen!« Also stürzten sich die zwei Männer in die Büsche und brachten ihn dann mit den Händen auf dem Rücken heraus.

Mir war nicht ganz klar, was ich angesichts all der Leute mit ihm tun sollte. Es schien das beste zu sein, ihn zum Campingplatzbüro zu bringen. Auf dem Weg dorthin teilte ich die Leute ein. Zwei Männer gingen vor ihm, ich direkt hinter ihm. Andere bat ich, hinunter zu J. zu gehen und ihr zu sagen, was passiert war und warum ich noch nicht zurück war. Die Leute schienen zu glauben, es sei jetzt alles in Ordnung, und sie müßten nicht länger dableiben, aber ich fühlte mich mit ihm und nur den beiden anderen Männern nicht sicher, also bat ich einige Leute, noch mitzukommen, was sie auch taten. Der Aufseher im Büro rief dann die Polizei.

Eine Frau kam zu mir herüber, weil sie das Wort »Angriff« gehört hatte. Sie legte ihren Arm um mich und sagte: »Ich bin eine Überlebende. Mir war nicht klar, was los war.« Sie blieb da und wartete mit mir zusammen.

Als J. kam, machte sie ein paar Fotos von dem Typen, woraufhin er sie beleidigte. Er war wirklich wütend. Er versuchte, sich hinter der oberen Hälfte der geteilten Bürotür zu verstecken, um nicht fotografiert zu werden, aber sie konnte ihn durchs Fenster knipsen. Er regte sich furchtbar darüber auf. »Ich kriege die Bilder!« schrie er. Ich fragte ihn, ob er ein Strafregister hätte. »Das geht dich nichts an, das spielt überhaupt keine Rolle«, erwiderte er.

Die Polizisten fragten mich mindestens viermal, ob ich ihn kenne – das war die erste Frage, die sie und auch andere Leute mir stellten. Die Folgerungen aus dieser Frage sind deprimierend: Hätte ich ihn gekannt, dann hätten sie den Angriff nicht so ernst genommen.

Die Leute sagten Dinge wie: »Also so etwas ist hier noch nie passiert!« Einer der Männer, die ihn ergriffen hatten, erklärte mir, welche Anklagen ich gegen ihn vorbringen sollte. Alle gaben mir Ratschläge, was ich tun sollte, und niemand interessierte sich dafür, wie es mir ging und was ich selbst tun wollte.

Die Leute hatten reagiert, aber von sich aus hätten sie nichts unternommen. Eine der Frauen sagte: »O ja, ich habe gesehen, wie er hinter den Büschen hockte, als ich zum Strand hinunterging.« Aber sie hatte nicht etwa gesagt: »He, da hockt ein Typ hinter den Büschen. Das ist komisch, wir sollten etwas dagegen tun.« Die Leute wollten sich ihren Spaß nicht verderben lassen.

Wenn es dir gelingt, andere Leute zu mobilisieren, dann heißt das nicht unbedingt, daß sie auch von selbst darauf gekommen wären, etwas zu tun. Ich hatte ihnen zugerufen: »Der Mann hat mich angegriffen!« Ich weiß nicht, ob ich mit meiner Gestik einzelne direkt angesprochen habe, aber ich gab ihnen zu verstehen: »Ihr da, helft mir, den Kerl zu schnappen!« Ich glaube, ohne mein ununterbrochenes Schreien wäre überhaupt nichts passiert.

Einer der Männer, die ihn geschnappt hatten, sagte: »Wir zelten auch hier. Wenn Sie heute nacht irgendwelche Probleme haben, dann schreien Sie. Wir hören Sie dann schon.« Sie wollten hilfsbereit sein, aber sie waren sich nicht sicher, was von ihnen erwartet wurde und wie sie mit der Situation umgehen sollten.

Als der Fall endlich vor Gericht kam, plädierte der Mann *nolo contendere*, das heißt, auf Anerkennung des Urteils ohne Schuldbekenntnis. Er bekam ein Jahr auf Bewährung unter der Auflage, keinen direkten oder indirekten Kontakt zum »Opfer« aufzunehmen. Außerdem wurde ihm die Zeit der Untersuchungshaft angerechnet – ein Tag.

Ich schrieb dem Staatsanwalt: »Halten Sie mich bitte auf dem laufenden. Ich möchte unbedingt wissen, wie es weitergeht. Ich bin jederzeit bereit, als Zeugin auszusagen.« Ich habe nie eine Antwort bekommen. Ich mußte bei Gericht anrufen, um herauszufinden, wie die Sache ausgegangen war.

Damals wie heute wünsche ich mir manchmal, ich hätte mehr getan, um ihn zu verletzen. Ich kann dieses »Hättest du doch mehr getan«-Gefühl überhaupt nicht leiden. Aber ich will weiter Selbstverteidigung trainieren, weil ich nicht soviel Selbstvertrauen hatte, wie ich es gern gehabt hätte. Ich bin froh, daß ich ihn erwischt habe und er nicht einfach verschwinden konnte. Ich bin froh, mir selbst bewiesen zu haben, daß ich nicht hilflos bin und daß ich die Leute, obwohl sie es nicht unbedingt wollten, dazu bringen konnte, sich einzumischen. Irgendwie hat es auch Spaß gemacht – ich kam mir vor wie eine Regisseurin.

Kampf mit den Dämonen

Ann Simonton

Ann Simonton war fast elf Jahre Mannequin. Heute ist sie aktive Feministin, die mit dem Mittel des zivilen Ungehorsams für gesellschaftliche Veränderungen kämpft. Sie wurde zehnmal verhaftet, u. a. weil sie auf Schönheitswettbewerben ihr Blut »verspritzte«, eine Ausgabe des *Hustler* zerriß, auf dessen Titelseite eine Frau abgebildet war, die den Urin eines Knaben trank, und weil sie am Strand ihre Bluse ausgezogen hatte. Zur Zeit koordiniert sie die Arbeit von »Media Watch«, einer Gruppe, die untersucht, inwiefern die Medien zur Verbreitung von Gewalt gegen Frauen und Kinder beitragen.

Ich bin auf dem Weg nach Hause. Ohne Vorwarnung packt mich ein Mann von hinten. Sein Gestank verpestet die Luft um mich. Unbeschreibliche Panik überkommt mich; das Gefühl, mich übergeben zu müssen. Mir stockt der Atem. Nicht noch einmal! Mein Körper wird schlaff. Er zwingt mich in die Knie. Als wir auf dem Boden landen, bricht Wut aus mir heraus. Jeder Millimeter meines Körpers schreit: »Nein, ich lasse mich nicht noch einmal vergewaltigen!« Ich grabe meine Zähne in sein Fleisch. Er reißt seinen Arm zurück und flucht: »Das ist dein Ende, du Hure!« Mit einem Dreh stoße ich ihm meinen Ellbogen direkt ins Gesicht. Er stöhnt auf. Ich befreie mich von seinem Griff, rolle mich zur Seite und trete ihn entschlossen ins Gesicht. Er weicht zurück, greift dann nach meinem Fuß. Mit dem anderen Fuß trete ich mich von seiner klammernden Hand frei, dann trete ich ihn noch mal an den Kopf. Er sieht verblüfft aus. Ich komm näher ran und trete ihn ins Gesicht. Endlich ist er ruhig. Ich habe ihn k.o. geschlagen.
Ein scharfer Pfiff und wilde Jubelschreie gellen durch die Stille. Ich bin in einem mit Matten ausgelegten Trainingsraum. Der »Angreifer« ist Kampfsportler und trägt eine 50 Pfund schwere Schutzausrüstung. Ich sehe nach seinem Kopf, um mich zu vergewissern, daß

er okay ist. Es ist mein erster Tag in einem Selbstverteidigungskurs, der sich »Model Mugging« nennt. Bei »Model Mugging« greift ein schwer gepanzerter Mann eine Teilnehmerin nach der anderen an. Nach dem Angriff stehe ich in der Reihe der anderen Frauen. Eine von ihnen reicht mir einen Becher Wasser. Ich weine hemmungslos.

Mißtrauisch lese und unterschreibe ich die Verzichtserklärung: »In diesem Kurs werden Vergewaltigungsszenen nachgestellt, und es wird mit anstrengendem Körpereinsatz und unmittelbarem Körperkontakt gearbeitet. Es kann daher zu physischen Verletzungen oder emotionalen Belastungen kommen. Der Kurs ist nicht ungefährlich. Sie versichern hiermit, vor der Anmeldung zu diesem Kurs Ihre Ärztin und/oder Therapeutin zu konsultieren.« Ich beschließe, wenn auch zögernd, das Risiko einzugehen.

Die Teamerin beginnt damit, die neuen Teilnehmerinnen zu fragen, warum sie einen Kurs in »Model Mugging« machen wollen. Die Erinnerung treibt mir die Tränen in die Augen. Mein Gesicht brennt, als ich an die Reihe komme. Ich mache eine hilflose Geste. Die Worte stürzen aus mir heraus: »Ich bin wütend – ich will überhaupt nicht hier sein. Ich bin von einer Gruppe von Männern vergewaltigt worden, mit dem Messer an der Kehle. Man hat mir die Schuld gegeben. Ich habe mich viel zu lange schuldig gefühlt. Ich bin politisch aktiv. Ich will, daß die Gewalt gegen Frauen aufhört. Es sind die Männer, die Hilfe brauchen! Warum muß ich bezahlen, damit ich ohne Angst leben kann? Dieser Kurs sollte vom Staat subventioniert werden.«

Ich habe nicht gewußt, daß ich schon am ersten Tag »angegriffen« werde. Ich bin noch nicht darauf vorbereitet. Er greift mich jedes Mal von hinten an, spielt jedes Mal meine Vergewaltigung nach. Die anderen Frauen scheinen alle gefaßt zu sein. Keine außer mir weint. Mit dem gepolsterten Angreifer lerne ich, wie es sich anfühlt, jemanden mit voller Kraft zu treten. Es ist der erste bedingungslose Kampf in meinem Leben.

Nach der ersten Stunde bin ich wie betäubt. Zu Hause weine ich mich auf der Couch in den Schlaf. Stunden später wache ich mit Kopfschmerzen auf. In zwei Tagen werde ich allein 500 Meilen nach San Diego fahren, um eine Protestaktion gegen die Miss-California-

Wahl zu leiten, zivilen Ungehorsam zu begehen und eine unbekannte Anzahl von Tagen im Gefängnis zu verbringen. Ich protestiere jeden Juni gegen die Miss-California-Wahl und feiere so meinen Geburtstag. Der Tag nach meinem Geburtstag ist der Jahrestag meiner Vergewaltigung. Es scheint, daß ich jedes Jahr um die Zeit meiner Vergewaltigung an meinem Heilungsprozeß arbeite.
Durch meine Tränen hindurch sehe ich das Kostüm vor mir. Es besteht aus einer riesigen Packung Kellogg's Cornflakes; der Boden ist ausgeschnitten, und künstliche Cornflakes bilden eine Art Rock. Mein Kostüm weist auf einen der Wettbewerbssponsoren hin und symbolisiert das diesjährige Motto: »Keine Geschäfte mit Frauenkörpern!«
Wie soll ich das jetzt schaffen? Ich brauche Hilfe. Nachdem ich mehrere Anrufbeantworter an der Strippe hatte, erreiche ich endlich eine Freundin in Los Angeles. »Renée, ich war beim Model Mugging. Die ganze Vergewaltigung ist wieder da. Morgen sehe ich eine Dia-Show über Kinderpornographie. Am Montag fahre ich nach L.A., dann nach San Diego. Ich halte das alles nicht mehr aus.«
»Mach den Kurs jetzt nicht«, rät sie mir. »Du bist zu hart mit dir. Mach ihn später. Dies ist nicht der richtige Zeitpunkt.« Ihre ruhige Stimme besänftigt meine Panik.
Ich verberge meine Gefühle hinter einer Maske und stürze mich in die nächsten fünf Tage. Sie sind ausgefüllt mit der turbulenten Vorbereitung unseres Demonstrationswagens, mit Presseinterviews für Radiosender, den wichtigsten Zeitungen und Fernsehstationen in L.A. und San Diego, in denen ich wieder und wieder gefragt werde: »Warum machen Sie das? Was ist an einem Schönheitswettbewerb so schlimm? Keiner zwingt die Bewerberinnen dazu.«
Bei der Endausscheidung des Wettbewerbs werde ich nach einer nur 30minütigen Protestaktion wegen Verunreinigung öffentlicher Straßen verhaftet, weil mir aus Versehen eine Rose aus meinem Strauß auf die Straße gefallen ist. Ich werde abgeführt und verbringe eine lange Nacht im Gefängnis mit anderen Frauen, deren Verbrechen darin bestehen, von ihren Freunden geschlagen worden zu sein oder eine Zigarette auf der Straße ausgedrückt zu haben.
Wir werden entlassen. Als ich endlich zu Hause ankomme, finde ich eine Nachricht auf meinem Anrufbeantworter: »Kommst du morgen zum Model Mugging?«

19. Juni 1986 – Tagebucheintragung

Ich will es hinter mich bringen – ist dies der richtige Zeitpunkt? Wird es je der richtige Zeitpunkt sein? Niemand unterstützt mich, außer einigen Freundinnen, die mich verstehen. Der Angreifer wird jede Woche gemeiner. Bin ich verrückt, mich selbst zu quälen? Ist es verrückt, mir die Chance zu geben, meine Wut herauszulassen? Der Gedanke, sie rauszulassen, gefällt mir – ich versuche, meiner Wut näherzukommen. Als mich meine Therapeutin vor drei Monaten dazu aufforderte, meiner Wut Ausdruck zu geben, war ich nahe daran, aber ich hatte Angst, jemand im Raum nebenan könnte mich hören. Ich möchte sie vorher herrichten, säubern und aufpolieren, sie auf den Punkt bringen, bevor ich sie herauslasse. Wenn ich im Kurs angegriffen werde, bricht die Hölle los; ich möchte meinen Angreifer umbringen. Vielleicht habe ich hier zum ersten Mal zugelassen, daß meine pure Wut herauskam.
Ich steuere auf einen gefährlichen Abgrund zu. Während eines Live-Interviews im Fernsehen fragte mich ein Reporter unbekümmert: »Hat die Mehrfachvergewaltigung Ihr Leben beeinflußt, und wenn ja, wie?« Ich zwinge mich dazu, über meine Vergewaltigung rational zu sprechen und so zu tun, als gäbe es keine klaffende Wunde. Ich antworte genauso unbekümmert: »Ja, das hat sie.« Ich lenke meine Schritte dem Abgrund zu – im Glauben, allem gewachsen zu sein. Wenn ich eine Vergewaltigung überleben kann, kann ich alles überleben.
In dieser Welt gibt es keinen Raum für Frauen, ihrer Empörung über das anomale männliche Sexualverhalten öffentlich Ausdruck zu verleihen. Ich hasse die Arroganz der Männer, hasse es, wie ich dazu erzogen wurde zu denken, sie seien so verdammt unentbehrlich. Meine Entscheidung ist klar, ja, ich werde diesen Kurs zu Ende machen. Ich werde zu dieser Gruppe fremder Frauen gehen und versuchen, morgen aufzuholen.
Ich fühle mich einsam. Die anderen hatten schon eine Stunde zusammen. Sie alle weinen leicht. Sie können über ihr Leben reden. Das gefällt mir. Darlene, eine zerbrechliche Frau, macht den Kurs, um ihre Kinder zu schützen. Sie wurde beinahe mit ihnen zusammen an einer Bushaltestelle angegriffen, und die Leute schauten nur

zu. Darlene beflügelt mich. Mit ihren 46 Kilo setzt sie Tom, unseren 100 Kilo schweren »Angreifer« außer Gefecht; er ist immerhin eins neunzig groß. Am Freitag treffen wir uns zum Essen, um uns besser kennenzulernen.
Ich komme zu spät zum Essen. Fühle mich isoliert. Eine Assistentin der Trainerin erzählt den Frauen gerade, wie sie einem Angreifer die Vergewaltigung ausreden konnte. Ihre Erklärungen treffen mich im Innersten. Ich halte das beiläufige Gerede über Messer, und wie wir einem Mann die Vergewaltigung ausreden sollen, nicht aus. Während die anderen Frauen reden, tropfen Tränen auf meinen Teller. Das müssen sie doch merken. Warum ignorieren sie mich?
Die Assistentin sitzt neben mir und fragt, ob alles in Ordnung sei.
»Nein«, sage ich. »Nichts ist in Ordnung.« Stille. Eine Frau setzt das Gespräch fort.
Als meine Freundin, die die Gruppe leitet, mich schließlich auffordert, etwas zu sagen, springe ich auf, möchte am liebsten das Glas zerschmeißen, möchte mein Fischcurry durch den ganzen Raum schmeißen. Ich hasse sie alle – hasse ihre verdammten guten Ratschläge. Du kannst einem Vergewaltiger die Vergewaltigung nicht ausreden. Ich werde wahnsinnig. Ich will gehen, aber die Frauen überreden mich, zu bleiben und zu reden. Ich tue es, aber meine Worte sind kaum hörbar. Ich warne die Frauen: »Macht es euch nicht zum Vorwurf, wenn ihr es den Männern nicht ausreden könnt. Ich dachte auch, ich könnte es. Ich bin immer noch nicht davon geheilt, bin immer noch von Schuld zerfressen.«

27. Juni – Tagebucheintragung

Was ich zu sagen habe, ist unaussprechbar. Ich will über etwas reden, das alle verabscheuen. Die Vorurteile sind unüberwindbar. Warum kann ich nicht ein ideales Vergewaltigungsopfer sein – eins, das nach zwei Jahren wieder normal ist? Warum kann ich es nicht mit einem zornigen Zwanzigzeiler loswerden? Warum muß ich nach 15 Jahren immer noch vor einer Gruppe in Tränen ausbrechen, immer noch versuchen zu heilen? Habe ich etwas falsch gemacht?
Bevor mich die Männer vergewaltigten, war es leicht, die Lügen un-

serer Zivilisation über den Wert der Frau zu glauben. Drei Messer an meiner Kehle haben mein Leben verändert. Ich wurde zu einem menschlichen Bulldozer. Meine jüngere Schwester sagt, mein Gesicht sei nicht mehr das alte. Ich muß stark sein. Alle haben *mir* die Schuld gegeben, einschließlich der Justiz. Ich wurde zum Opfer und trage die qualvolle Schuld wie eine Dornenkrone mit mir herum.
Mit Schuld setzen wir uns nie auseinander. Schuld und Selbsthaß. Frauen müssen wissen, daß sie es wert sind, gerettet zu werden, wert, sich zu verteidigen.
Unter solch empörenden Umständen ist es erstaunlich, daß Frauen immer noch versuchen, sich Gehör zu verschaffen. Heute abend habe ich meine Qual mit anderen geteilt. Ich teile sie so selten mit anderen. Ich halte sie im Inneren verborgen und fühle mich dabei entfremdet.

Alle im Kurs fühlen sich während Susans Kampf unmittelbar betroffen. Sie stellt die Szene nach, als ihr Freund sie zusammengeschlagen hat. Der Angreifer schnauzt sie an: »Mir reicht diese Scheiße jetzt, Susan!« Während des Kampfes schreit sie: »Ich schaffe es nicht! Haltet ihn zurück!« Wir fassen einander an den Händen. Werden wir ihn zurückhalten? Er hört nicht auf. Wir stehen alle unter Schock. Die Trainerin schreit: »Unterwirf dich ihm nicht, Susan!« Sie gewinnt ihre Kraft zurück, wartet auf eine günstige Gelegenheit und setzt ihn außer Gefecht. Danach ist sie froh, daß er nicht aufgehört hat, denn so wurde sie über ihre Grenzen getrieben. Nach dem Kurs bricht Tom, der Angreifer, in Tränen aus. Es beruhigt mich zu sehen, wie hart es für ihn ist, seine Aufgabe zu erfüllen.
Bei unserer öffentlichen Abschlußprüfung sind wir körperlich und seelisch ausgelaugt. Es scheint, als sei das Motto von Model Mugging: »Wenn du dich mies fühlst und kämpfen kannst, dann kannst du jederzeit kämpfen.« Ich habe Grippe: Fieber, Kopf- und Halsschmerzen, Husten, verstopfte Ohren und die ersten krampfhaften Blutungen meiner Periode. Ich muß mich als erste dem Angriff vor dem Publikum stellen. Es handelt sich um einen »psychotischen Angriff« von unserem »Gastangreifer«. Am Boden festgenagelt, muß ich fünf K.-o.-Schläge hintereinander austeilen, um zu bestehen, weil er sich wie ein Wahnsinniger oder Drogenabhängiger verhält.

Ich nehme es mit der Angst auf, den wirklichen Angriff nochmals zu durchleben, und bündele diese Energie. Er ist schnell und sprunghaft. Ich weiß nicht mehr, was passiert ist. Blinde Wut übernimmt die Kontrolle und siegt.
Jede von uns behauptet ihre Identität während eines Angriffs. Wir sind keine Objekte; wir handeln aus uns heraus. Ich weiß, was es heißt zu kämpfen. Ich fühle mich mit den anderen Frauen aus der Gruppe tief verbunden und werde von den Trainerinnen enorm unterstützt. Wir kämpfen um unser Leben und wir siegen. Meine Eltern, meine jüngere Schwester und meine Freundinnen sind alle da. Hinterher weint meine Mutter und sagt: »Ich verstehe zum ersten Mal, was es für dich hieß, vergewaltigt zu werden.« Sie scheint auch zum ersten Mal zu begreifen, was es heißt, sich zu wehren.

4. September – Neumond, Tagebucheintragung

Nachts tauche ich in ein unheilvolles Meer ein. Der Himmel ist schwarz wie das Meer, der Wind türmt das Wasser zu riesigen Wellen auf. »Du hast gewußt, was du machst, als du Mannequin warst, Ann. Du hast gewußt, daß du Sex verkaufst – und du hast es sogar acht Jahre nach deiner Vergewaltigung immer noch getan.« Ich stehe da, meine Füße haben sich im Seegras verheddert, meine Finger recken sich der Dunkelheit entgegen. Ich bin erschöpft von all der Schuld, die mir ihren masochistischen Alptraum ins Gesicht schleudert. »Du hast gewußt, daß du Vergewaltigungen Vorschub leistest, Ann.« Schuld ist nur nicht losgelassene Wut. Ich schöpfe süßes, eiskaltes Wasser und kühle mein heißes, geschwollenes Gesicht.
Ich bin nicht schuld. Ich bin nicht mehr bereit, diese Qual auf mich zu nehmen. Ich ziehe die Dornen heraus und schleudere sie in das aufgewühlte Meer.

Die Konfrontation
Nikki

Nikki (Name geändert) ist eine erfolgreiche Geschäftsfrau. Sie kommt aus einer gewalttätigen Familie und wurde als Kind sexuell mißbraucht. Dennoch sagt sie heute: »Ich bin glücklich verliebt und erforsche Neues und Aufregendes.«

> Ich mußte einen langen Weg zurücklegen, um genügend Selbstachtung zu finden, um meine Vergangenheit in Stärke zu verwandeln.

Mitte der siebziger Jahre war ich mit einem Mann zusammen, der mich schlug, wenn er wütend war. Damals war ich jung, unwissend und unfähig, mich anders zu wehren, als aus seiner Nähe zu verschwinden und die Beziehung zu beenden. Sechs Monate nach meinem Auszug aus seinem Haus fand ich heraus, daß er andere Frauen als Untermieterinnen aufgenommen hatte. Eine dieser Frauen gehörte zu meinem Bekanntenkreis und vertraute mir an, was dort geschah.

David regte sich schon über Kleinigkeiten auf und schlug die Frauen. Im Unterschied zu mir hatten sie keine sexuellen Beziehungen zu ihm. Wenn eine der Frauen das Geschirr nicht gespült hatte oder ähnliche kleine Wohngemeinschaftsprobleme auftauchten, geriet er in Rage. Es war ihr sehr peinlich, mir davon zu erzählen. Das war mir damals genauso gegangen. Du überlegst es dir gut, bevor du mit anderen darüber sprichst, weil die Tatsache selbst so schockierend ist. Jetzt, da ich älter und ein bißchen zynischer geworden bin, bin ich viel eher bereit, den Mund aufzumachen und mich zu verteidigen.

Als ich mit ihm zusammen war, gab es viele kritische Situationen. Ja, er hat sogar mein Leben bedroht und versucht, mich mit seinem Lastwagen zu überfahren, als ich mit seinem Kind schwanger war. Ich habe mich einfach vor ihm in Sicherheit gebracht und sein Verhalten abgetan. Aber als ich hörte, daß er sich seinen nächsten Mitbewohnerinnen gegenüber auf ähnliche Weise verhielt und es von Tag zu Tag gefährlicher wurde, mußte ich etwas unternehmen. Die Frau hatte sich an mich gewandt, weil sie glaubte, ich würde sie verstehen und nicht für verrückt erklären. Ich bestärkte sie in ihren Befürchtungen und sagte: »Bring dich in Sicherheit!« Sie brauchte ein oder zwei Monate, um eine neue Unterkunft zu finden. Während dieser Zeit kam ich zu dem Entschluß, ihn mit seinem Verhalten zu konfrontieren.

Ich hatte die Wut über die Art, wie er mit mir umgegangen war, in mich hineingefressen. Ich mußte sie endlich loswerden und ihm außerdem klarmachen, daß er damit aufzuhören hatte; daß es eine Reihe von Leuten gab, die über sein Verhalten Bescheid wußten und nicht bereit waren, es zu tolerieren. Also veranstalteten wir einen Monat, nachdem die Frau ausgezogen und in Sicherheit war, eine öffentliche Konfrontation. Die Frau wollte daran nicht teilnehmen und bat mich, sie nicht zu erwähnen, weil sie immer noch zu viel Angst hatte.

Ich organisierte die Konfrontation mit Hilfe der örtlichen Frauengruppe gegen Vergewaltigung. Ich hatte gehört, daß die an einer Konfrontation beteiligten Frauen die Situation unter Kontrolle halten und ihrer Wut Ausdruck geben konnten und daß sie dem Mann, der ihnen etwas angetan hatte, dazu bringen konnten, sich zu verändern. Ich wollte mit dem Gefühl weggehen können, das Meine für mein eigenes Wohl getan und mich von den nagenden Selbstvorwürfen befreit zu haben – von den Vorwürfen, daß ich mich damals hätte wehren müssen, ihn hätte verändern müssen, dies oder jenes hätte tun müssen. Ich wollte die Schuld loswerden, Opfer von Gewalt gewesen zu sein.

Als ersten Schritt brachte ich eine Gruppe von Leuten, einschließlich einiger Frauen aus der Frauengruppe gegen Vergewaltigung zusammen, um mit ihnen zu besprechen, was eine Konfrontation ist und ob sie unter diesen Umständen angebracht sei. Sie gaben mir schon auf dem ersten Treffen Rückhalt und Bestätigung. Das war wirklich wichtig. Es war nicht leicht, über das Geschehene zu reden, denn Gewalt schockiert die Leute gewöhnlich, und sie sind überrascht, daß so etwas passiert. Im Grunde hatte ich mir nie wirklich

eingestanden, daß ich ein Opfer war, aber mir war etwas passiert, was nie wieder geschehen durfte.
Ich erzählte ihnen meine Geschichte mit David. Ich erklärte ihnen, daß ich ihn jetzt dazu bringen wollte, sich zu ändern, weil andere Frauen davon betroffen seien. Das war tatsächlich die Ironie der Geschichte: Nicht als *mein* Leben in Gefahr war, entschloß ich mich zu einer Konfrontation, sondern als *andere* von ihm bedroht und angegriffen wurden. Erst das brachte mich dazu, mir meine eigene Geschichte klarzumachen und der Wahrheit ins Gesicht zu sehen. Erst das brachte mich dazu, zu sagen: Schluß damit! Ich verließ das Treffen mit dem Gefühl, ja, ich *will* diese Konfrontation. Das Gute bei einer Konfrontation ist, daß du selbst weitestgehend das Heft in der Hand hast. Ich bat meine FreundInnen und die Frauen gegen Vergewaltigung, mir dabei zu helfen, die Konfrontation so zu organisieren, daß ich mich sicher genug fühlen würde, um meine Wut über das Verhalten dieses Menschen mit Nachdruck vorbringen zu können.
Die Männer sollten während der Konfrontation im Hintergrund bleiben und nicht mit David sprechen, weil ich nicht wollte, daß sie die Sache übernahmen. Andere Frauen, die sich über sein Verhalten Frauen gegenüber ärgerten, durften etwas sagen, aber grundsätzlich wollte *ich* reden, denn es war meine Konfrontation. Andere bat ich, ihm klarzumachen, daß es jetzt an ihm sei, zuzuhören, daß er sich anhören müsse, was ich zu sagen hatte. Das taten sie auch, als er sprechen wollte.
David führte ein Beratungsunternehmen und traf sich mit seinen KundInnen manchmal in einem Café. Dort fand die Konfrontation statt. Damit wurde sein öffentliches Ansehen getroffen, und er würde sein privates Verhalten nicht länger geheimhalten können.
Eine der Frauen erklärte sich bereit, Kontakt zu ihm aufzunehmen und ihn um einen Termin im Café zu bitten. Also kam er in der Erwartung, eine zukünftige Kundin zu treffen, zum Café. Als er eintrat, stand ich auf und ging auf ihn zu. Er setzte sich auf eine Bank und wurde von mehreren Frauen umringt.
Zehn bis fünfzehn Frauen, die durch die andere Frau oder durch mich von seinem Verhalten erfahren hatten, nahmen an der Konfrontation teil. Sie standen im Halbkreis um mich herum und hin-

derten ihn daran, einfach vor mir davonzulaufen. Ich sagte, er solle bleiben und mir zuhören, und dann sprach ich zum ersten Mal laut und deutlich in aller Öffentlichkeit von dem, was ich durchgemacht hatte.

»Ich will, daß du damit aufhörst. Ich will, daß du keine einzige Frau mehr schlägst. Du hast mich geschlagen, und du hast andere geschlagen, und damit muß jetzt Schluß sein. Du hast versucht, mich umzubringen, aber du kannst mich nicht umbringen. Alle hier wissen über dein Verhalten Bescheid und finden es unannehmbar.« Anfangs erwiderte er: »Du spinnst! Du weißt nicht, was du redest!« Aber die ganze Gruppe machte ihm klar, daß er jetzt den Mund zu halten hatte, und seine Proteste erloschen. Dann begann er einen Ausweg aus der Situation zu suchen.

Ich sah, wie seine Augen das Café nach Bekannten absuchten. Ich wandte meinen Blick nicht von ihm, deshalb weiß ich nicht, was er fand, aber ich glaube, er fand keinerlei Unterstützung.

Einige Männer verteilten am Rande des Geschehens Flugblätter, um den anderen Leuten zu erklären, um was es ging, wer dieser Mensch war, was ich ihm zu sagen hatte und was das Problem mit ihm war. Meine Identität wurde dabei nicht preisgegeben. Eine Frau machte ein Foto von ihm.

Irgendwann sah ich, wie er einen der Flugblattverteiler fixierte. Ich wollte nicht, daß er mit einem anderen Mann einen Kampf anfing. Aber der Mann hielt sich zurück, und das war wichtig. David versuchte auch, sich herauszureden. Einmal versuchte er, einen der Männer ins Gespräch zu ziehen, als hätte dieser Mann etwas mit dem, was ich zu sagen hatte, zu tun. David sollte *mir* zuhören, weil ich glaube, daß er zuvor weder meine Schmerzen noch meine Wut gehört hatte.

Das Ganze dauerte ungefähr eine halbe Stunde. Währenddessen erschien mir die Zeit sehr lang. Anschließend war ich erstaunt, wie kurz es tatsächlich gewesen war. Ich hatte das Gefühl, als sei ein reinigender Wirbelwind durch mich hindurchgegangen.

Danach trafen wir uns alle und freuten uns gemeinsam darüber, daß wir unsere Absicht erfolgreich verwirklicht hatten – wir hatten ihn gewaltlos gezwungen, mir zuzuhören.

Es ging mir sehr gut danach. Eine Gruppe, die sich »Männer gegen

Vergewaltigung« nennt, nahm später mit David Kontakt auf und fragte ihn, ob er, da er für sein Verhalten verantwortlich sei, an einer Beratung oder Auseinandersetzung darüber interessiert sei. Ich fühlte mich phantastisch. All die aufgestaute Wut war verflogen. Ich meine, wenn jemand einer anderen Person Gewalt antut und diese keine Möglichkeit hat, die Wut, die an ihr ausgelassen wurde, loszuwerden, dann kann die Wut zwei Richtungen einschlagen: Sie kann sich destruktiv gegen die Gesellschaft wenden, indem das Opfer selbst gewalttätig wird, oder sie wendet sich selbstzerstörerisch nach innen. Eine Konfrontation ist eines der wichtigsten und nützlichsten Mittel, um diese Wut herauszulassen. Die Gewalt muß an Ort und Stelle gestoppt werden, sie darf sich nicht wie eine Massenkrankheit verbreiten. Eine Konfrontation ermöglicht das auf gewaltlose, aber wirksame Weise.

Flucht aus dem Fahrstuhl

Tamar Hosansky

Tamar Hosansky ist in New York City geboren und aufgewachsen. Sie ist heute 30 Jahre alt und betreibt seit ihrem 18. Lebensjahr Kampfsport. Zusammen mit zwei anderen Frauen gründete sie in New York den »Safety and Fitness Exchange« (SAFE). SAFE reist durch die USA und entwickelt individuelle Schutzprogramme für Frauen und Kinder. Gemeinsam mit Flora Calao schrieb sie ein Selbstverteidigungsbuch für Kinder, *Your Children Should Know.*

Anderen Menschen zu helfen, sich besser zu schützen und mit den Folgen eines Angriffs fertig zu werden, ist zu meiner Lebensaufgabe geworden. Der Kampfsport hält mich körperlich und geistig gesund und hilft mir, meine Arbeit weiterzumachen. Ich könnte die unzähligen Geschichten über Mißhandlungen, die ich zu hören bekomme, sicher nicht aushalten, wenn ich mich nicht an einem Sandsack abreagieren könnte.

Ich fuhr in dem Gebäude, in dem mein Büro liegt, zusammen mit einem Büroboten im Fahrstuhl. Ungefähr nach der Hälfte der Fahrt ging er auf mich los. Er verzog sein Gesicht, als wolle er mich küssen, aber seine Miene zeigte völlige Kälte. Ich trug einen Rock und hochhackige Schuhe und war geschminkt, da dachte er sicher, er hätte leichtes Spiel mit mir. Er ahnte nicht, auf was er sich einließ. Ich versetzte ihm einen Schlag gegen die Brust, um ihn mir vom Leib zu halten. Ich dachte, ich müßte ihn richtig fertigmachen, weil wir in diesem winzigen Fahrstuhl gefangen waren. Aber er wich sofort zurück und sagte: »Es tut mir leid, es tut mir leid, bitte schlagen Sie mich nicht!« Ich nahm Kampfstellung ein und schrie: »Raus aus dem Fahrstuhl!« und drückte dabei auf den Bedienungsknöpfen herum, während er ununterbrochen wiederholte: »Nicht schlagen, nicht schlagen!« Ich ließ ihn nicht aus den Augen und dachte: Eine falsche Bewegung, dann muß ich dir wirklich weh tun.

Er stieg aus, und ich fuhr weiter hinauf zu meinem Büro. Ich machte mir große Sorgen, er könnte eine andere Frau angreifen, die sich nicht zu wehren wüßte. Ich rannte in mein Büro und war vollkommen aufgelöst. Meine Partnerin sagte: »Wir müssen den Wachdienst verständigen. Wir müssen die Polizei rufen.« Das setzte mich wieder in Gang. Ich rief den Wachdienst unten an. Sie verschlossen das Gebäude und baten mich hinunter, um den Mann am Ausgang zu identifizieren. Sie hielten ihn fest, bis die Polizei kam. Die konnte im Grunde nichts tun, weil er mich nicht angefaßt hatte. Ich hatte ihn geschlagen, bevor er mich berühren konnte, und er hatte nichts dergleichen gesagt wie: »Ich werde dich vergewaltigen. Ich bring dich um!« Aber später teilten sie mir mit, daß er wegen irgendeiner anderen Sache Bewährung hatte. Ich bat sie, seinen Bewährungshelfer von dem Vorfall zu unterrichten.

Vor einigen Jahren hatte es in verschiedenen Bürohäusern mitten in Manhattan eine Reihe von Fahrstuhlüberfällen gegeben. Das hat den Leuten ziemliche Angst eingejagt; viele glauben ja, mitten in der Stadt seien sie sicher, als umgäbe die Geschäftsviertel eine Art Schutzschild. Ich glaube, der Mann damals hatte ein Messer und vergewaltigte Frauen. Einige konnten entkommen, weil sie laut schrien. Wenn sie Krach schlugen, haute er offenbar ab. Die Medien hatten mehrfach über diese Frauen berichtet – was für die New Yorker Medien ziemlich ungewöhnlich ist. In den Vororten sind Garagen ähnliche Fallen für Frauen wie Fahrstühle.

Mit einem möglicherweise bewaffneten Mann allein in einem Fahrstuhl zu sein, war extrem gefährlich. Eine Freundin warnte mich davor, die Nachwirkungen des Angriffs zu unterschätzen. Ich hatte mich zwar erfolgreich verteidigt, aber traumatische Folgen blieben tatsächlich nicht aus.

Verbal hatte ich mich schon früher verteidigt, aber ich hatte noch nie jemanden schlagen müssen. Auf jeden Fall bin ich jetzt mehr denn je von dem überzeugt, was ich unterrichte. Ich habe furchtlos reagiert und war mir sicher, die Situation mit welchen Mitteln auch immer bewältigen zu können – und mich nicht von ihm vergewaltigen zu lassen.

Zwei mutige Frauen

Chris Weir

Chris Weir wurde 1952 als zweite Tochter einer Arbeiterfamilie in New Jersey geboren. Nach dem College arbeitete sie als Grundschullehrerin und als Leiterin sozialer Projekte. Chris hat sich vor kurzem beruflich auf Computertechnologie umorientiert; sie ist kommunalpolitisch aktiv und setzt sich für die Rechte von Lesben und Schwulen ein. Sie sagt, sie sei vielleicht »die einzige lesbische Frau, die keine Katzen mag, denn ich liebe Küken«.

> Ich habe kaum Erfahrungen in Selbstverteidigung – ein paar eintägige Workshops und einen Sommer Judounterricht. Nein zu sagen war das Wichtigste, was ich gelernt habe. Egal, ob es sich dabei darum handelt, jemanden am nächsten Tisch zu bitten, das Rauchen einzustellen, oder darum, einer verbalen Belästigung auf der Straße zu begegnen – nein sagen ist das Beste, was wir als ersten Schritt unternehmen können.

Es war eine schöne, nachmittägliche Weihnachtsfeier gewesen – voller Wärme, mit Freundinnen, Lachen und gutem Essen. Sally und ich lehnten es ab, heimgebracht zu werden. Gegen sechs Uhr war der Regen in ein leichtes Nieseln übergegangen, und wir wollten die drei Häuserblocks zu Fuß nach Hause gehen.

Nachdem wir die verkehrsreiche Hauptstraße überquert hatten, gingen wir Arm in Arm durch den dunklen und einsamen Krankenhauskomplex, der an der Straße liegt, die zu unserem Wohnblock führt. Als wir den beleuchteten Gehweg verließen und zu einem dunklen Teil der Straße kamen, sahen wir, wie eine Gestalt, deren Silhouette sich gegen das Licht der Straßenlaterne am Ende des Häuserblocks abhob, auf uns zukam. Ohne unser Gespräch zu unterbrechen, überlegte ich flüchtig, wer von unseren Nachbarn das sein könnte, und wich langsam auf die eine Seite der Straße aus, damit er auf der anderen Seite an uns vorbei konnte. Er wich nicht aus.

Er kam direkt auf uns zu. Ich dachte, o nein, er wird uns anmachen, weil wir Lesben sind und Arm in Arm gehen. Was sage ich dann?
Die erwarteten Beleidigungen kamen nicht. Statt dessen packte er plötzlich meinen Arm, drückte etwas gegen meinen Bauch und sagte: »Ich habe ein Messer.« Sally ließ meinen anderen Arm los und sprang ein Stück zur Seite. Ein Teil meines Gehirns suchte noch nach einer Möglichkeit, die Zeit zurückzuspulen, um einen anderen Weg nach Hause zu nehmen, während ein anderer Teil entschied, daß es sich um einen Raubüberfall handelte und es nur eine Möglichkeit gab, damit umzugehen – die Sache ernst zu nehmen.
»Wir haben kein Geld«, stellte ich in einem Ton klar, der ihm zu verstehen gab, daß es nicht sonderlich schlau von ihm war, uns ausgewählt zu haben, denn wir seien arm und keinen Raubüberfall wert.
»Interessiert mich nicht. Da rüber«, befahl er leise und wies mit seinem Kopf auf die mit Efeu überwucherte Böschung am Straßenrand. Ach so, dachte ich, das ist eine Vergewaltigung, und ich spürte, wie mein Körper vor Angst erstarrte. Was mache ich jetzt? Gehe ich mit und hoffe, halbwegs unverletzt davonzukommen? NEIN! Diese Idee wies ich rigoros zurück. In meinem Hinterkopf klangen bruchstückhaft die Worte einer der »Frauen gegen Vergewaltigung« – in den meisten Fällen, hatte sie gesagt, hilft Widerstand, ist Gegenwehr erfolgreich. Ich dachte, wenn ich mich weigere, dann sticht er mich vielleicht gleich hier, mitten auf der Straße nieder, aber ich wußte, wenn ich mit ihm ginge, würde er mich mit Sicherheit verletzen. Ich würde nicht kampflos mit ihm in die Büsche gehen.
Ich holte tief Luft. »Nein«, sagte ich. Ich sammelte die ganze Autorität meiner Lehrerinnenstimme und fuhr fort: »Ich tue nicht, was du willst. Ich gehe nirgends mit dir hin. Ich bin hier zu Hause, und du wirst nicht damit durchkommen. Ich werde schreien, und dann kommen die Leute raus. Besser, du verschwindest jetzt auf der Stelle. Hau ab! Laß uns in Ruhe!«
Sally griff mein Stichwort auf und verlieh meinen Worten Nachdruck. Ich wußte, sie dachte wahrscheinlich daran, wegzulaufen, um Hilfe zu holen, und ich selbst dachte daran, ihr das zu sagen. Aber ich brauchte sie hier, um weiter offensiv zu sein. Sie war Teil meiner Kraft und der Prüfstein dafür, ob wir es schaffen würden, hier her-

auszukommen. In den fünf Jahren unseres Zusammenseins hatte es einige harte Zeiten gegeben. Unser Vertrauen ineinander, die Vertrautheit mit den Reaktionsweisen und Haltungen der anderen machte uns zu guten Partnerinnen. Wir würden einen Ausweg finden.

Er machte eine Bewegung mit dem Messer und sagte Sally, sie solle mit uns hinübergehen, aber sie hielt sich fern, umkreiste ihn, redete weiter auf ihn ein und lenkte ihn ab. Er versuchte, mich zum Straßenrand zu ziehen, aber ich sträubte mich dagegen. Er schien nicht zu wissen, was er tun sollte. Ich entschied, daß ich jetzt an der Reihe war. Ich wollte in die Nähe der Straßenlaterne hinter ihm kommen.

»Das reicht jetzt«, sagte ich zu ihm, »ich gehe!« Und ich ging auf die Laterne und direkt auf sein Messer zu. Er wich zurück und ließ meinen Arm los.

Aber es war noch nicht vorbei. Er kam an meine Seite und griff meinen anderen Arm, um neben mir zu gehen, und nahm das Messer in die andere Hand. Das war das erste Mal, daß ich das Messer tatsächlich sah – es war ein 15 Zentimeter langes Jagdmesser. Ich ging weiter und sagte ihm unaufhörlich, er solle verschwinden.

Als ich in die Nähe des Lichtkegels kam, sagte ich noch einmal: »Mir reicht es jetzt!« und riß dabei meinen Arm los. Diesmal wich er ein paar Schritte zurück, und jetzt, da eine gewisse Entfernung zwischen uns lag, war ich bereit, meine Stimme zu erheben und zu schreien. Als er mir so nah war, hatte ich ihn nicht mit lauten Schreien und schnellen Bewegungen erschrecken wollen. Aber jetzt fingen Sally und ich zusammen an, laut nach unseren NachbarInnen zu rufen, wir schrien, ein Mann mit einem Messer sei hier draußen. Er drehte sich um und ging mit raschen Schritten die Straße hinunter, und wir folgten ihm schreiend. Wir haben dabei nicht um Hilfe gerufen. Wir blieben beide in der Offensive. Wir wollten ihm nicht unsere Verletzbarkeit zeigen und zogen es vor, ihn anzufauchen.

Jetzt schien er sich eiligst aus dem Staub machen zu wollen. Aber als Sally schrie: »Hier ist ein Mann mit einem Messer!«, drehte er sich um und sprang wieder mit gezücktem Messer auf uns zu. Wir mußten unsere NachbarInnen direkter ansprechen, da sich bis jetzt noch niemand hatte blicken lassen. Wir riefen die Namen von bestimm-

ten Leuten, und schon gingen einzelne Hausbeleuchtungen an. Der Mann begann zu rennen. Wir rannten schreiend hinterher.
Als die Leute herauskamen, verlangsamte ich meine Schritte; ich war erleichtert, daß es vorbei war. Er war kaum noch zu sehen, aber Sally jagte immer noch hinter ihm her, wütend, daß er davonkommen sollte. Als er um die Ecke in eine einsame Kaufhausgegend einbog, blieb sie schließlich stehen und kam zurück. Die Leute waren auf der Straße, und jetzt, als wir ihnen erzählten, was passiert war, brachen Angst und Tränen aus uns heraus.
Sally und ich hielten einander fest, entsetzt bei dem Gedanken daran, was hätte passieren können, und erstaunt darüber, wie wir uns selbst gerettet hatten. Wir hatten richtig gehandelt, wir hatten uns gewehrt, wir hatten ihn aus unserer Gegend verjagt. Wir hatten nein gesagt, und es hatte funktioniert.

Als Nachtrag zu diesem Bericht möchte ich hinzufügen, daß der Mann gefaßt und zu 14 Jahren Gefängnis verurteilt wurde. Als er uns überfiel, war er erst ein paar Monate aus dem Gefängnis raus, nachdem er sechs Jahre wegen mehrfacher Vergewaltigung gesessen hatte. Als sein Verteidiger für die Minimalstrafe plädierte, da es sich nur um versuchte Vergewaltigung handele, fuhr ihn der Richter an, daß er wohl kaum für das Mißlingen seines Versuches belohnt werden könne, nur weil er an diesem Abend an »zwei mutige und entschlossene Frauen geraten sei«.

VII Überlebensstrategien und Tips zur Selbstverteidigung

Einleitung

Die Frauen in diesem letzten Kapitel geben ihre Erfahrungen mit Selbstverteidigung in verschiedensten Lebenssituationen weiter. Sie bieten nicht nur nützliche Tips für gewalttätige Angriffe, sondern für das tägliche Leben. Ihr Mut, nach Überlebensstrategien zu suchen, beschränkt sich nicht allein auf Situationen, in denen sie angegriffen oder sexuell belästigt werden.

Die Geschichten befassen sich sowohl mit praktischen als auch mit philosophischen Fragen. Von Joan Joesting erhalten wir als Ergebnis ihrer Erfahrungen auf den Straßen der USA und Australiens »Zehn Gebote, um beim Radfahren, Joggen oder Wandern nicht vergewaltigt zu werden«. In »Ein schlagfertiges Murmeltier« von Donna Sirutis geht es um allgemeine Prinzipien, die Frauen im Augenblick einer Gefahr bewußt sein sollten. Als »ältere Frau« bestärkt sie andere darin, Selbstverteidigung oder eine Kampfsportart zu trainieren.

Patricia Searles erzählt uns in »Entscheidung im Korridor« eine wunderbare Geschichte über den richtigen Umgang mit der Intuition. Sie erinnert sich der Tips und Taktiken ihrer Selbstverteidigungslehrerin, als sie sich einem potentiell gefährlichen Angriff auf dem Campus ausgesetzt sieht.

Lebenserfahrung nährt sich aus vielen Quellen, und jede angegriffene Frau hat etwas Einzigartiges über das Überleben gelernt. Die meisten Frauen haben sich schon einmal als ohnmächtig erfahren oder von FreundInnen den wohlgemeinten Rat erhalten, Vorsichtsmaßnahmen zu ergreifen, die ihre Bewegungsfreiheit einschränken. Aber Menschen sind eine risikofreudige Spezies, und um ein erfülltes menschliches Leben zu führen, müssen Frauen sich frei bewegen können.

Wenn eine Frau Risiken eingeht und vergewaltigt wird, beschuldigt man sie oft, den Überfall provoziert, wenn nicht sogar gewollt zu haben. Aber selbst Frauen, die alles »richtig« machen, die »richtige« Kleidung tragen, abends zu Hause bleiben und sich auf den Schutz des Mannes verlassen, werden angegriffen. In Wahrheit will keine Frau, unabhängig von ihrem Lebensstil und ihrem Sexualleben, brutal behandelt werden oder in ständiger Furcht leben.

Für einige Frauen ist das Risiko größer, weil sie in den Augen des Angreifers kaum fähig sind, sich zu verteidigen. Zu dieser Kategorie Frauen gehört Sandi Collins (»Selbstverteidigung auf Rädern«), die sich erfolgreich im Rollstuhl verteidigt hat. In »Glaubensprüfung« wird Barbara Richmond von einer aufgebrachten Menschenmenge angegriffen, die in ihr eine Außenseiterin und Feindin sieht. Hier handelt es sich nicht um einen sexuellen Angriff, sondern um ein Aufeinanderprallen von Weltanschauungen. Die Ruhe, die Barbara aufbringt, spiegelt ein für viele Frauen in diesem Buch typisches Gefühl wider, wenn sie intuitiv zu handeln beginnen: das Gefühl, sich »im Auge des Orkans« zu befinden.

Die Frauen in diesem Kapitel haben sich angesichts einer befürchteten Gefahr nicht abgewandt, sondern vor und während des Angriffs konkrete Maßnahmen getroffen. Tips über Verhaltensweisen und Strategien kannst du auch von Freundinnen erhalten oder in Selbstverteidigungs- und Selbstbehauptungskursen. Wir können nicht genug lernen – je mehr Möglichkeiten wir im Kopf haben, desto sicherer wird es uns gelingen, im richtigen Moment das Richtige zu tun.

Du kannst dir allein oder zusammen mit Freundinnen immer wieder eine erfolgreiche Selbstverteidigung vorstellen, so daß diese Handlungsschritte dir zur zweiten Natur werden. Viele Frauen benutzen zur Verteidigung nichts als ihren gesunden Menschenverstand, aber es spricht nichts dagegen, unseren gesunden Menschenverstand zu entwickeln.

Schlagfertige Frauen wurde nicht nur zur angenehmen Lektüre geschrieben, sondern als unmittelbarer Beitrag, die Chancen von Frauen im Falle eines Angriffs zu erhöhen. Wir sind davon überzeugt, daß es selbst in den gefährlichsten Situationen stets eine Handlungsmöglichkeit gibt, eine Chance zu entkommen. Wir hoffen, ihr alle werdet unsere Ideen sowie euren eigenen Verstand und eure Geistesgegenwart benutzen, um phantasievolle Reaktionsweisen zu erfinden, die euch stark, unversehrt und frei sein lassen. Denkt daran, Selbstverteidigung setzt sich aus einem flexiblen Komplex von Möglichkeiten zusammen und nicht aus einer oder zehn Techniken. Legt euch nicht auf die eine oder andere Reaktion fest, tut, was immer Aussicht auf Erfolg bietet! Viel Glück!

Entscheidung im Korridor

Patricia Searles

Patricia Searles ist Dozentin für Soziologie und Frauenstudien und geprüfte Selbstverteidigungstrainerin. Ihre jüngste Forschungsarbeit beschäftigt sich mit sexueller Gewalt, mit der Reform der Vergewaltigungsgesetze, der Selbstverteidigungsbewegung und mit Pornographie. Im Frühjahr 1980 nahm sie an ihrem ersten Selbstverteidigungskurs teil. Sie hatte das Bedürfnis, die alltägliche Angst und Verunsicherung, die sie als Frau in einer gewalttätigen Gesellschaft empfand, zu verringern. Außerdem dachte sie, ein solches Training würde ihren Fähigkeiten als Erzieherin zugute kommen.

> Ich hatte allerdings nicht geahnt, in welchem Ausmaß die Beschäftigung mit Selbstverteidigung meine Selbstwahrnehmung und meine Ansicht über individuelle Macht, Stärke und Unabhängigkeit verändern würde.
>
> Über Jahre hinweg hatte ich Frauen die Erkenntnis vermittelt, wie sehr die traditionelle Erziehung die Geschichte und Erfahrungsweit von Frauen entwertet und verzerrt, aber die Selbstverteidigung lehrte mich auf sehr persönliche, direkte Weise, daß »ich meine Lektion über das Patriarchat nicht nur mit Kopf und Seele, sondern auch mit Muskeln und Sehnen gelernt habe«. (Emily Culpepper, *Womenspirit*, 1976).

Eines Abends, nach dem Besuch einer Vorlesung, beschloß ich, bei einer Freundin vorbeizuschauen, die noch spät in ihrem Büro arbeitete. Die Vorlesung – die feministische Interpretation einiger Bibelstellen – war ungeheuer anregend gewesen, und ich konnte es kaum erwarten, Nan von meinen neuen Erkenntnissen zu erzählen. Unsere beiden Büros befanden sich in einem labyrinthartigen Gebäude, das für die Öffentlichkeit ab 18 Uhr geschlossen sein sollte. Aber wie so oft war der Eingang nicht verschlossen, obwohl es bereits 21 Uhr war.

Als ich das Gebäude betrat, wünschte ich, ich wäre zur Toilette gegangen, bevor ich das Hörsaalgebäude verlassen hatte. Und jetzt, in diesem Bürokomplex, von dem es hieß, seine Toiletten seien Schauplätze zahlreicher – voyeuristischer bis gewalttätiger – »Vorfälle«, wollte ich lieber warten und Nan bitten, mich zu begleiten. Vor einigen Jahren hätte ich so etwas als lächerlich und für eine unabhängige, erwachsene Frau als höchst unangemessen empfunden. Aber in meinem Selbstverteidigungskurs hatte ich nicht nur begreifen gelernt, was es heißt, sexuell angegriffen zu werden, sondern auch, darauf zu vertrauen, daß meine Vorsichtsmaßnahmen vernünftig und keineswegs paranoid waren.
Auf dem Weg zu Nan beschloß ich, rasch ein Buch aus meinem Büro zu holen, das ich dort vergessen hatte. Ich ging mit dem Schlüssel in der Hand auf die Tür zu und griff nach dem Türknopf. Mein Training hatte mich gelehrt, jederzeit wachsam zu sein, nicht nur um unangenehme Überraschungen zu vermeiden, sondern auch, um nicht wie ein leichtes Opfer zu wirken.
Plötzlich wurde ich auf ein Geräusch aufmerksam, und als ich mich umblickte, sah ich, wie ein junger, strohblonder Mann in Sandalen und abgeschnittenen Jeans aus einem Gang herauskam, der meinen kreuzte, und auf eine von meinem Büro weit entfernte Treppe zuging. Als ich mich nach ihm umblickte, sah er mich an, hielt an der Tür zur Treppe einen Moment inne, öffnete sie dann und ging hinaus.
Ich fühlte mich blitzartig unwohl. Er war nur kurz stehengeblieben und hatte mich nicht länger als ein, zwei Sekunden angesehen. Es gab eine Vielzahl vernünftiger, harmloser Erklärungen für seine Anwesenheit und seinen Blick. Vielleicht war er ein Student, der die Sprechzeiten seiner Professorin erkunden oder eine Nachricht oder Hausarbeit unter der Tür durchschieben wollte. Vielleicht war er ein Doktorand, der so spät noch arbeitete. Vielleicht war er ein Pförtner, der jetzt nach Hause ging. Vielleicht war er überrascht, weil er niemanden mehr im Gebäude vermutet hatte. All diese Erklärungen schossen mir durch den Kopf, aber sie konnten das ungute Gefühl, das mich überkommen hatte, nicht ersticken. »Vertrau deiner Intuition«, war mir beim Selbstverteidigungstraining beigebracht worden. »Verdränge ein ungutes Gefühl nicht als Paranoia!« Es war nur

ein kurzer Blick gewesen. Keineswegs bedrohlich. Aber ich hatte irgendwie das Gefühl, daß dieser strohblonde Mann sich für meine Anwesenheit und meinen Aufenthaltsort interessierte. »Wenn du denkst, da stimmt was nicht, dann glaube es und handle danach.« Mir fielen all meine Lektionen ein.
Irgend etwas riet mir, so schnell wie möglich den Korridor zu verlassen. Ich beschloß, in die andere Richtung zu gehen, weg von der Treppe, auf der ich ihn zuletzt gesehen hatte.
Ich ging mit raschen, selbstsicheren Schritten den Korridor hinunter, durchquerte das Foyer und betrat den nächsten Flur zu Nans Büro. Dabei suchte ich sorgfältig sämtliche Türritzen nach Lichtspuren oder anderen Zeichen von Anwesenheit ab. Ich klopfte laut gegen Nans Bürotür. Keine Antwort.
Vielleicht saß sie im Hauptbüro an der Schreibmaschine. Ich machte mich zum anderen Ende des Gebäudes auf und spähte durch das Fenster des Fachbereichsbüros. Kein Licht und keine Spur von Nan oder sonstigen spät arbeitenden KollegInnen. Ich beschloß, das Gebäude so schnell wie möglich zu verlassen.
Mittlerweile war ich ein gutes Stück von dem Ort entfernt, an dem ich den Mann zuletzt gesehen hatte. Er schien das Gebäude verlassen zu haben, deshalb hielt ich es für das beste, erst hinauszugehen, wenn ich so nah wie möglich bei meinem Wagen war. In diesen gutbeleuchteten Korridoren fühlte ich mich sicherer als draußen auf dem spärlich beleuchteten und von Büschen umgebenen Weg.
Ich ging mit schnellem, entschlossenen Schritt und achtete dabei auf mögliche Geräusche, Bewegungen oder sonstige Zeichen von Anwesenheit in den Büros. Mein Herz klopfte, und ein Adrenalinstoß schoß durch meine Adern. Mein Bauch sagte mir, daß etwas nicht stimmte. Es war ein merkwürdiges, unerklärliches Gefühl, aber ich vertraute ihm blind.
Das Gebäude war lang, und ich ging schnellen Schrittes durch die Gänge und Vorhallen. Mein Weg erschien mir endlos, obwohl seit meinem ersten unguten Gefühl nur ein paar Minuten vergangen waren. Endlich war ich fast am Ende des Gebäudes angelangt.
Als ich die Korridortür aufstieß und gerade die Vorhalle betreten wollte, sah ich, wie eine Gestalt direkt auf mich zukam und kurz davor war, die gegenüberliegende Tür aufzustoßen und dieselbe Vor-

halle zu betreten. Genaues war nicht zu erkennen, aber ich erhaschte einen Blick auf strohblondes Haar und abgeschnittene Jeans! Es war derselbe Mann, den ich vor wenigen Augenblicken gesehen und der das Gebäude vermeintlich am anderen Ende verlassen hatte. Was machte er jetzt wieder hier im dritten Stock?
»Bleib ruhig! Konzentrier dich! Geh deine Möglichkeiten durch!«
Ich hätte mich abrupt umdrehen und denselben Weg zurückgehen können. Ich war mehrere Meter von dem Mann entfernt, und er hätte mich nur eingeholt, wenn er anfinge zu rennen. Aber hinter mir lagen keine offenen Büros, in die ich hätte laufen können, es war niemand da, der den Mann hätte abschrecken, mir beistehen oder Hilfe holen können. Und abgesehen davon wollte ich nicht ängstlich wirken.
Was würde er denken, wenn ich mich plötzlich umdrehte und in dieselbe Richtung, aus der ich gerade gekommen war, zurückhastete? Daß mir gerade eingefallen war, im Büro etwas vergessen zu haben? Wohl kaum. Er würde denken, ich liefe aus Angst davon. Wenn dieser Typ mir etwas antun wollte, dann würde er sich einen schrecklich wütenden Kampf einhandeln. Und das sollte er wissen. Ich entschloß mich, nicht zurückzugehen, und setzte meinen Weg in die Halle fort.
Andere Möglichkeiten fuhren mir durch den Kopf. Ich könnte selbstbewußt an dem Mann vorbeigehen und meinen Weg den Korridor entlang zum Ende des Gebäudes fortsetzen. Wenn ich ihm direkt in die Augen sah und selbstbewußt auftrat, würde er vielleicht spüren, wie stark und entschlossen ich war, und sich ein leichteres Opfer suchen. Das schien besser zu sein, als den Rückzug anzutreten, obwohl mir die Vorstellung, diesem zweifelhaften Charakter so nahe zu kommen, gar nicht gefiel. Andererseits konnte ich in der Halle seitlich ausweichen, um den Abstand zwischen ihm und mir zu vergrößern, und dann entweder in einen Verbindungsgang oder zu einer Treppe nach draußen gelangen. Beide Wege führten geradeaus, beide würden nicht nach Rückzug aussehen. Ich wollte auf keinen Fall ängstlich oder verwirrt erscheinen.
Mein Kopf arbeitete schnell. Es waren nur ein oder zwei Sekunden vergangen, seit ich sein strohblondes Haar hatte schimmern sehen. Ich beschloß, den Verbindungsgang zu nehmen. Das Treppenhaus

schien mir zu gefährlich. Wenn ich mich wehren mußte, dann lieber auf ebener Fläche. Im Treppenhaus würde kaum jemand den Kampf hören oder sehen. Der kurze Verbindungsgang dagegen würde mich rasch zu weiteren Büros und einer hellerleuchteten Halle mit großen Fenstern zur Straße führen. Alles, was dort geschah, konnte von Vorübergehenden gut gesehen werden.
Der Mann kam immer noch auf mich zu und wollte schon die Tür aufdrücken. »Richte Geist, Körper und Sinne nur auf das, was auf dich zukommt!« Die Tür nahm mir teilweise die Sicht, aber ich sah, wie der Mann kurz zögerte, wie seine Hand zum Hosenschlitz fuhr und er dabei mit seinen Hüften eine leicht kreisende Bewegung machte. Irgend etwas würde passieren!
Ich hatte jetzt keine Zweifel mehr. »Nur keine Panik! Überleg dir, welche Möglichkeiten du hast! Welche körperlichen Waffen hast du?« Ich kannte meine potentiellen Fluchtwege. Meine Arme und Hände waren frei, meine Bewegungsfreiheit durch nichts eingeschränkt. Blitzartig gingen mir verschiedene Selbstverteidigungsübungen durch den Kopf – eine kurze Abfolge von Tritten und Schlägen.
»Bewahr einen kühlen Kopf! Wandle deine Angst in Energie um! Sei zum Handeln bereit!« Ich holte tief Luft. Energie strömte durch meinen Körper und strahlte warme, pulsierende Wellen aus. Mein Herz hämmerte, meine Glieder kribbelten. Ich warf meine Schultern zurück, und mein Körper schien sich auszudehnen, als wolle er diesem losgelassenen Vorrat an Energie in sich Raum geben. Ich fühlte mich groß und stark, als ich weiterging. Ich spürte meine Kraft mit jedem Schritt.
Der Mann drückte die Tür auf und fixierte mich angespannt, als er auf mich zuschritt. Ich ging entschlossen und zielstrebig weiter, wobei ich seitlich in Richtung Halle und Korridor auswich. Mit einem flüchtigen Blick nahm ich die geöffnete Hose und das entblößte Geschlechtsteil wahr. »Reiß dich zusammen! Richte deine Energie auf dein Ziel!« Als er sich näherte, heftete ich meinen Blick auf seine Augen und bemühte mich, ihm nicht zu zeigen, daß ich seinen entblößten Körperteil gesehen hatte. Mein Ausdruck verriet weder Ärger noch Angst, nur wütende Anspannung. Mein Blick durchbohrte ihn, teilte ihm mit, sich besser nicht mit mir anzulegen. Er wandte

seine Augen keinen Moment von mir ab und erforschte mein Gesicht nach Anzeichen einer Reaktion auf seine klägliche Schaustellung. Ich hielt durch, und wie durch ein Wunder ging er an mir vorbei und betrat den Korridor, aus dem ich gerade gekommen war. Erleichtert atmete ich tief durch, setzte meinen Weg fort und verschwand ein weiteres Mal aus seinem Blickfeld. Ich blieb weiter auf der Hut, während ich mich rasch dem Ende des Gebäudes und meinem Wagen näherte. Ich war unsäglich erleichtert, obwohl ich am ganzen Leib zitterte. Sätze aus meinem Selbstverteidigungskurs fielen mir ein und beruhigten mich: »Rechne mit einem Schock, sogar einem Trauma. Aber vergiß nie: Du hast es nicht herausgefordert, was immer dir passiert ist. Du hast getan, was du konntest, um mit der Situation fertig zu werden. Du hast überlebt, und das ist es, was zählt!«

Ein schlagfertiges Murmeltier

Donna Sirutis

Donna Sirutis ist 1946 geboren. Sie wuchs in einer Arbeiterfamilie in La Mesa, Kalifornien, auf. Zur Zeit des hier beschriebenen Ereignisses studierte sie Jura. Heute arbeitet sie als Anwältin im Gewerbeschlichtungsausschuß von Massachusetts.

> Ich trainiere weiter Karate. Wir ›älteren Frauen‹ sind im Kampfsport kaum vertreten. Ich wäre sehr glücklich, wenn ich andere Frauen jeden Alters dazu ermutigen könnte, Selbstverteidigung zu trainieren.

Es war halb elf abends, und ich joggte wie üblich allein durch die Straßen. Meine Route führte mich durch einen städtischen Gewerbebezirk, wo vor einigen Jahren eine Brandkatastrophe stattgefunden hatte und der immer noch verlassen und kaum beleuchtet war. War das gefährlich? Natürlich war es das. Aber ich laufe lieber nachts als morgens, weil ich dann nicht so steif bin. Und ich laufe lieber dort, wo ich nicht so viele Menschen treffe, weil ich nicht gerade flink und schlank wie ein Windhund bin. Eher wie ein Murmeltier. Ein Murmeltier mit Zellulitis. Ich mag es nicht, wenn die Leute sehen, wie ich daherwatschele.

Hier war ich also, ungefähr anderthalb Jahre nach meiner ersten Karatestunde, und joggte allein durch die dunklen, einsamen Straßen, als ich ein schwaches Geräusch hinter mir hörte.

Ich blickte über meine Schulter zurück und sah einen Mann in Straßenkleidung – und mit einem eindeutig feindseligen Gesichtsausdruck – hinter mir herlaufen. Das war kein Jogger. Ich blieb auf der Stelle stehen und wartete seltsam ruhig, wie er auf mich zulief; dabei dachte ich, na schön, jetzt ist es soweit. Entweder ich habe etwas gelernt, oder nicht!

Du fragst, warum ich einfach stehenblieb? Erstens war mögliche Hilfe mindestens eine halbe Meile entfernt. Ich kann zwar ganz gut joggen, aber mit Sicherheit nicht sprinten. Bei spielerischen Wettrennen habe ich festgestellt, daß ich auch auf kurzen Strecken niemals schneller bin als ein Mann. Zweitens hatte ich verdammtes Glück gehabt, daß ich den Mann hinter mir gehört und ihn rechtzeitig gesehen hatte. Warum um alles in der Welt sollte ich ihm jetzt wieder den Rücken zuwenden?

Er war da. Seine Hände griffen nach meinem Hals. Als er mich berührte, wand ich mich aus seinem Griff (mit einer der ersten Bewegungen, die mein Karatelehrer mir beigebracht hatte) und stieß ihm ein paarmal meine Gerade ins Gesicht (wieder mit einem direkten Schlag, ohne Schnörkel). Dann packte ich sein Haar, drückte seinen Kopf herunter und wartete ab, was er als nächstes vorhatte.

Er gab auf! Er fing tatsächlich an, mir vorzuwimmern, er habe mir nichts tun wollen, er habe mich lediglich nach dem Weg fragen wollen.

Nachdem ich ihn mit einem Schwall von Flüchen bedacht und ihm mehrfach gedroht hatte, ihn umzubringen, ließ ich ihn los. Im Weggehen trat ich, versehentlich, aber mit Genugtuung, auf seine Brille. Sie war heruntergefallen, als ich ihn schlug. Ich hörte, wie es unter meinen Joggingschuhen wie Eierschalen knirschte. (Meine eigene Brille war unversehrt geblieben.)

Ich beendete meinen Lauf in einem rauschenden Hochgefühl, kehrte nach Hause zurück, duschte, zog mich an und ging zur Polizei, um den Vorfall zu melden.

Wenn ich darüber nachdenke, dann gehen aus dieser Episode fünf allgemeine Regeln hervor, die jede von uns im Kopf behalten sollte:

- *Du kannst der Gefahr ins Auge sehen, ohne in Panik zu geraten.* Ich sagte, daß mich ein Gefühl der Ruhe überkam, als ich in Erwartung eines unausweichlichen Angriffs allein dastand. Es war unheimlich. Mein Karatelehrer hatte mir einmal erzählt, daß einen im Kampf so ein Gefühl gesteigerter Wahrnehmungsfähigkeit überkommt, als würde alles langsamer werden, wie in den Zeitlupenkampfszenen der »Kung Fu«-Serie im Fernsehen. Ich brauche nicht zu betonen, daß ich mehr als skeptisch war, als er mir das erzählte. Aber *genau das* hatte ich empfunden, als ich angegriffen wurde. Und glaube mir, ich bin von Natur aus weder ruhig noch mutig; also war das eine erlernte Reaktion gewesen.

• *Einfache Techniken funktionieren.* Obwohl ich anderthalb Jahre lang Karate trainiert hatte, waren die von mir angewandten Techniken tatsächlich die ersten, die ich gelernt hatte. Sicher, 18 Monate Training hatten mein Selbstvertrauen gestärkt und ihren Teil zu dieser wunderbaren Klarheit, die mich überkam, beigetragen. Aber mein Erfolg beruhte nicht auf fortgeschrittenen, komplizierten Fähigkeiten. (Allerdings sollte klar sein, daß selbst die einfachsten Techniken schnelle Ausführung und gute Kondition erfordern. Du kannst die Faust auf richtige und auf falsche Weise ballen. Mit einer lockeren Faust zuzuschlagen tut dir selbst mehr weh als dem Angreifer.)

• *Nicht jeder ist der Meinung, daß du ein Recht darauf hast, dich zu wehren.* Die Polizei war freundlich, höflich besorgt und amüsierte sich über den Ausgang. Meine MitschülerInnen in der Karateschule fanden, ich sei nicht weit genug gegangen. Einige sagten, sie hätten ihm jeden Knochen einzeln gebrochen oder ihn zumindest blutend und bewußtlos liegengelassen. Sie gaben mir das Gefühl, ich sei entweder bewundernswert selbstbeherrscht oder ein Einfaltspinsel, weil ich den Kerl so leicht hatte davonkommen lassen. Das andere Extrem war einer meiner Juraprofessoren, der ernsthaft meinte, ich hätte weglaufen sollen, statt zu kämpfen. Mit anderen Worten, er empfahl mir, mich selbst verletzbarer zu machen und damit meine Chancen zu verringern. Daß mir das jemand ohne mit der Wimper zu zucken vorschlagen konnte, ist unglaublich, aber wahr. Ich glaube, wir sollten uns einfach nicht bemühen, Leuten wie ihm zu gefallen. Wir sollten uns aber auch nicht allzusehr wundern, wenn uns Leute wie er begegnen.

• *Sich wehren macht Spaß.* Ich hatte mich in dieser Nacht zum Joggen zwingen müssen. Ich hatte tagsüber gearbeitet und den ganzen Abend Seminare gehabt und fühlte mich träge und faul. Nach meinem kleinen Abenteuer war ich in Höchstform! Ich nehme an, ich war in einer Art Adrenalinrausch. Würde ich es wieder tun? Darauf könnt ihr wetten!

- *Hüte dich vor Selbstüberschätzung.* Sie ist die Kehrseite von dem, was ich gerade sagte. Das Problem ist: Seit ich einen Angriff ohne jegliche Verletzung vereitelt habe, leide ich unter einem Unbesiegbarkeitswahn. Ich muß mich daran erinnern, daß der Angreifer allein und unbewaffnet war, nicht unter dem Einfluß von Drogen stand, nicht groß und außerdem ein Feigling war. Wäre eine der Bedingungen anders gewesen, wäre ich vielleicht nicht so gut dabei weggekommen. Und dennoch, würde ich vor die Wahl gestellt, in mir entweder ein hilfloses, mitleidheischendes Opfer zu sehen oder eine Superfrau – ich würde stets das letztere wählen.

Zehn Gebote, um beim Radfahren, Joggen oder Wandern nicht vergewaltigt zu werden

Joan Joesting

Joan Joesting hat in den USA und Australien zu Fuß und mit dem Fahrrad über 13000 Meilen zurückgelegt. Mit 45 fing sie an, ihre Abenteuer aufzuschreiben. Sie lebt heute in Tampa, Florida.

> Ich weigere mich, zu Hause zu bleiben, nur aus Angst, allein in dieser Welt nicht zurechtzukommen.
> Mein eigener Vater erklärte mir, ich sei vergewaltigt worden, weil ich mich verführerisch verhalten hätte. Meine Antwort darauf war: Welcher Bankräuber wurde von einem Richter für unschuldig erklärt, nur weil er anführte, die Bank hätte so reich ausgesehen, so als ob sie geradezu ausgeraubt werden wollte?

Viele Leute haben mich gefragt, worin das Hauptproblem für eine Frau bestehe, wenn sie allein wandert, radfährt oder zeltet. In Australien haben mich die Frauen gefragt: »Hast du keine Angst, eins über den Schädel zu kriegen?« Ich antwortete: »Wenn mich jemand überfällt, dann kriegt er höchstens ein verbeultes Fahrrad und ein paar Reiseschecks.« Als ich 1978 zum ersten Mal von meinen Plänen sprach, von Tampa nach Tallahassee – 242 Meilen einsamer Landstraße – zu laufen, wurde ich wiederholt vor Vergewaltigungen gewarnt. Mein Mann hatte mich in meinem eigenen Schlafzimmer vergewaltigt, deshalb war mir der Alptraum einer Vergewaltigung nicht neu. Außerdem hatte ich alles über Vorbeugungsmaßnahmen gegen Vergewaltigungen gelesen und daraufhin die folgenden Gebote formuliert, die mir auf meinen Fahrrad-, Wander- und Campingtouren bislang gut gedient haben.

Erstens: Du sollst keine Angst davor haben, allein mit Mut und Umsicht Rad zu fahren / zu wandern / zu campen, wenn Körper und

Zeitplan es erlauben und du normale, angemessene Kleidung trägst. Ich halte nichts davon, durch das Tragen von Bikinis oder engen Pullovern bewußt aufzufallen. Legere Kleidung ist bei jedem Wetter bequemer. Das ändert nichts an der Tatsache, daß die Vorstellung, eine sexy gekleidete Frau würde Männer zur Vergewaltigung auffordern, der Verteidigung des Bankräubers gleichkommt, der anführt, die Bank hätte ihn quasi verführt, sie auszurauben.
Zweitens: Du sollst deine Route und deinen Zeitplan variieren. Viele Vergewaltigungen sind geplant; der Vergewaltiger wartet geduldig darauf, daß sein Opfer an ihm vorbeiradelt/-läuft. Wenn ich auf meinen Reisen mit Ortsansässigen spreche, mache ich nur vage Andeutungen über meine Reiseroute. Ich beginne und beende meine Ausflüge und mein Training jeden Tag zu unterschiedlichen Zeiten.
Drittens: Du sollst nicht zu gefährlichen Zeiten oder in gefährlichen Gegenden unterwegs sein. Die gefährliche Zeit beginnt mit Einbruch der Dunkelheit, vor allem nach der Polizeistunde, die überall anders sein kann. Das ist die Zeit, in der die Betrunkenen unterwegs sind. Bei vielen Vergewaltigungen ist der Vergewaltiger betrunken.
Gefährliche Zeiten und Gegenden sind weniger gefährlich, wenn du nicht wie eine Frau aussiehst. Ich bin ziemlich flach auf der Brust. Wenn ich weite Kleidung trage und mein Haar unter einer Mütze verberge, ist es schwer, mein Geschlecht zu bestimmen.
Wenn ich mit dem Rad auf Tour bin, dann türmen sich Zelt, Schlafsack, Matte hinten auf dem Gepäckträger und verdecken meine breiten Hüften in den kurzen Fahrradshorts. Als ich durch den einsamen australischen Busch radelte, achteten die Leute auf dem Campingplatz, die mich unterwegs gesehen hatten, darauf, in welchen Waschraum ich zum Duschen ging, weil sie nicht ausmachen konnten, ob ich weiblich oder männlich war. Sie zogen mich auf und meinten, ich solle ein T-Shirt mit der Aufschrift »Ich bin ein Mädchen« tragen.
Einmal, kurz vor Ozona in Texas, hielt ein Mann in einem Lieferwagen neben mir an und fragte mich: »Soll ich dich in die Stadt mitnehmen, Junge?«
»Nein, vielen Dank, Sir«, antwortete ich. Er antwortete überrascht: »Mein Gott, du bist ja ein Mädchen!«

Wie Louise Sutherland in ihrem Buch *I Follow the Wind* über ihre Radtour durch 33 Länder sagte: »Die Leute können sich einfach nicht vorstellen, daß eine Frau allein mit dem Fahrrad unterwegs ist, und nehmen automatisch an, die Frau sei ein Mann.«

Viertens: Du sollst Zuversicht ausstrahlen. Vergewaltiger bevorzugen leicht angreifbare, schwach erscheinende Opfer. Mit Radfahrerinnen lassen sich Angreifer – wie mir ein Fahrradgeschäftsinhaber in Kalifornien sagte – im Prinzip »nicht gerne ein, weil Fahrradfahrerinnen als fit gelten und der Angreifer Angst hat, selbst verletzt zu werden«.

Fünftens: Du sollst keine Angst davor haben, zu Männern in Begleitung von Frauen freundlich zu sein. In Australien, Neuseeland und den Vereinigten Staaten waren die Männer in Begleitung von Frauen ausnahmslos höflich und nett. Männern in reinen Männergruppen bin ich stets aus dem Weg gegangen nach dem Motto: »Ich nix sprechen Englisch.« Auf Campingplätzen ging ich einzelnen Männern aus dem Weg, bemühte mich aber, Familien oder Paare, die in meiner Nähe zelteten, kennenzulernen; ich sagte ihnen, wenn sie nachts schrien, würde ich ihnen mit meiner Fahrradpumpe zu Hilfe kommen. Das brachte normalerweise ein Gespräch über Verbrechen in dieser Gegend in Gang.

Sechstens: Du sollst deine Sinne trainieren, um auffallende Leute oder Fahrzeuge wahrzunehmen. Mein Gehör ist durchschnittlich, aber ich weiß genau, was hinter mir vorgeht, selbst wenn es sich um einen Hund handelt, der sich zum Angriff heranschleicht. Wenn eine Frau weiß, was sich in ihrer unmittelbaren Umgebung abspielt, und ihr das nicht gefällt, dann kann sie stets lossprinten oder abhauen, um nicht gefaßt zu werden. Wenn ein Mann eine Frau nicht zu fassen kriegt, kann er sie auch nicht vergewaltigen.

Einmal, noch bevor ich mich allein auf die Socken machte, zog ein junger Mann bei einem gemeinsamen Picknick eine Waffe hervor, zielte auf mich und sagte, ich solle mit ihm schlafen oder ich würde sterben. Ich sagte ihm, der Schuß würde gehört werden, und er würde ins Gefängnis kommen. Er meinte, niemand würde den Schuß hören. Ich fragte ihn, ob er da wirklich sicher sei und sich einmal mit den Verbrechern im Gefängnis darüber unterhalten hätte, die das gleiche gedacht hätten.

Wenn ich laufe, habe ich immer Angst vor Wagen mit mehreren Männern, die anhalten und mich nach dem Weg fragen. Ich achte darauf, Abstand zu halten; gewöhnlich rede ich gar nicht mit ihnen, auch wenn sie nur nach dem Weg fragen. Ich sage, ich weiß es nicht, oder schlage ihnen vor, die Polizei zu fragen.

Siebtens: Du sollst im Geiste Strategien entwerfen, um Hilfe zu holen, oder, falls du vollkommen allein bist, Strategien, um mit dem Problem »Männer« fertig zu werden. Als ich einmal in einer einsamen Gegend joggte, stellte ein Mann sein Auto ab, jagte hinter mir her und schrie: »Ich weiß, daß du es warst!« Ich rannte zu einer Gruppe Häuser und schrie »Feuer!«. Die Leute kamen heraus, um nachzusehen, ob ihre Häuser oder Autos in Flammen stünden. Mit »Feuer« erreichst du mehr Aufmerksamkeit als mit »Vergewaltigung«.

Als ich ein anderes Mal mitternachts über ein verlassenes Feld an einer Straße entlanglief, rief mich eine Wagenladung Männer zu sich herüber. Ich schrie: »Ich bin ein Junge!« Sie wendeten, um mich genauer anzusehen. Meine Erscheinung muß sie überzeugt haben, denn sie fuhren schnell davon, und ich lief olympischen Rekord, um Lichter und Menschen zu erreichen.

Wenn ich es wirklich mit der Angst zu tun bekomme, dann tue ich so, als hätte ich einen epileptischen Anfall. Als ich von Tampa nach Tallahassee joggte und nach dem Dunkelwerden in einem kleinen Städtchen ankam, machten mich vier Männer in einem Wagen an. Ich fing an zu zittern, zu spucken und meine Zunge herauszustrekken. Sie sagten: »Die Frau ist komisch, Mann. Laßt uns abhauen!« und fuhren davon. Andere Frauen haben in der Nase gebohrt und vor dem potentiellen Vergewaltiger gepinkelt.

Achtens: Du sollst immer Papier, Bleistift und Kleingeld bei dir haben. Papier und Bleistift brauchst du, um eventuell das Autokennzeichen und eine Beschreibung von Person und Fahrzeug notieren zu können. Geld brauchst du, um die Polizei anzurufen und einen verdächtigen Autofahrer zu melden.

Einmal fuhr ich sonntagsmorgens um halb acht mit dem Fahrrad durch Tampa. Ich war auf dem Weg zu einem Wettlauf, und mein Haar hing mir in einem langen, geflochtenen Zopf den Rücken herunter. Ein Autofahrer versuchte, mich von der Straße zu drängen, aber ich bremste ab. Er masturbierte ganz eindeutig und rief:

»Komm schon, Baby!« Ich merkte mir das Kennzeichen, indem ich es mir immer wieder vorsagte, und sprintete mit dem Rad zu einer verkehrsreichen Kreuzung. Dort stieg ich ab und schrieb die Nummer auf. Ich meldete ihn der Polizei und brachte ihn 30 Tage hinter Gitter.

Neuntens: Du sollst jede verdächtig erscheinende Person der Polizei oder dem Arbeitgeber melden. Ich sehe nicht ein, warum ich mich von Männern anrufen oder anhupen lassen sollte, wenn ich jogge oder mit dem Fahrrad unterwegs bin. Wenn sie einen Geschäftswagen mit Werbung für ihren Betrieb fahren, dann melde ich Zeit und Ort des Geschehens einfach ihrem Arbeitgeber. Wenn sie nach Frauen Ausschau halten, konzentrieren sie sich nicht aufs Fahren oder auf ihren Job, und ihre unnötigen Unfälle erhöhen die Versicherungsbeiträge. Es ist mir wenigstens einmal gelungen, einen Mann feuern zu lassen, weil er sich nicht auf seine Arbeit konzentriert hat.

Zehntens: Du sollst daran denken, daß du schon allein durch Worte andere vor einem schlimmen Schicksal bewahren kannst. In Australien trug ich ein Abzeichen mit dem Spruch: »Mit Pfeifen fängt's an, mit Vergewaltigung hört's auf.« Ich tue, was ich kann, um die Pfeifer zu stoppen und die Straßen von Dreckskerlen freizuhalten – mit jedem erdenklichen Mittel.

Manchmal trage ich ein Spray gegen angreifende Hunde bei mir. Ich war zwar noch nie gezwungen, es in ein Autofenster zu sprühen oder gegen einen Angreifer zu richten, aber ich würde es tun, wenn es mich vor einer Vergewaltigung schützen würde. Ja, ich weiß, die Augen des Vergewaltigers könnten verletzt werden, aber er könnte mich umbringen, und darum geht es schließlich bei einer Verteidigung.

Seit zehn Jahren jogge und radle ich zu jeder Tages- und Nachtzeit durch die sichersten wie schlimmsten Gegenden Floridas, durch die einsamen ländlichen Gegenden von Georgia und North Carolina, durch New York, Australien und Neuseeland. In dieser Zeit habe ich durchschnittlich 50 Meilen pro Woche zurückgelegt. Ich bin mit dem Rad über 13 000 Meilen durch zwei Kontinente und alle möglichen Gegenden gefahren. Mit Hilfe dieser zehn Gebote konnte ich unterwegs der Vergewaltigung entgehen und hatte mehr Spaß, als ich mir je zuvor hätte träumen lassen. Wenn ich auf all die Leute gehört hätte, die mich vor Vergewaltigung warnten, hätte ich die wichtigsten Erfahrungen meines Lebens verpaßt.

Selbstverteidigung auf Rädern

Sandi Collins

Sandi Collins bekam mit drei Jahren Kinderlähmung. Sie fährt im Rollstuhl. 1986 machte Sandi einen Selbstverteidigungskurs für körperlich behinderte Frauen.

Ich bin alles mögliche, nur nicht spießbürgerlich und stubenhockerisch. Ich bin Mutter, obwohl alle sagten, das sei unmöglich. Ich lebe auf dem Land – obwohl es viel einfacher ist, in der Stadt zu wohnen –, weil es mir viel mehr Spaß macht, auf dem Land zu leben. Ich bin eine schlechte Hausfrau, aber nicht wegen meiner Behinderung, sondern weil ich Hausarbeit hasse.
Der Selbstverteidigungskurs machte mir Spaß. Ich hatte mir vorher schon einige Techniken überlegt, aber ich wußte nicht so richtig, wie ich sie anwenden sollte. Ich hatte Bücher über Selbstverteidigung gelesen, aber es ist viel besser, wenn dir jemand wirklich zeigt, daß es selbst aus einem Rollstuhl heraus funktioniert.
Ich habe eine der anderen Frauen aus dem Kurs beim Einkaufen getroffen, und sie fragte mich, ob ich schon einmal überfallen worden sei. Ich antwortete: »Nein, und du?« Sie sagte: »Nein, verdammt noch mal!«

Als ich drei war, bekam ich Kinderlähmung. Ich wuchs also mit dieser Behinderung auf. Meine Beine sind sehr schwach. Ich kann mein rechtes Bein kaum bewegen, gerade genug, um den Rollstuhl zu steuern. Meine Arme sind schwächer als die durchschnittlicher Menschen, außer bestimmten Muskeln, die ich ständig gebrauche. Ich kenne eine Menge Leute, die mit allem von der Hüfte abwärts nichts anfangen können, aber von der Hüfte aufwärts wirklich muskulös sind.
Das erste Mal hatte ich mit einem Typen Probleme, der etwas wei-

tergehen wollte als ich. Damals hatte ich ein großes Bedürfnis nach Liebe, aber nicht nach dieser Art von Liebe.
Wir waren in seinem Wohnwagen, und er bot mir einen Drink an. Ich sagte nein; mit 17 trank ich nicht. Er redete einfach weiter, und ehe ich mich versah, stand er hinter mir und steckte seine Hände in mein Hemd. Da fing ich an zu reden.
Ich tat sehr erfahren, wie eine, die viel rumkommt. Ich sagte, ich hätte mich bei dem letzten Mann, mit dem ich zusammen war, angesteckt, verdammt soll er sein, diese Ratte, und ich redete und redete und redete. Ich sagte: »Du willst dich doch sicher nicht anstekken. Es ist bei mir gerade ausgebrochen, und du willst doch nichts davon abkriegen.«
Ich sagte ihm, ich fände ihn wirklich nett, aber ich wolle nicht, daß er sich anstecke. Ich schmeichelte seiner Eitelkeit ein bißchen, tat, als würde ich gerne bleiben, ihm aber mein Problem nicht anhängen wollen. Er ließ mich gehen.
In Wirklichkeit wußte ich rein gar nichts über Herpes oder Geschlechtskrankheiten, aber ich ließ mir eine Menge einfallen. Damit kam ich davon. Ich hatte dabei etwas über Männer gelernt und darüber, was du sagen kannst und was nicht.
Das nächste Mal geriet ich wirklich in Schwierigkeiten, und zwar in dem Laden, in dem ich arbeitete. Es war sehr früh, ungefähr sieben Uhr morgens, und ich versuchte einigen Papierkram aufzuarbeiten. Die Chefin war weggegangen und mußte jeden Augenblick zurückkommen.
Ich war vorn im Laden hinter diesem hohen Tresen, als ich hörte, wie jemand die Hintertür aufschloß. Ich dachte, es sei die andere Frau, die hier arbeitete, und achtete nicht weiter darauf. Ich trug damals ein buntes Halstuch, und ehe ich mich versah, hatte jemand von hinten das Tuch ergriffen und würgte mich. Er stieß mich aus meinem Stuhl und drehte mir den Arm auf den Rücken. Mein rechter Arm ist sehr gelenkig. Als er ihn mir auf den Rücken drehte, ließ ich ihn einfach gewähren und bekam dann seine Eier zu fassen. Einen Moment lang ließ er das Tuch los, und ich dachte, ich wäre endlich befreit, aber dann griff er wieder danach und stellte sich anders hin, so daß ich ihn nicht mehr erreichen konnte. Aber er wollte nichts außer Geld oder was er sonst noch finden konnte.

Am schlimmsten war der alte, dreckige, ekelhafte, mit Farbe beschmierte Lappen, den er mir in den Mund stopfte, damit ich nicht schreien konnte. Ich habe noch Tage danach Farbklümpchen ausgespuckt.

Seitdem war der einzige Mensch, der je versucht hat, meinen Rollstuhl umzuwerfen, mein Mann. Wenn wir uns so alle vier bis fünf Jahre in einen ordentlichen, langen Kampf stürzen, dann versucht er, mich umzukippen; er nimmt den Rollstuhl und drückt ihn hinten herunter, und in dieser Lage stecke ich fest. Ich kann aus dem Rollstuhl raus, aber dann liege ich wirklich am Boden. Aus Spaß habe ich mich auch schon von einigen FreundInnen nach hinten kippen lassen, einfach um zu zeigen, wie smart ich bin. In dieser Lage bin ich äußerst verletzbar.

Wenn ich auf dem Rücken liege, kann ich meine Beine nicht benutzen. Ich kann nur treten, wenn ich auf der Seite liege. Sie brauchen nur meine Füße festzuhalten, dann kann ich nicht durch Drehen und Wenden aus dem Rollstuhl heraus; ich sitze fest. Die beste Art, mich einzupferchen. Das kann ich nicht leugnen. Aber ich kann meine Arme gebrauchen.

Vor kurzem habe ich an einem Selbstverteidigungskurs für behinderte Frauen teilgenommen. Ich habe viele Anregungen bekommen, wie ich was tun kann. Bevor ich an dem Kurs teilnahm, fragte ich mich oft, was am besten funktionieren könnte. Jetzt weiß ich, was effektiv ist. Ich kenne zum Beispiel verschiedene Wege, um vom Boden aus jemanden außer Gefecht zu setzen. Wenn ich jemals wieder in eine solche Lage gerate, weiß ich jetzt, wie ich ihn auf meine Ebene herunterziehe. Wenn ich ihn auf meiner Ebene habe, bin ich mehr als gleichwertig. Solange er über mir steht und größer ist als ich, fühle ich mich erheblich im Nachteil.

Wenn ich anderen Frauen im Rollstuhl einen Rat geben sollte, würde ich sagen: Erstens, macht einen Selbstverteidigungskurs, um Selbstvertrauen zu gewinnen, und dann, macht euch rechtzeitig Gedanken. Was würdet ihr in einer gefährlichen Situation tun? Lügt gut und überzeugend. In der Situation damals als Teenager wußte er nicht, ob ich log oder nicht, hatte aber keine Lust, es herauszufinden. Das war sehr effektiv. Aber in einer Situation, die körperliche Abwehr verlangt, würde Lügen nichts nützen.

Ich gehe keine großen Risiken ein. Wenn ich zum Einkaufen in die Stadt fahre, lasse ich zum Beispiel die Handtasche nicht an meinem Rollstuhl herunterbaumeln. Normalerweise stopfe ich meine Kreditkarten in einen Schuh oder irgendwohin, wo sie nicht sichtbar sind. Früher habe ich nachts gearbeitet und mußte meinen Wagen irgendwo abstellen und den Rest des Weges mit dem Rollstuhl fahren; ich weiß immer, wo sich Leute aufhalten. Ich weiß genau, wo Risse sind, wo Steine liegen und wie der Bordstein ist. Wenn du von jemandem weg willst, dann ist ein schräger Bordstein besser, denn die Schräge hilft dir beim Beschleunigen. Und ich achte auf Lichter in den Fenstern für den Fall, daß ich Hilfe brauche.

Als Teenager habe ich einfach aus Spaß alles mögliche angestellt. Zum Beispiel nachts auszugehen oder so weit wie möglich von meinem Arbeitsplatz entfernt zu parken. Ich bin viele Risiken eingegangen, die ich nie wieder eingehen würde. Die kleine Lektion mit dem Typen im Wohnwagen hat mir gereicht. Ich dachte, ich wäre immun, dachte, in einem Rollstuhl würde mir niemand etwas tun.

Glaubensprüfung

Barbara Richmond

Barbara stammt aus New York. Ihre Reisen haben sie durch ganz Lateinamerika geführt, wo sie acht Jahre lang lebte. Sie engagiert sich für Frieden und Gerechtigkeit, speziell in Mittelamerika.

> Wenn ich von Gewalt, Schlägen und erzwungenen Geständnissen in Lateinamerika höre, gehört das heute zu meiner eigenen Geschichte. Ich bin nicht mehr die, die ich war.
> Ich weiß jetzt, welche Kraft uns allen zur Verfügung steht, egal wer wir sind und egal in welcher Situation. So als stünde uns die Kraft der Kämpfe aller Völker zur Verfügung, wann immer wir in Not sind und sie brauchen.

Seit 1966 lebte ich in Mexiko. Im Jahr 1974, in dem sich die Geschichte ereignete, begann ich in der Nähe von Temisco zu arbeiten, nicht weit von Acapulco. Ich arbeitete mit einer Bewegung zusammen, die sich *Comunidades de base* nannte – Christliche Basisgemeinden. Die Bewegung organisiert das Gemeindeleben; sie ging aus der katholischen Kirche in Brasilien hervor und ist heute in ganz Lateinamerika verbreitet. Die Kirche in Lateinamerika paktierte von jeher mit den Herrschenden, ihre Botschaft an die Leute lautete: »Jetzt bist du arm, aber im Himmel wirst du belohnt werden.« Die Leute hatten sich größtenteils mit ihrem Schicksal abgefunden. *Comunidad* macht den Versuch, das Reich der Gerechtigkeit und Liebe *jetzt* zu schaffen.

Wir arbeiteten in den Dörfern, lernten die Menschen kennen, redeten mit ihnen über ihr Leben, ihre Arbeit in den Fabriken und auf den Feldern.

Ich war zusammen mit meiner Freundin Lola dort, einer Frau aus Mittelamerika, und mit meinem *compadre* Crisoforo und seinen beiden Töchtern, meinen Patenkindern. Wir arbeiteten mit Padre Morfim zusammen, dem Priester dieser Gegend. In der Diözese hatte es gerade einige Veränderungen gegeben. Der Priester vor Morfim, Padre Cornello, war 27 Jahre dort gewesen und hatte mit den örtlichen Behörden und Landbesitzern gemeinsame Sache gemacht, um die Menschen dort zu schröpfen. In der Karwoche, zu Weihnachten oder bei einem Fest ging Cornello herum, sammelte Geld und steckte es in die eigene Tasche.

Padre Morfim unterstützte die *Comunidades de base.* Als erstes versicherte er den Leuten in der Messe, daß er in der Karwoche niemanden ermächtigen würde, von Tür zu Tür zu gehen und Geld für Blumen oder sonst etwas zu sammeln.

Die *Caciques* – die Großgrundbesitzer – waren wütend, weil sie das seit Jahren taten und dabei eine Menge Geld kassierten. Sie waren entschlossen, Padre Morfim loszuwerden und Cornello zurückzuholen, damit sie weitermachen konnten wie in den letzten 20 Jahren. Sie begannen, Gerüchte über Padre Morfim auszustreuen. Er würde Fremde nach Temisco bringen, um den Leuten ihre Religion zu nehmen; er wolle ihre Art zu leben und ihre Heiligen vernichten, er sei Kommunist.

Eines Abends hatten wir eine Versammlung in der Kirche von Temisco. Wir waren fast fertig, als es an der Tür klopfte. Bevor auch nur einer von uns fünfen aufstehen konnte, stürzte jemand herein; er trug ein weißes Hemd und einen Strohhut. Ich sah, daß draußen noch mehr Leute waren – Männer mit ausgesprochen unfreundlichen Gesichtern.

»Was macht ihr hier?« fragte der Mann.

Wir sagten ihm, wir hielten eine Versammlung ab.

»Also, wir sind Katholiken hier«, sagte er, »und wollen von diesem Zeug nichts wissen, wir lieben unseren Glauben. Wir lieben unsere Religion, und ihr werdet Ärger kriegen!«

Er sprach heftig und entschieden. Ich hatte ihn noch nie zuvor gesehen. Das Ganze war gespenstisch, weil ich keine Ahnung hatte, wovon er sprach.

»Wir wollen euch nicht verjagen«, fügte er hinzu, »aber ...« Und damit ging er hinaus und schloß die Tür.

Komisch, dachte ich. Ich ahnte Fürchterliches. Ich sah zu Pater Morfim hinüber.

»Wer war das?« fragte ich.

»Jorge Sanchez.«
Damals wußte ich noch nicht, daß Jorge Sanchez der führende *Cacique* in Temisco war.
»Ich glaube, wir machen besser Schluß«, sagte Pater Morfim. Als wir unsere Versammlung mit einem Gebet beendeten, hörte ich, wie die Kirchenglocken zu läuten begannen. Jorge Sanchez war in den Glockenturm gestiegen und läutete die Glocke, dong, dong, dong, dong.
Es wurde dunkel, und ich hatte Herzklopfen. Wir gingen hinaus auf die Straße, und ich sah, wie die Leute aus den umliegenden Straßen herbeiliefen. In der Luft lag eine Art Summen. Ich hörte die Leute reden, alle redeten gleichzeitig und kamen auf uns zu.
Es war eine große Menschenmenge, aber ich konnte nicht ausmachen, wie viele Leute es waren. Später rechneten sie aus, daß es ungefähr 500 Menschen gegen uns fünf gewesen waren. Ich hatte nicht die leiseste Ahnung, was zum Teufel los war, aber ich hatte ein furchtbares Gefühl.
Überall liefen die Leute zusammen. Wir waren nur einen halben Häuserblock von der Straße, die nach Acapulco führt, entfernt. Die Busse fuhren hier entlang. Also sagte ich: »Laßt uns dorthin gehen.« Ich dachte, wir könnten vielleicht in einen Bus einsteigen und wegkommen.
Eine Frau kam auf mich zu. »Wir sind gute Katholiken, und wir lieben unseren Glauben, und du kannst uns unseren Glauben nicht nehmen.«
Wovon redet die bloß? dachte ich. Ich trug die Bibel und ein Notizbuch in der Hand. Ich versuchte, mit ihr zu sprechen, versuchte, sie zu fragen, was sie meine und was eigentlich los sei. Sie war einfach nur wütend. Die Leute in der Gruppe tobten. Als noch weitere Leute dazukamen, steigerte sich ihre Rage und explodierte. Die ersten Steine trafen mich, und die Leute schlugen mit Stöcken auf mich ein.
Kurz bevor wir um die Ecke bogen, sah ich Padre Morfim ungefähr drei Meter vor mir. Links von ihm ging ein *campesino*, ein Mann mit Ledersandalen und Strohhut, der eine dieser großen Macheten, mit denen sie Zuckerrohr schlagen, über seinen Kopf erhoben hielt, und rechts drückte ihm jemand einen Gewehrlauf in die Seite.

Wir bogen um die Ecke. Mein Freund Don Lupe blieb dicht bei Padre Morfim, und Lola und Crisoforo waren direkt neben mir. Als wir zur Ecke kamen, sah ich einen erleuchteten Laden und sagte: »Laßt uns auf die andere Straßenseite gehen.« Mit anderen Worten, weg von der Menge.

Ich dachte, ich überquerte die Straße zusammen mit Lola und Crisoforo, aber als ich hinüberging, merkte ich, daß nur Crisoforo neben mir war. Ich drehte mich suchend um und sah, daß Lola noch immer auf der anderen Seite war. Mitten in der Menge. Wir riefen ihr zu, sie solle herüberkommen. »Lolita, Lolita, *vente acá, vente acá!*« Sie war nicht so weit weg, und wir schrien laut.

Aber sie ging einfach weiter und weiter und weiter, als könne sie uns weder hören noch sehen. Das Ganze überstieg ihre Kräfte. Crisoforo und ich sahen uns an und gingen zurück auf die andere Straßenseite, hinein in die Menschenmenge.

Weiter vorn hörten wir einen Schuß. Jemand rannte auf uns zu und rief: »Der Priester hat auf die Leute geschossen!« Jemand anderes sagte. *»Ustedes van a pagar.«* Dafür werdet ihr bezahlen. Jetzt fingen die Leute wirklich an, uns zu schlagen, zu stoßen und an uns herumzuzerren. Ich verlor das Gleichgewicht. Wir versuchten nur, ihre Hände abzuwehren. Ich versuchte, ihre Hände von Lola abzuwehren. Sie schien vollkommen weggetreten, ihr Gesicht war völlig ausdruckslos. Die Leute drehten ihr den Arm auf den Rücken, und ich versuchte sie zu befreien. Einmal fing jemand an, mich zu würgen, und ich weiß noch genau, wie ich meinen Mund öffnete, um den, der mich würgte, zu beißen, aber dann innehielt. So als würde etwas in mir sagen, tu's nicht, damit gibst du ihnen nur noch einen weiteren Grund zu schlagen. Ich erinnere mich genau daran.

Plötzlich durchzuckte mich die Erkenntnis, daß sie uns töten wollten. Warum und wie war mir nicht klar, aber wütend, wie sie waren, standen sie kurz davor, uns gleich hier, mitten auf der Straße in Stücke zu reißen.

Dann sah ich, wie ein Bus die Straße herunterkam. Jemand schrie: »Geht zur Seite, der Bus kommt.« Und einer von denen, die mich festhielten, sagte: *»Qué bueno.«* Wie gut. Dann warfen sie mich mitten auf die Straße vor den Bus.

Ich erinnere mich, wie ich zu Boden fiel, aufblickte und die Scheinwerfer sah. Ich hörte, wie die Leute im Hintergrund aufstöhnten. Ich versuchte, mein Gleichgewicht wiederzufinden und aufzustehen. Der Bus hielt keinen halben Meter vor mir; ich weiß, daß es knapp war, weil ich mich beim Aufstehen an ihm abstützte. Ich hämmerte gegen die Bustür und schrie: »Laßt mich rein, laßt mich rein, die wollen uns umbringen.« Aber der Fahrer öffnete nicht, weil er sah, was vorging und Fahrgäste im Bus waren.

All das geschah innerhalb von Sekunden. In so einer Situation hast du keine Zeit nachzudenken, aber irgend etwas in dir treibt dich an. Du handelst einfach, du tust, was du tun mußt. Ich hämmerte weiter gegen die Tür, sah aber aus meinem rechten Augenwinkel ein weißes Auto aus der anderen Richtung näher kommen; angesichts der Menschenmenge und des Geschreis fuhr es langsam. Ich rannte los, um hinter den Bus zu kommen, und hoffte, ich würde auf den weißen Wagen treffen, der aus der anderen Richtung kam. Ich hörte die Leute rufen: *»Mátenla, mátenla!* Haltet sie, haltet sie, tötet sie, laßt sie nicht entkommen!«

Für den Bruchteil einer Sekunde stand der Bus zwischen mir und der Menge. Ich weiß noch, wie ich dachte, hoffentlich ist die hintere Tür des Autos nicht verriegelt. Ich erreichte das Auto, öffnete die hintere Tür, sprang hinein, schloß und verriegelte die Tür und sagte dem Fahrer: »Raus hier, geben Sie Gas, raus hier!«

Ich hörte den Aufprall, mit dem die Leute, die hinter mir hergerannt waren, auf dem Wagen landeten. Der Fahrer gab Gas und fuhr los. Als ich mich umblickte, stieg eine Woge der Angst in mir hoch. Ich hatte Lola zurückgelassen, Lola und Crisoforo. Ich wußte nicht, wo sie waren.

Als der Wagen davonfuhr, hörte ich noch mehrere Schüsse, und ich konnte regelrecht sehen, wie es aus den Gewehrläufen explodierte. Ich war entkommen, hatte aber meine FreundInnen zurückgelassen. Ich wollte sie nicht im Stich lassen, aber ich mußte Hilfe holen.

Ich saß also in diesem Wagen und redete und redete und redete und versuchte, laut zu denken, um mich irgendwie zu konzentrieren. Der Fahrer fragte: »Was ist passiert, was ist passiert?«, und ich erzählte es ihm.

Ich sah einen Streifenwagen, streckte meinen Kopf aus dem Fenster und schrie, sie sollten anhalten. Den Fahrer bat ich, mich nicht allein

zu lassen, bis ich wußte, ob die Polizei mit mir zusammen zurückfahren würde, und er war einverstanden.
Ich stieg zu den Polizisten ins Auto, und sie fuhren zu einer Tankstelle. Es schien alles eine Ewigkeit zu dauern. Sie mußten erst eine Cola trinken, dann telefonierten sie, tankten und sagten mir dauernd, ich solle mich beruhigen. Endlich fuhren wir zum Rathaus. Tatsächlich war die ganze Menschenmenge noch da. Wir hielten an, und als die Leute mich auf dem Rücksitz sahen, umringten sie den Wagen; sie hielten immer noch Knüppel in den Händen. Sie wollten mich herausholen und endgültig fertigmachen.
Dann hörte ich eine Sirene. Ich drehte mich um und sah einen Krankenwagen vom Roten Kreuż.
Ich wollte hinaus und sehen, was passiert war und wer ins Krankenhaus gebracht werden sollte, aber ich konnte nicht aus dem Wagen heraus, weil die Leute mit ihren Knüppeln draußen standen und auf mich warteten. Jemand wurde in den Krankenwagen gebracht, und die Leute schrien. Später erfuhr ich, daß es der Priester gewesen war und die Menge ihn immer noch umbringen wollte. Der Krankenwagen fuhr los, der Polizeiwagen auch.
Erst jetzt merkte ich, daß ich meinen linken Arm hielt. Wie sich später herausstellen sollte, war mein Ellbogen ausgerenkt und der Arm gebrochen. Aber ich spürte nichts. Wenn ich zurückblicke, sehe ich mich die ganze Zeit über meinen Arm halten, ohne Schmerzen zu spüren; er hinderte mich nicht daran, wegzurennen und all das zu tun, was nötig war.
Dann sagte einer der Polizisten: »Die Leute klagen dich an.«
»Weswegen?«
»Sie sagen, ihr hättet eine Schwarze Messe zelebriert. Die Leute sagen, sie wären auf eure Versammlung gegangen und ihr hättet da eine Schwarze Messe zelebriert und mit dem Priester Geschlechtsverkehr gehabt und auch Drogen genommen.«
»Das stimmt nicht, das haben wir nicht getan.«
»Du mußt die Wahrheit sagen.«
»Ich *sage* die Wahrheit.«
»Weißt du, ich habe den Befehl, ein Geständnis aus dir herauszuholen.«
Ich war seit acht Jahren in Mexiko und wußte mittlerweile, was das

hieß: Du wirst so lange geschlagen, bis du sagst, was sie hören wollen. Er fuhr an den Straßenrand. Wir befanden uns bei der Puerto de la Muerte, der Todesbrücke. Ich weiß nicht, warum der Ort so heißt, und ich will es auch nicht wissen. Wir befanden uns auf einer einsamen, verlassenen Bergstraße, es war zehn oder halb elf Uhr nachts, dunkel, und nichts und niemand zu sehen. Er hielt an. Ich dachte, jetzt wirst du geschlagen. Einer der Polizisten hatte auf dem Vordersitz dieses große Stück Holz, einen Knüppel. Er stieg aus, kam herum und öffnete die Tür zum Rücksitz.

Es war unglaublich, aber in diesem Moment wurde ich vollkommen ruhig. Ich weiß genau, daß es dieser Moment war, weil ich jetzt wußte, daß ich körperlich nichts dagegen tun konnte. Bis dahin hatte es immer etwas gegeben, was ich tun konnte. Ich konnte mit jemandem sprechen, konnte laufen, ein Auto kam, ich konnte fliehen, ich konnte dies oder jenes tun. Aber jetzt konnte ich nirgendwohin gehen, konnte nichts tun. Mein Herz hörte auf zu hämmern, und diese Ruhe überfiel mich einfach. In meinem Innersten war ich überzeugt, ich würde *nicht* sagen, wir hätten eine Schwarze Messe zelebriert oder all die anderen Sachen gemacht. Das würde ich nicht tun.

Er sagte mir, ich solle aussteigen, und ich begann wieder zu reden, aber diesmal anders. Vorher war es ein wildes Drauflosreden gewesen über alles, was passiert war. Jetzt sprach ich viel ruhiger über meine Erlebnisse in Mexiko, darüber, wie wunderbar und eindrucksvoll sie gewesen seien, daß die Menschen so gut zu mir gewesen seien, ich so viel gelernt und viele *Compadres* und *Comadres* hätte. Während ich sprach, merkte ich, wie er mir zuhörte. Er schlug mich nicht. Also redete ich weiter.

Ich hatte immer noch die Bibel in der Hand.

»Was ist das für ein Buch?« fragte er mich.

»Das ist die Bibel.« Ich öffnete sie, um ihm zu zeigen, daß es stimmte.

Er betrachtete die Bibel und schlug mich nicht. Ich redete weiter. Ich suchte blindlings nach irgend etwas, das ich sagen konnte.

Ich erzählte ihm von den *Comunidades* und bemerkte dabei irgendwann: *»Muy pronto voy a regresar a mi tierra.«* Ich werde bald in mein Land zurückkehren.

»Wo kommst du her?«
»Ich komme aus New York.«
»Du kommst aus den Vereinigten Staaten?«
»Ja.«
Es war mir nicht in den Sinn gekommen, das zu erwähnen. Ich dachte, sie wüßten das, aber sie wußten es nicht – vielleicht, weil es dunkel war, wegen all der Aufregung und weil ich, manchmal zu meinem Vorteil, manchmal nicht, mit dem Akzent der Leute dieser Gegend spanisch sprach.
»Hast du einen Paß?«
Ich hatte mein Visum dabei und zeigte es ihm. Er trat zurück, schloß die Tür, ging um den Wagen herum, setzte sich wieder auf den Fahrersitz und sagte: »Das wußte ich nicht. Du mußt das verstehen. Die Leute hier sind fanatisch.« Er entschuldigte sich.
In diesem Moment kam ein Wagen heran, ein weiterer Streifenwagen. Sie öffneten die Tür und innen ging ein kleines Licht an. Ich sah Lola und Crisoforo auf dem Rücksitz. Ich griff nach einer Taschenlampe, die bei mir auf dem Rücksitz lag, richtete sie auf mein Gesicht, damit sie sahen, daß mir nichts passiert war. Sie hatten geglaubt, ich sei tot, denn als sie mich das letzte Mal sahen, wurde ich gerade vor den Bus geworfen.
Sie mußten sich zu mir ins Auto setzen. Crisoforo war fürchterlich zusammengeschlagen worden. Lola sah verängstigt aus, schien aber unverletzt. Sie brachten uns zum Polizeihauptquartier in der Stadt und steckten uns in eine Zelle. Ich fragte Crisoforo nach Padre Morfim, er sagte, sie hätten auf ihn geschossen und ihn geschlagen. Don Lupe hatten sie mit großen Steinen ein Loch in den Kopf geschlagen. Wir wurden spät in der Nacht freigelassen.
Im Endeffekt kam viel Gutes aus der Sache heraus. Der Priester lebt, er hinkt noch, aber er lebt. Er hat vor zwei Jahren Temisco verlassen. Er hätte sofort gehen können, aber er wollte bleiben. Es wäre einem Schuldgeständnis gleichgekommen, wäre er gegangen.
Der Bischof sagte die Messe in dem Dorf ab; Gottesdienste und Abendmahl wurden verboten. Das machte einen ungeheuren Eindruck auf die Leute. Er sagte: »Es wäre scheinheilig, hier eine Messe abzuhalten. Die Messe ist das lebendige Symbol der Kommunion, der Gemeinschaft und Liebe unter den Menschen, und die gibt es

nicht in Temisco. Zeigt mir, daß ihr nach Gemeinschaft und Liebe im Reich Gottes trachtet, und ich werde selbst kommen und mit euch zusammen die Messe zelebrieren.«

Er forderte die Leute unter anderem auf, unsere Versammlungen kennenzulernen. Man hatte ihnen gesagt, es seien Schwarze Messen, aber sie sollten hingehen und sich selbst davon überzeugen.

Ein paar Leute rieten mir, die amerikanische Botschaft um Schutz zu bitten oder zu versuchen, Jorge Sanchez verhaften zu lassen. Aber ich dachte: Was passiert, wenn Jorge Sanchez ins Gefängnis kommt? Was passiert, wenn ich zur amerikanischen Botschaft gehe? Ich kann die amerikanische Botschaft um Schutz bitten, aber welches Beispiel gebe ich den Leuten im Dorf damit? An wen wenden *sie* sich, wenn sie in Not sind? Können sie zur amerikanischen Botschaft gehen? Können sie sich an ihre eigenen Behörden wenden? Nein. Wir müssen ihnen zeigen, daß es andere Wege gibt, stark zu sein, und daß wir uns zu unserem Schutz nicht immerzu an jemanden da oben wenden müssen. Wenn Jorge Sanchez ins Gefängnis geht, aber die Leute in Temisco in ihrer Unwissenheit über die wirklichen Vorgänge verharren, dann kommt irgendein anderer Jorge Sanchez daher, und sie werden ihm glauben.

Als ich das Dorf verließ, fanden wöchentlich vier verschiedene Versammlungen statt. Innerhalb eines Jahres waren es 25. Die Geschichte wurde der zündende Funke zu einer neuen Erkenntnis. Die Leute erkannten, daß man sie – seit Generationen – ausgebeutet und angelogen hatte.

Nicht daß ich mir diesen Vorfall gewünscht hätte, aber wenn ich zurückblicke, empfinde ich es als eine Ehre, an etwas teilgenommen zu haben, das den Leuten bewußtmachte, wie unterdrückt sie waren, und sie veranlaßte, ihr Leben selbst in die Hand zu nehmen. Mein Glaube an den Kampf, für den ich mich engagiere, hat sich dadurch nur noch gefestigt. Das war so ein Punkt, an dem du dich einfach entscheiden mußt: Entweder du sagst, vergiß es, es ist zu gefährlich, ich will nichts mehr davon wissen, oder du bist nach einer solchen Erfahrung absolut überzeugt, daß du dieses und kein anderes Leben willst. So geht es mir.

Der nächste Schritt: Tips für die Auswahl eines Selbstverteidigungskurses

Sunny Graff

Dank der Frauenbewegung ist Gewalt gegen Frauen und Mädchen in den letzten Jahren zunehmend Thema öffentlicher Diskussionen. Die Gewalt, die Frauen und Mädchen bisher heimlich angetan worden ist, die – oftmals wissentlich – von der Gesellschaft ignoriert, stillschweigend geduldet oder gar akzeptiert und von den Betroffenen aus Angst, Scham oder Mangel an Vertrauenspersonen verschwiegen wurde, wird endlich in der Öffentlichkeit diskutiert. Vergewaltigung, sexueller Mißbrauch, »Anmache« und Belästigung werden in der Familie, im Bekannten- und FreundInnenkreis, am Arbeitsplatz, in Kirchen, Schulen und Universitäten entdeckt, offen benannt, bekämpft und angezeigt; Vorbeugemaßnahmen werden ersonnen. Mit dieser neuen Offenheit wächst das Interesse an Selbstverteidigungskursen, und Frauengruppen, Sportschulen und -vereine bieten ein vielfältiges Angebot. Ich möchte in diesem Beitrag einige Hinweise geben, die es interessierten Frauen erleichtern, den für sie richtigen Kurs zu finden.

Zunächst einmal müssen wir zwischen Selbstverteidigung und Kampfkunst unterscheiden. Kampfkunstarten sind Systeme von Techniken, die jahrelang trainiert werden können. Die Ziele sind vielfältig: Körperbeherrschung, geistige Entwicklung, die Vervollkommnung des Charakters. Obwohl vieles, was im Kampfsport gelehrt wird, auch für die Selbstverteidigung nützlich sein kann, bildet diese nur einen Teilaspekt des Kampfsports. Die meisten Kampfkunstarten sind von Männern für Männer entwickelt worden. Weil Männer eher aus sportlichen Gründen oder aus Spaß kämpfen, selten jedoch um ihr Leben, hält der männliche Ehrenkodex Techniken, die auf den Unterleib oder die Augen abzielen, für zu brutal oder »unfair«. Deshalb sind die in Kampfsportarten angebotenen

Techniken oftmals ungeeignet für Frauen, die sich in Selbstverteidigung üben wollen.
Zudem reicht die Beherrschung von spezifischen Sporttechniken für Selbstverteidigung nicht aus, wenn, was oft in Sportschulen und -vereinen der Fall ist, die psychische Vorbereitung auf eine ernsthaft bedrohliche Situation fehlt. Der Abbau und die Überwindung der Angst und Passivität, die Frauen und Mädchen eingeimpft werden – eine Voraussetzung, um körperliche Techniken gegen einen Angreifer anzuwenden –, finden nicht allein durch Kampfkunst- oder Kampfsporttraining statt. Obwohl Kampfkunst durchaus zu empfehlen ist, kann sie kein Ersatz für einen frauenspezifischen Selbstverteidigungskurs sein.
In den USA werden Selbstverteidigungskurse von und für Frauen seit 20 Jahren angeboten. Ein nationaler Verband für Frauen in der Kampfkunst (National Women's Martial Arts Federation) erleichtert die Kommunikation zwischen Lehrerinnen und organisiert regelmäßige Fortbildungen. Im Vergleich dazu ist die Selbstverteidigungsbewegung in Deutschland relativ jung. Es gibt weniger erfahrene Lehrerinnen und keinen nationalen Verband.
Nicht alle Selbstverteidigungskurse für Frauen und Mädchen sind empfehlenswert. Oftmals handelt es sich bei sogenannten Selbstverteidigungskursen nur um eine Ableitung von Kampfsporttechniken. Kurse, die besondere Kleidung (wie Judo- oder Karateanzüge) erfordern oder sich zu sehr auf körperliche Techniken und zu wenig auf Prävention und Bewußtseinsänderung konzentrieren, sollten vermieden werden.
Gemischte Kurse für Frauen und Männer halte ich nicht für sinnvoll, weil Frauen neben der Vermittlung körperlicher Techniken auch die Möglichkeit brauchen, ihre durch die weibliche Sozialisation herausgebildete Rolle als Opfer aufzuarbeiten. Kurse, in denen Männer die Angreifer spielen, sind eher schädlich, weil in ihnen genau die Machtverhältnisse und Bilder bzw. Rollen, die wir zerstören wollen (Frauen als Opfer, Männer als starke Angreifer), unterstützt werden.
Die Dauer eines Kurses ist kein Maßstab für seine Qualität. Ein Tagesseminar oder ein Wochenendkurs unter Anleitung einer qualifizierten Lehrerin kann viel sinnvoller sein als langfristiges Training in

Kampfkunst, wenn der Schwerpunkt dabei nicht auf der Selbstverteidigung liegt. Eine solide Grundlage in Selbstverteidigung kann in acht bis zehn Doppelstunden erworben werden.

Ansatzpunkt und Konzept des Selbstverteidigungskurses sind von entscheidender Bedeutung. Manchen Kursen liegt der Gedanke zugrunde, Frauen und Mädchen seien schwach, und sie versuchen, dieses »Defizit« abzutrainieren und durch »Tricks« auszugleichen. Im Gegensatz dazu lautet der Grundsatz eines guten Kurses, daß jede Frau und jedes Mädchen sich sofort erfolgreich wehren kann. Wir gehen davon aus, daß Frauen und Mädchen stark, kompetent und handlungsfähig sind, und bauen auf dieser Grundlage auf. Alter, körperliche Behinderung, Untrainiertheit sollten nicht als Hindernis für eine effektive Verteidigung betrachtet werden.

Frauenhäuser, Frauenbuchläden, Mädchentreffs, Wildwassergruppen, Frauennotrufe und -beratungsstellen können Kontakte zu Selbstverteidigungskursen vermitteln. Weil diese Gruppen jedoch oft nicht über die Kompetenz verfügen, solche Kurse zu beurteilen, ist es wichtig, daß interessierte Frauen sich genau über angebotene Kurse informieren und sich selbst ein Urteil bilden können. Ein guter Selbstverteidigungskurs enthält folgende Elemente:

1. Er wird von einer feministischen, qualifizierten Frau geleitet

Nur Frauen kennen die Lebensrealität anderer Frauen und Mädchen – den täglichen Umgang mit Bedrohung und Angst sowie die weibliche Sozialisation, die zu passivem Opferverhalten erzieht. Frauen können die Hemmungen, Unsicherheiten und Ängste anderer Frauen nachvollziehen. Qualifizierte Frauen kennen die Schritte, die unternommen werden müssen, um aus der Opferrolle auszubrechen, und können selbst als positive Vorbilder dienen. Männern fehlt sowohl dieses Einfühlungsvermögen als auch die Bereitschaft, Frauen zu ermutigen, in jeder Situation Widerstand gegen Männergewalt zu leisten.

Die Lehrerin sollte sich selbst als Feministin bezeichnen. Feministinnen sind die Expertinnen im Bereich Gewalt gegen Frauen und Mädchen, nicht, wie so oft behauptet, die Polizei oder sonstige Institutionen. Wir haben Gewalt öffentlich gemacht, diskutiert, analysiert. Wir haben die Polizei, ÄrztInnen und RichterInnen, die Medien und die Kampfsportherren gezwungen, Frauen ernst zu nehmen. Aus unserer eigenen Erfahrung haben wir Strategien gegen Gewalt entwickelt.

Die Lehrerin sollte gründlich in Selbstverteidigung für Frauen und Mädchen ausgebildet sein. Qualifikation (Gürtelrang) in Kampfkunst sagt nichts über die Qualifikation einer Frau als Selbstverteidigungslehrerin aus, kann aber eine zusätzliche Indikation sein, daß sie auf dem Gebiet der körperlichen Techniken kompetent ist. Andererseits reicht der Wunsch, anderen Frauen helfen und Selbstverteidigungsinformationen an Frauen und Mädchen weitergeben zu wollen, auch nicht aus. Nur weil ein Kurs sich an Frauen wendet, bedeutet das nicht, daß die Lehrerin qualifiziert ist zu unterrichten. Es gibt leider noch zu viele Kursleiterinnen, die nicht oder nur unzureichend ausgebildet sind. Nur weil eine Frau an einigen Wochenendkursen teilgenommen hat, bedeutet das nicht, daß sie in der Lage ist, selbst Kurse zu leiten. Ein Selbstverteidigungskurs soll kein Trainingsfeld für die Lehrerin sein. Es gibt mittlerweile einige intensive Trainingsprogramme, die von angehenden Lehrerinnen wahrgenommen werden sollten.

Ein gutes Trainingsprogramm für Selbstverteidigungslehrerinnen wird von einer erfahrenen Lehrerin geleitet und beinhaltet eine fundierte Ausbildung als Anleiterin, eine feministische Analyse der Gewalt gegen Frauen und Mädchen, Kenntnisse über Gruppendynamik, Strategien gegen Rassismus und Ausländerfeindlichkeit, den Umgang mit Frauen und Mädchen, die Erfahrung mit Gewalt und sexuellem Mißbrauch haben, über die Lehrmethode des Konfrontationstrainings, Körpersprache, Selbstbehauptung, verbale und körperliche Techniken, Erste Hilfe sowie regelmäßiges Training in Selbstverteidigung und/oder Kampfkunst. Die Länge der Ausbildung hängt von der Intensität des Lehrprogrammes und von den Voraussetzungen der Auszubildenden ab; eineinhalb bis zwei Jahre scheinen mir jedoch ein Minimum zu sein.

Bevor du dich für einen Kurs entscheidest, frage die Lehrerin nach ihrer Ausbildung in Frauenselbstverteidigung, nach ihrem Kurskonzept und ihren Kenntnissen über Gewalt. Besuche eine Unterrichtsstunde und sprich mit den Teilnehmerinnen über ihre Erfahrung.

2. Informationen über Gewalt gegen Frauen und Mädchen

Es ist wichtig, daß Frauen und Mädchen in einem Selbstverteidigungskurs richtig über Gewalt informiert werden, so daß sie angemessene Verteidigungsstrategien entwickeln können. Das Bild des fremden Täters, das von den Medien verbreitet wird, ist falsch und zeigt den Frauen keine Handlungsmöglichkeiten, wenn es sich bei dem Angreifer um einen Freund, Verwandten oder Vorgesetzten handelt. Die Ergebnisse der Forschung über Selbstverteidigung sowie die Geschichten in diesem Buch widersprechen der weitverbreiteten Ansicht, daß Frauen und Mädchen gewalttätigen Männern hilflos ausgeliefert sind.

3. Feministische Analyse der Gewalt gegen Frauen und Mädchen

Um Gewalt gegen Frauen und Mädchen zu bekämpfen, müssen wir die Rolle verstehen, die Gewalt bei der Erhaltung des Patriarchats spielt. Obwohl Selbstverteidigung individuellen Frauen und Mädchen Handlungsmöglichkeiten für unangenehme und gefährliche Situationen bietet, reicht sie allein nicht aus, um die strukturelle Gewalt zu beenden. Vielmehr muß die Machtstruktur der Gesellschaft durch eine organisierte Frauenbewegung verändert werden, um die Rechte jeder Frau und jedes Mädchens auf Freiheit, Sicherheit, Mobilität und Integrität zu sichern.

4. Konfrontationstraining

Es sollten verbale und körperliche Verhaltensweisen vermittelt werden, die gegen die alltägliche »Anmache« und sexuelle Belästigung eingesetzt werden können. Durch Körperspracheübungen und Rollenspiele entwickeln Frauen und Mädchen eine starke, selbstsichere Ausstrahlung und lernen, sich in allen möglichen Situationen wirksam zu wehren. Die Teilnehmerinnen sollten lernen, ihre Gefühle wahrzunehmen, bedrohliche Situationen so früh wie möglich zu erkennen, sofort zu handeln und die Situation erfolgreich zu beenden.

5. Geistige Übungen

Durch gezielte geistige Übungen wird das Bild der Frau/des Mädchens als Opfer durch ein starkes positives Bild ersetzt. Wir visualisieren unseren Erfolg: wir stellen uns vor, wie wir angegriffen werden, wie wir darauf reagieren und dem Angreifer erfolgreich Widerstand leisten.

6. Diskussionen

Die Teilnehmerinnen müssen die Chance haben, ihre Ängste und Unsicherheiten auszusprechen und abzubauen. Es sollten Erfahrungen ausgetauscht sowie Angst und Hemmungen durch Mut und Wut ersetzt werden. Die Gruppe sollte gemeinsame Strategien gegen Gewalt entwickeln.

7. Körperliche Techniken

Körperliche Techniken sollen bewußt auf die Schwachpunkte des Angreifers zielen. Die Techniken sollten möglichst einfach zu erlernen und sofort anwendbar sein. Komplizierte Wurf-, Hebel- und sonstige Befreiungstechniken sollten vermieden werden.

Kampfkunst für Frauen

Wie eingangs erwähnt, dient Kampfkunst in den meisten Schulen nicht in erster Linie der Selbstverteidigung von Frauen. Regelmäßiges Training bringt jedoch Kraft, körperliche Fitness, gute Kondition, schnelle Reaktionen, Gesundheit, Wohlbefinden und Selbstsicherheit. Frauen und Mädchen, die Lust haben, nach einem Selbstverteidigungskurs weiter zu trainieren, sollten auf jeden Fall eine Kampfkunstart ausprobieren.

Die verschiedenen Kampfkunstarten (Taekwondo, Hapkido, Karate, Judo, Jujutsu, Arnis) unterscheiden sich durch ihre Herkunft (japanisch, koreanisch, chinesisch usw.) sowie durch die bevorzugten Techniken (Tritte, Schläge, Wurf- und Hebeltechniken usw.) und die unterschiedliche Betonung des sportlichen Aspekts. Jede Kampfkunstart hat ihre Vorzüge, und jede Frau sollte sich diejenige aussuchen, die ihr am besten liegt. Wichtiger als der Stil selbst ist die Einstellung der LehrerInnen und die Atmosphäre der Schule oder des Vereins.

Frauenkampfkunstschulen, die es in den USA seit zwei Jahrzehnten und inzwischen auch in einigen Großstädten der BRD (Berlin, Frankfurt, Hamburg) gibt, haben traditionelles Training erfolgreich mit Selbstverteidigungstechniken kombiniert. Hier können Frauen unter sich trainieren, sie werden ernst genommen, finden ihre Stärke, erleben Unterstützung und Solidarität und haben Spaß. Einige Schulen beschränken sich auf fortlaufendes Selbstverteidigungstraining, andere bieten traditionelle Kampfkunst mit Kampfanzügen und Gürtelprüfungen an, wieder andere Kampfkunst, Selbstverteidigung sowie Training für Selbstverteidigungslehrerinnen.

Frauen, die in Gebieten leben, in denen es keine Frauenschulen gibt, sollten mehrere traditionelle Schulen besuchen, bevor sie sich für einen Kurs entscheiden. Kampfkunst ist noch immer hauptsächlich eine Männerdomäne, und Frauen sind nicht überall willkommen. Als ich vor knapp sieben Jahren nach Deutschland kam, habe ich 17 Schulen und Vereine besucht, bevor ich eine fand, in der ich mich zu Hause fühlte. In traditionellen Schulen, in denen die Betonung auf orientalischer Philosophie liegt und Kampfkunst als ein Weg zu Harmonie mit sich selbst und der Umwelt gelehrt wird, fühlen Frauen sich oftmals wesentlich wohler als in Schulen, wo Kampfkunst vorrangig als Sport oder unter dem Wettbewerbsaspekt betrieben wird.

Beobachte einige Unterrichtsstunden und, wenn möglich, mach mit. Bring eine Freundin mit, um dir den Einstieg zu erleichtern. Sprich mit den anderen TeilnehmerInnen. Sind viele Frauen dabei? Haben die LehrerInnen wirklich Interesse an Frauen in ihrer Klasse? Geben sie sich Mühe, die Namen der Schülerinnen zu lernen, oder kennen sie nur die Namen der Männer? Gibt es Frauen, die einen hohen Gürtel tragen, Frauen, die schon lange trainieren oder sogar Frauen als Lehrerinnen? Werden Frauen genauso gefordert und unterstützt wie die Männer? Oder gibt es besondere »Damentechniken«, die von Frauen weniger fordern als die normalen Programme? Sind die Frauen in die Klasse integriert, und werden sie akzeptiert? Werden sie mit Achtung behandelt? Haben die Männer Lust, mit Frauen zu trainieren? Wenn PartnerInnen gesucht werden, bleiben die Frauen immer übrig? Werden die Frauen nur anderen Frauen oder Kindern als Partnerinnen zugeordnet? Werden Frauen in PartnerInnenübungen ernst genommen oder nur toleriert? Reagieren die Männer ungeduldig oder mit zuviel Kraft auf die Frauen? Trainieren die Frauen in erster Linie für sich, oder begleiten sie nur ihren Freund? Müssen sich die Frauen auf den Toiletten umziehen, haben aber die Männer einen Umkleideraum? Das alles sind nützliche Kriterien, die dir bei der Entscheidung für eine Schule oder einen Verein und für einen Kurs helfen können.

Wichtig ist, daß Frauen nicht in erster Linie für ihren Platz in der Schule oder dem Verein kämpfen müssen, sondern sich von vornherein willkommen fühlen. Die Einstellung der Lehrerin/des Lehrers ist der wichtigste Faktor einer frauenfreundlichen Schule oder eines frauenfreundlichen Vereins. In der richtigen Umgebung ist Kampfkunsttraining für Frauen eine wundervolle Sache.

Sunny Graff

(geb. 1951 in Ohio, USA) ist Rechtsanwältin und Psychologin und gibt seit 18 Jahren feministische Selbstverteidigungskurse für Frauen und Mädchen, zur Zeit bei »Frauen in Bewegung«, einem Selbstverteidigungs- und Taekwondo-Verein in Frankfurt. Sie ist Trägerin des 3. Dans in Taekwondo sowie des 1. Dans in Kung Jong Mu Sul Hapkido und hat mehrere Bücher zum Thema Selbstverteidigung und Gewalt gegen Frauen und Mädchen veröffentlicht.